文史资料话语表

——《文史资料选辑》研究之二

雷戈 编著

河南大学出版社
HENAN UNIVERSITY PRESS
·郑州·

提　　要

文史资料是文史制度的产物。文史制度是一种新型修史制度。文史制度通过持续编写文史资料，对散落在社会上的全国历史资源进行了深入摸底和细致排查，从而实现了对民间历史资源的高度整合，进而规范了民众的历史话语，并修正了民间的历史记忆。《文史资料选辑》作为文史制度的代表性作品，全面贯彻了文史制度的核心意图。本书通过系列的表格形式，系统展示了文史资料的文字风格、史料特点、话语模式、政治倾向等。

目　　录

第一章　标题分类表

《文史资料选辑》对标题很有讲究。① 这种讲究首先还不是文字修辞，而是政治立场。或者说，通过文字修辞乃至微妙语气来体现其政治倾向。其基本要求就是鲜明。"'鲜明'在这里是指标题所反映的内容和作者的态度或立场鲜明、是非鲜明、爱憎鲜明。如《刘湘、刘文辉混战始末》《第六十军血战台儿庄》《蒋军胡宗南部进犯延安纪略》《邱清泉第二兵团被歼记》。其中所用的'混战''血战''进犯''被歼'就非常鲜明地表明了作者的态度和立场。'混战'——无是非可言，都应谴责；'血战'——带有赞叹色彩；'进犯'——谴责其非正义性；'被歼'——指出其罪有应得。"②

通过对《文史资料选辑》中标题的系统分类，可以非常直观地看出史料中标题的政治褒贬倾向。

一、"革命"史料

强烈	明显	平和	辑数
	关于黄埔军校政治部主任熊雄等同志的被害		7
	长征途中红九军团在黔滇川的战斗历程	南昌起义；秋收起义	56
辛勤的培育，亲切的关怀——回忆毛主席在延安时期坚持无产阶级干部路线的伟大革命实践			58

① 不过人们也对《文史资料选辑》中标题的单调、雷同提出了批评。以《文史资料选辑》百辑合订本为例，虽有大小标题 1000 多个，"但表现形式很多是大同小异，如第 1 辑罗方中的《关于改组派的一鳞半爪》，第 12 辑周一定的《关于西山会议派的一鳞半爪》，第 77 辑李奇中的《棉湖战役中一鳞半爪》，第 36 辑宋子昂的《扬子公司的一鳞半爪》，第 52 辑的《张学良奔丧见闻》，第 10 辑的《南昌教案见闻》，第 22 辑的《关于蒋、汪进行降日活动的见闻》，第 35 辑的《曹锟和王承斌关系点滴见闻》等等。此外，重复较多的题目，还有'拾零''片段''轶闻''始末''亲历记''纪略'等。"（张召奎：《开拓文史资料选题》，《文史通讯》1989 年第 1 期）

② 黄森、刘琦主编：《文史资料工作概述》，中国文史出版社，1992 年，第 101 页。

续表

强烈	明显	平和	辑数
		广州起义中的教导团	59
		柳直荀在湖南农民运动中	60
统一战线胜利的一曲凯歌——记山西青年抗敌决死队第一纵队的产生和发展		记陇右地区的解放	64
	沙文求烈士在广州起义前后的七封书信	忆龙州起义和红八军的建立	65
	中国工农革命军第二师在东江	回忆"二七"大罢工	66
		回忆在白区为中共三次筹建地下无线电台的经过	69
就"四一二"惨案对国民党的抗议书	回忆在监狱里的斗争；陶铸同志战斗在鄂中		70
	中国托派的产生和灭亡		71
雄关漫道——记红二方面军长征历程	长征中的红色干部团	一个通讯战士对长征的回忆	72

二、"反动"史料

强烈	明显	平和	辑数
蒋介石在抗战期间的一件投降阴谋活动		晋军概况和"铁军""同志会"的内幕	1
	三一八惨案亲历记	一块银圆和一张收据——张学良枪毙杨宇霆、常荫槐和收买日本政友本党的内幕	3
刘湘与蒋介石的勾心斗角；抗战期间阎锡山和日寇的勾结；四川綦江战干团惨案回忆——记抗战期间一件蒋帮特务屠杀爱国青年的罪行	蒋介石派张群图川的经过		5

续表

强烈	明显	平和	辑数
桂系及其反动的政治组织		蒋介石建立空军的内幕； 阎锡山的铁军内幕	7
国民党军队屠杀广州暴动群众目击记； 保卫武汉时期蒋介石的一件通敌罪行	蒋介石和汉奸照相	英、德、美、日对袁世凯关系的内幕	8
蒋介石背叛革命后下台又上台			9
蒋家王朝末日的狐鼠哀鸣			13
		阎、冯联合倒蒋的前前后后	16
		我在川西起义的经过； 一九三一年宁粤合作期间我的内幕活动	17
“中央俱乐部”——CC的组织及其罪恶活动； 国民党军委会别动队罪恶史； 抗战末期蒋军勾结敌伪一例		蒋介石秘密炸汪坟； 韩复榘被扣目击记	18
	蒋介石对德国顾问的幻想		19
蒋介石串通日本海军帮助刘湘运军用品的经过； 关于蒋介石、汪精卫进行降日活动的见闻	冀察特殊化前宋哲元和蒋介石的勾心斗角	日寇投降后冈村宁次的一个反共建议	22
	解放前夕我和胡宗南策划的一个阴谋； 云南解放前夕军统在昆明的特务活动	起义前的几点回忆； 川西起义经过； 我从鄂西溃退入川到起义的经过； 云南和平解放前后的几点回忆	23
		国防部保密局内幕	24
		1919年南北和议之经过及其内幕； 刘建藩零陵独立前后； 安福系的形成及其内幕	26

续表

强烈	明显	平和	辑数
	马步芳封建军事集团的形成及消灭； 我为马步芳向蒋介石要饷的钻营活动		27
蒋介石指示我在山东破坏和谈和调处的真相； 美蒋特务合流及戴笠和杜诺迈、赫尔利、柯克等的勾结	杨虎城将军被囚禁和被惨杀的经过； 军统特务机关息烽集中营黑幕		28
阎锡山通敌叛国罪行纪要	我所知道的关于美蒋勾结的内幕情况； 孔祥熙与日寇勾结活动的片断		29
赵恒惕上台的阴谋和血手	大革命前四川国民党的内讧及其与南北政府的关系		30
上海解放前夕国民党反动派的大劫掠和大屠杀	和谈前夕蒋介石的幕后操纵和李宗仁的备战部署； 蒋介石准备暗杀李宗仁的阴谋	中美特种技术合作所内幕	32
走到人民阵营的历史道路	蒋介石假征藏以图康的经过	蒋介石两次派我入川及刘湘任“四川剿西总司令”的内幕	33
	吴佩孚与日伪的勾结		35
		国民党军委会西北青年劳动营的真相	36
	福建人民革命政府回忆	CC 的扩张活动	37
有关“皖南事变”反动阴谋的回忆； 李仙洲率部入鲁反共纪实； 蒋军在豫皖边区勾结敌伪积极反共的罪行	我奉蒋介石命参加汪伪政权的经过； 方先觉衡阳投敌经过； 我所经历的蒋特三个集中营的内幕； 抗战时期重庆防空黑幕		40
	吴佩孚流寓四川五年中的阴谋活动		41
	政学系在东北接收问题上的如意算盘； 日寇投降后蒋介石勾结利用华北伪军的经过		42

续表

强烈	明显	平和	辑数
	四·一二政变前的秘密反共会议； 国民党的魔影——CC 团	中山舰事件的内幕	45
	盛世才在新疆的特务统治		46
		二次革命失败后国民党人的形形色色	48
重庆、成都解放前夕蒋介石指使的大破坏与大屠杀； 昆明"七·一五"镇压学生爱国运动经过； 美蒋在南京受降前后与日寇的勾结		国民党处理闻一多被刺案凶犯内幕； 解放前夕的滇局风云	50
		李明瑞倒桂投蒋和倒蒋失败的经过	52
蒋介石派肖振瀛破坏抗战的内幕	汤恩伯与伪军孙良诚的勾结； 我参与阎锡山勾结日寇的活动情况		54
四川解放前夕我的罪恶活动	伪立法委员竞选记		55
	抗日战争时期蒋美勾结与矛盾	我参加湖南起义以及同白崇禧周旋的经过； 追随程潜起义的前前后后； 陈明仁长沙起义侧记； 湖南起义杂记	57
		回忆十九路军在闽反蒋失败经过	59
	参加"接收"长春、吉林的经过	我参加和平解放北平的活动； 我在北平和平解放中的一段经历	60
抗战前我勾结日寇的罪恶活动			63
	抗战前后军统特务在西北的活动； 军统局"策反"汉奸周佛海的经过	石友三投敌反共及其下场； 汉奸周佛海勾结军统及其下场	64

续表

强烈	明显	平和	辑数
	南京解放前夕反动派鸟兽散种种		65
	蒋介石发表求和声明的经过	“三一八”惨案纪实；綦江惨案亲历记	66
蒋帮在华南勾结汉奸伪军抢夺抗战胜利果实始末			67
		北平和平解放；北平和平解放回忆录；回忆和平解放北平的经过；北平和平解放前夕我的经历与见闻；九十二军在北平和平起义经过；北平和平解放前夕的片断回忆；北平和平解放运动资料；北平和平解放杂忆；组织军统北平站和平起义的前前后后	68
		绥远“九·一九”起义回顾；绥远“九·一九”起义的亲身经历；新疆和平解放的回忆	69
	中国航空公司和中央航空公司爱国员工的起义	国民党立法委员香港起义记	70
	蒋介石的一次反共思想测验		73
	祖国大陆解放后台湾国民党内派系斗争一瞥	我通过经济情报活动监视张治中之内幕	81
		廖仲恺扶助工农运动	85
		昆明起义经过	86
	争民主、反独裁、救中国——救国会后期斗争札记		89
		艰苦的历程；江阴要塞起义的前前后后	91

续表

强烈	明显	平和	辑数
		解放前西昌彝族社会的奴隶制度	95
		云南起义经过纪实； 贾汪起义与一三二师行动经过	98
	一场预谋的屠杀	三一八惨案中的北大学生	102
	火热的青春岁月		103
跟着党冲破黑暗走向光明			104
	解放战争时期“川大”反美反蒋斗争的回顾		105
		花岗暴动纪实	108
	在镇压“春荒暴动”的掩盖下	国民党六届四中全会的内幕见闻	110
	为了事变和平解决和张将军恢复自由； CC 的文化特务活动	参加临潼扣蒋的有哪些人;赴华北各地宣传西安事变实况	111
	我的改造经过		116
		解放十年来活动点滴	117
		解放后十年来整治活动点滴	118
	我与荥经盟员并肩战斗的回忆； 我在荥经的战斗历程	民盟在西康策动地方武装起义的前前后后	121
		四川民盟策动川康军政人员起义概述	122
		杨叔明反蒋倒王及策反十五兵团起义经过； 军校末期起义前后	124
		果洛解放与民族区域自治政权建立的经过	128
国民党反动统治时期的“新县制”			129
	我在东北的特务活动	潍县乐道院集中营真相	130
	一次震撼世界的外交壮举——接待美国前总统尼克松首次访华		132

续表

强烈	明显	平和	辑数
	回忆周恩来重视教育改造战犯工作的一些情况		134
国民党军政头目对湖北堤工费的八次掠夺			135
	军政部交通司贪污的形形色色	国民党文官考试的内幕；国民党军政部点验委员会的真相	136
蒋介石集团不承认爱沙尼亚、立陶宛和拉脱维亚是苏联加盟共和国；阎锡山勾结日本帝国主义的前前后后	港英当局援华抗日的两面手法		137
	杭州市职工会暴乱内幕；镇压广州起义亲历记；广州"四一五"大屠杀亲历记		138
		我由香港进解放区的经过；国民党中央文化运动委员会内幕	140
	黎明之前——从旧政协到新政协		141
	拼将热血争民主——旧政治协商会议会场外面的斗争		142
	旧社会县长贪污之黑幕		143
美国以配售粉支持蒋介石打内战的一幕	抗日战争时期"美援"三事；青年党反共阴谋一则	五卅惨案之回忆；五卅惨案前后青岛地区罢工运动；中国青年党的真相	144
	国民党各派系在西南公路上的权利争夺		148
民盟在民主革命中的艰苦斗争			150
1946 年国民党在北平破坏政协决议纪实			152

三、军事史料

强烈	明显	平和	辑数
		统一广东革命根据地的战争	2
	莱芜蒋军被歼记		8
天津抗拒人民解放战争的回忆； 蒋介石破坏停战协定进攻中原解放区的实证	蒋军辽西兵团的覆灭		13
	洛阳战役蒋军就歼纪实； 襄阳战役康泽被擒记		17
蒋军破坏和平进攻豫鄂解放区经过； 蒋军镇压台湾人民起义纪实； “交通警察总队”是一支什么样的反动部队	鲁西南羊山集战役蒋军被歼记		18
从猖狂进攻到放下武器	胡宗南部入侵华北和在清风店被歼经过； 平津战役蒋军被歼纪要		20
	淮海战役蒋军被歼概述； 淮海战役期间蒋军统帅部的争吵和决策； 黄维第十二兵团被歼记； 孙元良第十六兵团被歼记； 邱清泉第二兵团被歼记； 淮海战役期间徐州“剿总”指挥部的混乱； 淮海战役期间蒋介石和白崇禧的倾轧； 黄百韬的起家和败亡		21
蒋军在停战令公布后抢占光山的经过； 蒋军利用和谈进犯豫鄂解放区的回忆	蒋军进犯晋冀鲁豫解放区和整三师赵锡田部的被歼； 蒋军整二十六师马励武部峄枣被歼记； 莱芜战役蒋军被歼始末	蒋军对鲁南解放区的进攻	28
蒋介石王朝在京沪杭最后的挣扎； 蒋军长江败退和淞沪溃逃的狼狈情形	蒋军五十一军上海被歼记； 国民党统帅部关于京沪杭作战的决策和争吵	江阴要塞解放的片断	32

续表

强烈	明显	平和	辑数
	蒋军胡宗南部进犯延安纪略； 蒋军进犯陕甘宁边区初期的一些回忆； 沙家店战役蒋军整编三十六师被歼经过； 蒋军整编二十九军瓦子街战役就歼记； 抗战胜利后蒋介石收编伪军经过		36
蒋介石破坏和平进攻东北始末	蒋军第二十五师在宽甸、桓仁地区被歼经过； 锦州蒋军被歼回忆； 蒋军第五十二军营口漏网记	长春解放经过； 沈阳解放的一些回忆	42
	蒋介石对中央苏区的第一次围攻； 反共第一次"围剿"的源头之役； 我参加第二次"围剿"被俘脱逃记； 孙连仲投蒋和在江西与红军作战失败的经过； 蒋军王金钰、上官云相部江西被歼纪实； 对中央苏区第四次围攻纪略； 蒋军对中央苏区第五次围攻纪要	参加十九路军在江西"围剿"的回忆； 第五次"围剿"中的朋口战役	45
	我在西南的挣扎和被歼灭经过； 胡宗南部逃窜西昌和覆灭实录； 我所知道的美国"盟军"与陆军总部； 蒋介石利用陈纳德航空队参加内战片断	罗广文在四川编练新军和率领第十五兵团起义经过； 第十六兵团在川西起义前后； 我在成都外围起义经过； 雅安起义经过； 李文第五兵团在川西投降纪略； 西南解放前夕美国参议员诺兰到重庆见蒋介石的内幕	50

续表

强烈	明显	平和	辑数
宋哲元杀戮陕军俘虏五千人目击记			51
		孙连仲投蒋后的二十六路军	52
蒋介石借抗战消灭非嫡系部队的一例；记抗战期中蒋军内部勾心斗角的二事			54
	三十五军在新保安被歼经过；一〇四军驰援三十五军及其被歼记；一〇四军的覆灭；十七兵团塘沽漏网记；桂系主力在衡宝被歼经过；桂系部队在粤桂边境的覆灭；蒋军残余流窜云南被歼的经过		55
顾祝同的反共军事阴谋	上官云相袭击新四军的经过；蒋军第四十师袭击新四军的经过；蒋军第一〇八师袭击新四军的经过；陈诚军事集团发展史纪要		57
		蒋桂新军阀战争的内幕	60
红军过黔时蒋介石在贵阳的狼狈相	蒋介石追堵长征红军的部署及其失败；随薛岳所部追堵红军长征的见闻；何键部阻截红军长征的回忆；桂北堵截红军记；阻截中央红军长征过黔的回忆；侯之担部防守乌江的溃败；柏辉章部在娄山关的溃败；刘湘部在川黔滇边防堵红军的经过；滇军入黔防堵红军长征亲历记；二十四军在川康边区阻截红军的实况；胡宗南部在毛儿盖被歼记；胡宗南率部在川北阻截红军的经过；鲁大昌部在腊子口的溃败；东北军一一〇师劳山就歼亲历记；东北军骑兵师吴起镇被歼目睹记；东北军一〇九师直罗镇被歼始末		62

续表

强烈	明显	平和	辑数
	京沪地区蒋军的江防守备及崩溃实况； 镇江江防第四军的覆灭； 芜湖江防第二十军宣城被歼纪实； 南京北大门——浦镇守军八十师被歼记； 守卫南京的第四十五军被歼经过		65
	蒋军一二三军在京沪杭线上被歼经过； 青年军三十七军在上海战役中的被歼		66
		一九四八年张家口解放亲历记	68
	陈诚及其军事集团的兴起和没落		81
	大革命洪流中的国民革命军第四军		94
		三青团和青年军政工的合流	96
	太原战役阎锡山残部被歼记		113
		整编第十一师进攻山东解放区纪实	131
	糊里糊涂的热河战役和长城战役； 国民党第三十八军被迫投降经过		135
	国民党骑兵的建立与灭亡； 蒋介石警卫部队的演变和派系斗争； 四川军阀进攻武汉的丑剧	国民党机械化部队人事变动的内幕； 陆军大学特别班第八期简况及其起义经过	138
	胡宗南集团的兴起与覆灭； 胡宗南部窜犯延安之后； 胡宗南部整六十一旅在陕北被歼经过	国民党国防部——美国的试样品	141
		军委会外语人员训练班内幕； 国民党政权崩溃前的总统府第三局； 胡宗南部在关中地区全面溃败纪略	145
1946 年春蒋介石对东北的阴谋	预七师伊犁被歼回忆		146
	国民党军窜犯东山岛遭到惨败的经过		150

四、经济史料

强烈	明显	平和	辑数
金圆券发行后蒋介石在上海勒逼金银外汇的回忆		国民党政府法币的崩溃	7
关于伪中国联合准备银行的见闻			10
	关于国民党官僚资本的见闻		11
	一九二八年天津中美商人串通的大骗案		15
帝国主义侵华缩影的怡和洋行	帝国主义与中国的对外电信交通		19
	从成都商业银行看解放前金融业的畸形异象		31
	蒋政权在川西边区禁烟的真相		33
		蒋介石禁烟的内幕	34
三才生煤矿投靠官僚资本的始末			38
震寰纱厂遭受帝国主义掠夺记； 中国亚浦耳厂受帝国主义和反动摧残摘记； 三十年来英商仁记洋行在天津的掠夺			44
美商大来洋行在中国的掠夺； 孔宋官僚资本是怎样阴谋吞并民生公司的； 何成濬在汉口第一纱厂的巧取豪夺； 徐源泉对源华煤矿公司的掠夺	阎锡山与帝国主义的军需贸易内幕； 皖系军阀创办广懋煤矿公司的内幕； 曲同丰勾结日本出卖阜新矿权经过	我所亲眼看到的通货膨胀内幕情形	49
	孔祥熙鲸吞美金公债的内幕真相	重庆三千万元物资走私案见闻	50
汉口花旗银行的掠夺		启新洋灰公司的初期资本和资方的派系矛盾； 周学熙以公款办实业发家的内幕	53

续表

强烈	明显	平和	辑数
蒋帮劫收平津的经过	大劫收见闻	孔祥熙与国民党的军火贸易	55
		英帝统治下的开滦煤矿	63
外商水线公司的入侵和我国电信职工的反帝斗争			66
帝国主义利用上海钱庄进行经济侵略； 沙皇俄国在中国推行卢布进行掠夺的史实			75
	永利碱厂和英商卜内门洋碱公司斗争前后记略		80
		我参加招商局护产起义的经过	98
		资源委员会移沪迎接解放亲历记； 解放前夕的资源委员会； 资源委员会在宁沪迎接解放的回忆； 资源委员会在广州迎接解放的经过	99
		记中纺公司迎接解放的经过	110
		抗战时期海关内幕	112
		两航起义的前前后后	114
		中法储蓄会内幕点滴	123
		原中央银行总行迎接解放经过	124
帝国主义掠夺的又一方式——记英商四海人寿保险公司			126
		对资改造中的民族资产阶级代表人物	131
	抗战期间天津金融市场上一场对敌斗争		134

五、文教史料

强烈	明显	平和	辑数
		《新闻报》发家史	4
	抗战时期国民党的反共教育		17
	国民党的反共特种教育		43
临危不惧，生命不息——忆念陶行知先生在上海的最后几个月；追求真理做真人——怀念我的父亲陶行知			72
	国民党政府统治教育事业概述		87
	珍贵的纪念——追悼高尔基公演纪实		109
	永不反悔的路		122
血吸虫病防治工作的第一面红旗			128
	他们在这里度过了有意义的晚年——记全国政协文史专员室		134
	上海《时事新报》从研究系落入国民党手中的演变概要		136
		《救国半月刊》社的内幕	143
中国天主教反帝爱国运动忆略			148

六、人物史料

强烈	明显	平和	辑数
	陕西革命艺人李紫恒		3
流氓军阀孙殿英			7
王英罪恶史			15
	记赃官徐继庄		34
		天津买办高星桥发家史	44
		反复无常的石友三	52

续表

强烈	明显	平和	辑数
马寅初先生的硬骨头精神； 马寅初先生面斥孔祥熙纪实			73
	我辜负了陈翼龙烈士的重托		75
	陈嘉庚与蒋介石决裂经过		78
党的亲密战友——张志让同志； 民主宪政运动的先锋战士张志让与《宪政》月刊	和志让同志生活在一起的日子		85
一代英豪——邓演达			86
蒋介石盗取黄金银元及外币的经过	蒋介石是怎样搞垮贵州军阀王家烈的		93
板荡催时变，嬖珊向光明——九十生平自述			105
		方振武、吉鸿昌抗日讨蒋的片断	106
爱国民主老人陈叔通			108
	唐君尧参加扣蒋的经过		111
	唐绍仪被日蒋争夺及被刺经过； 阎锡山与段祺瑞的勾结； 阎锡山投日反共见闻		113
	记王耀武将军的后半生		116
蒋介石企图利用我倒陈济棠的一幕	何键在两广事变中玩弄两面手法		122
雷洁琼在抗日的峥嵘岁月			127
伪天津市长温世珍时期群奸罪恶活动纪略； 文人督办到反动老作家			151

七、社会史料

强烈	明显	平和	辑数
一贯道的罪恶内幕			47
百足之虫，死而不僵——一个没落的蒙古贵族家庭的地租剥削及其他活动； 充满封建迷信色彩的旧式婚礼和丧仪			96

续表

强烈	明显	平和	辑数
濠江风云会，赤子报国情——追记澳门同胞抗日救国感人事迹			133

八、法律史料

强烈	明显	平和	辑数
		史量才被暗杀案真相	18
	回忆上海律师界为“七君子”案进行辩护的斗争		73
	CC渗透的国民党司法界； 奇形怪状的旧司法； 旧中国所谓“司法独立”三例		78
	“七君子”狱中反诱降的斗争		82

九、华侨史料

强烈	明显	平和	辑数
南洋华侨反对英帝摧残华侨教育的斗争			100

十、新中国成立后史料

强烈	明显	平和	辑数
		我的改造经过	116
血吸虫病防治工作的第一面红旗	对私营企业改造的第一个航标——忆民生轮船公司的公私合营； 新中国第一座华侨、港澳同胞投资兴建的饭店		128
	解放初期北京旧城改建的回顾； 对资改造中的民族资产阶级代表人物		131

续表

强烈	明显	平和	辑数
一次震撼世界的外交壮举——接待美国前总统尼克松首次访华		50年代前期中捷友好关系的若干回忆； 一次神秘的外交使命——接待基辛格秘密访华； 为了东方红一号卫星上天	132
	回忆周恩来重视教育改造战犯工作的一些情况； 他们在这里度过了有意义的晚年——记全国政协文史专员室		134
		追忆李宗仁归来	140
射击场上显神威			151
	一个重大的决策； 深情回望1978	苏州曲园的新生	153
邓小平称他为“我们国家一个最好的爱国者”； 迷途幡然悟新生——一位参与叛乱的噶伦忆往	命运坎坷，终成正果——前台湾外交官的人生沧桑； 记甘丹寺的民主改革	周恩来系念政协党外委员和高级民主人士	154
航向新中国； 创建新中国盛会有感	我为父亲李庄的开国报道而自豪； 见证海南省在春风中诞生	我的政协情缘	155

第二章 小标题表

两点说明：第一，根据编辑惯例，凡是没有做出特别说明的①，文章中的所有小标题应该都是出自作者本人之手，尽管其中颇多为编辑所修饰和润色者，第二，所列文内小标题均为具有明显褒贬色彩者，否则，一律省略。

文章题目	章节题目	辑数
二十九军和冀察政权	冀察政权的内讧	1
黄埔建军	两条路线的斗争	2
刘镇华的一生	以出卖民党、投靠袁世凯起家；投机取巧，盘踞陕西八年；军阀末路和人民的裁判	2
一九二八年粤桂战争	汪精卫回粤的阴谋；蒋、汪勾结和当时我对他们的态度；汪精卫骗我去广州的电报	3
我所知道的福开森	隐蔽在"传教士"外衣下面的凶恶面目；八国联军侵华时对东南买办官僚集团的诱降活动；政治诈骗、投机倒把的肮脏勾当；盗窃我国古代文物的罪恶活动	4
蒋介石解决龙云的经过	笑里藏刀，杀机渐露；狠心无过蒋介石；何应钦碰了一鼻子灰，宋子文亲上五华山劝驾	5
刘湘与蒋介石的勾心斗角	新军阀混战时期刘湘和蒋介石的互相利用；解放前夕蒋、张在四川的最后挣扎	5
抗战期间阎锡山和日寇的勾结	"七七"事变前后阎锡山与日寇的暧昧关系	5
我经营猪鬃二十余年的回顾	我所受到的帝国主义在华势力的歧视和排斥；抗战期间川畜在国民党反动统治压榨下继续发展	5
记谭延闿	第一次督湘，阴谋篡夺而来，摇尾乞怜而去；三次督湘，"自治"其名，自乱其实，被部下驱逐下台	5
流亡关内东北民众的抗日复土斗争	国民党反动派演唱对台戏；蒋介石的势力渗入东北军，成立政训处；CC派对"东总"的诬陷案；反共高潮时的"东总"	6

① 《忆汤飞凡教授》编者注："文内小标题为编者所加。"（刘隽湘：《忆汤飞凡教授》，《文史资料选辑》第92辑，文史资料出版社，1984年）

续表

文章题目	章节题目	辑数
江桥抗战和马占山降日经过	龙江傀儡政府的丑剧	6
抗战胜利后国民党军入越受降纪略	法殖民军的逃入云南和阴谋返越	7
国民党政府法币的崩溃	宋子文勾结杨格开放外汇市场;限制进口法案遭到美帝反对;所谓生产贷款与宋子文的最后挣扎	7
流氓军阀孙殿英	流氓赌棍出身	7
中国远征军入缅对日作战述略	蒋龙各怀鬼胎;反复的动员,凌乱的指挥;中英战略矛盾,英方别有阴谋;中国迁就英美,放弃指挥权;中国远征将领的失职	8
中国驻印军始末	中美军官的矛盾;蒋介石与史迪威的矛盾	8
“宁粤合作”亲历记	我与蒋介石的勾当	9
关于“非常会议”和“宁粤合作”	“非常会议”和蒋介石集团之间是什么性质的矛盾;蒋介石胡汉民之间的矛盾和非常会议成立后的形势变化;在反蒋联合阵线中胡汉民与汪精卫的矛盾;乘机而起介于胡汪之间的孙科;暂时假借非常会议巩固地方统治权的陈济棠;宁粤分裂又“合作”,胡汪“合作”又分裂;孙科政府的夭亡;蒋介石又一次统一了反动阵营,继续向人民进攻	9
蒋介石背叛革命后下台又上台	蒋汪桂斗法,蒋介石下台;特别委员会的货色;蒋介石卷土重来	9
英敛之时代的旧大公报	帝国主义代言人;崇洋抑华	9
四川军阀的防区制、派系和长期混战纪略	熊、刘援湘攻鄂失败后之互相火并;川军内讧与吴佩孚侵入四川之战	10
永利碱厂奋斗回忆录	以私恩小惠麻醉工人;军阀、官吏的强盗行为;日寇侵占永利后的种种压迫;共产党挽救了永利垂危的生命	10
关于伪中国联合准备银行的见闻	伪中联向各银行勒索资金的经过;伪中联的各项压榨措施;金城银行舞弊案;天津四行储蓄会办理登记之黑幕	10
王怀庆二三事	腐朽透顶的军阀私生活;王怀庆维持下的北京“治安”	10
黄埔学生的政治组织及其演变	争权夺利的小宗派	11
关于国民党官僚资本的见闻	政学系上台后的残酷掠夺	11
南京守城战役亲历记	抗战开始蒋介石就无决心	12
民生公司概述	联系军阀,靠近“中央”;引起官僚资本的垂涎;走向新生的光明大道	12

续表

文章题目	章节题目	辑数
我和司徒雷登	我是怎样被司徒雷登引上美帝门路的;司徒雷登进一步施展手法;揭掉了“教育家”的假面皮;不择手段地制造谣言;在革命阵营中制造代理人	13
国民党军队中的美军顾问	披着盟友外衣进行侵略的活动;引狼入室,推行美制	13
天津抗拒人民解放战争的回忆	傅作义给我的反动任务;瞆瞆地负隅;设备部署,绝望的希图;战斗经过——宜兴埠一炬的罪恶;拒绝和平解放的通牒;不得不放下武器	13
诈欺取财的万国储蓄会	法国流氓的骗钱把戏;千方百计剥削储户;进行各种投机倒把的活动;骗取巨款过荒淫无耻生活	13
何梅协定前复兴社在华北的活动	复兴社在华北的滔天罪行;复兴社被日本人赶出华北的经过	14
CC外围组织诚社始末	进行法西斯训练和职业运动;诚社正式成立和以后的罪恶活动;破坏北平爱国学生运动;参加反动校长、教授、学生代表的“聆讯”	14
长城抗战概述	在交际花家里处理军国大事;消极抵抗节节撤退;北平被包围后何应钦乞求停战	14
帝国主义与中国邮政	帝国主义攫取我国邮政的开始;帝国主义分子把持邮政、嚣张跋扈	15
虞洽卿的一生	从学徒爬到买办,忠心耿耿为帝国主义服务;五卅运动时期,进一步成为帝国主义的代理人;翻云覆雨,政治投机失败;又一次政治投机,搭上了蒋王朝的关系;盖棺论定,遗臭万年	15
帮助蒋介石瓦解阎、冯部队经过	蒋介石过河拆桥	16
抗战时期国民党的反共教育	法西斯教育制度的扩展	17
“中央俱乐部”——CC的组织及其罪恶活动	罪恶活动	18
国民党军委会别动队罪恶史	法西斯的产儿;在江西福建的罪恶活动;外战外行、全军覆没	18
济南战役的回忆	难逃人民布下的罗网	18
鲁西南羊山集战役将军被歼记	顾祝同张皇失措;王敬久怕当俘虏;负隅顽抗终被歼灭	18
蒋军破坏和平进攻豫鄂解放区经过	企图包围歼灭新四军第五师的阴谋行动	18

续表

文章题目	章节题目	辑数
“西北王”胡宗南	校长当不成、投考“黄埔”；富贵不认父、作势装腔；常败将军关中坐大，包围边区西北为“王”；搜集情报、特务统治，肃清异己、歃血结盟；华岳养病、与陈诚争宠，潼关出战、吹牛皮升官；趁火打劫、假道晋省抢地盘，进攻人民、自贪恶果遭歼灭	18
基督教青年会在中国	美帝控制下的青年协会；美帝不甘心于它的失败	19
帝国主义侵华缩影的怡和洋行	煽动战争，从中渔利；强盗买卖的日益扩张；开展航运、强筑铁路、掠夺矿山	19
天津永明漆厂简史	共产党的曙光照耀了永明；近几年来的大跃进	19
辽沈战役概述	从陈诚的雄心勃勃到卧床发抖；蒋介石、卫立煌间的矛盾	20
从猖狂进攻到放下武器	假报“大捷”，虚张声势；守长春给人民带来的惨重灾难	20
辽西战役纪实	侵占彰武，塔山未能攻下；进犯黑山，向营口突围的开始	20
平津战役蒋军被歼纪要	塘沽国民党军南窜，北平和平解放	20
天津战役亲历记	傅作义对天津的部署和蒋介石的阴谋	20
从参加旧政协到参加南京和谈的一些回忆	旧政协前夕蒋介石拆散民盟的阴谋；蒋介石在旧政协中演的骗人的把戏；蒋介石改组政府的骗局	20
淮海战役蒋军被歼概述	刘峙在会战中的丑态；蒋介石的诬蔑、埋怨与苦痛	21
黄维第十二兵团被歼记	解放军密锣紧鼓调虎离山；穷凶极恶的“放毒计划”；蒋介石的催命符——亲笔信和嘉慰令；小米加步枪打败飞机、坦克；饿犬争食，自相残杀	21
淮海战役始末	淮海战役前的蒋军的幻想；以赴刑场之心情上战场；蒋介石三变决心，全部完蛋	21
孙元良第十六兵团被歼记	败逃中途，自投罗网；垂死挣扎，终被歼灭	21
淮海战役期间蒋介石和白崇禧的倾轧	蒋介石的几副面孔和一幕丑剧；登楼密谋和迫蒋下野	21
一九二八年日军侵占济南的回忆	日军在济南挑衅及其一系列的暴行；日本军国主义者玩弄的政治欺骗；日本军国主义者的最后通牒与蒋介石的卖国外交	22
我所知道的戴笠	国难当头，大交狗运；反共起家、反共兴家的罪恶史；引狼入室、认贼作父，美蒋特务合流；无孔不入的特务组织；欺下媚上的作风、利用笼络的手法；奢侈豪华与荒淫无度的私生活和嗜好；抢劫胜利果实，争夺名誉地位；恶贯满盈、死于非命，暴尸三日、人心大快	22

续表

文章题目	章节题目	辑数
从撤出陕西到川北起义	两条道路的抉择	23
起义前的几点回忆	扶郿之役给了我有益的教训；胡宗南排除异己是蒋介石的真传；叶剑英司令员给我的启示；决心率部起义	23
川西起义经过	川西起义，蒋介石王朝的总崩溃	23
我从鄂西溃退入川到起义的经过	我在鄂西与白崇禧、宋希濂各怀鬼胎	23
云南解放前夕军统在昆明的特务活动	时机虽未成熟，民主运动却已高涨；最后的挣扎；时机成熟，云南和平解放	23
芜湖胡开文墨店调查	对工人的残酷剥削与学徒制度的特殊作用；大革命时期工人的罢工斗争	23
上海"四·一二事变"目击记	在蒙蔽下当了刽子手；反革命假面具的拆穿	24
国防部保密局内幕	更加疯狂的反共反人民的特务组织；血腥毒辣的罪恶活动；真假保密局的丑把戏；郑、毛、唐三派的明争暗斗和他们的作风	24
陈炯明炮击总统府的前后	陈炯明蓄谋叛变和中山先生改道北伐	24
上海证券交易所概况	官僚资本的巧取豪夺	24
张静江事迹片断	和反动派内部的矛盾；借口建设，滥征苛捐杂税；措施不当，人民遭殃；张和反动统治集团内部的几次冲突	24
桐油买办商义瑞行的经营始末	义瑞行的形成和它走向买办资本道路的开始；千方百计地讨好施美洋行扩大掠夺以博取信任；我们的资本主义竞争手段；挟优越条件插手内贸；义瑞对帝国主义势力的依附和垄断市场后的收获；与英商怡和的勾搭；进一步对美帝国主义的投靠；不惜以战略物资资敌；与反动政府和官僚资本的周旋；国民党的敲诈与劫夺；解放后逐步走上了社会主义的道路	25
我所知道的孔祥熙	孔与国民党蒋记政府的渊源；蒋介石的亲信，帝国主义的走狗；孔和反动统治各派系的矛盾；孔家儿女的丑恶事迹；孔系喽啰的为非作歹	25
奉张时期和日伪时期的东北兵工厂	日寇受到的教训	25
云南空军始末	航空处的改组、法国顾问的殖民主义教育；商业航空的内幕及其夭亡；英、美、法帝国主义在云南的竞争	25
我与广东空军	内战倾轧，投奔南京；受蒋指使，炸飞鹰舰；备受排挤，改业民航	25
醇亲王府的生活	奴隶制度；腐朽寄生	26

续表

文章题目	章节题目	辑数
安福系的形成及其内幕	阴谋得逞，掌握国会	26
1926 至 1949 的旧大公报(续一)	标榜“四不”；观望形势，反对革命；迎接叛变；坚决反苏	26
马鸿逵在宁夏	统治宁夏十七年的罪恶；经营大西北的野心	27
马步芳封建军事集团的形成及消灭	马步芳家族封建统治的特点与内部矛盾；派系倾轧；抽丁派款，十室九空；征调“民团”充当炮灰；倾巢进犯，幸免于难；谎报军情，向蒋介石邀功；残害红军战士；马步芳任长官前后的丑态；合水逞凶；狼狈逃窜；兰州、西宁解放前的恐怖局面	27
我为马步芳向蒋介石要饷的钻营活动	广找门路，奔走钻营	27
1926 至 1949 的旧大公报(续二)	妥协与侔胜；以邻为壑盼外援；高唱拥护蒋介石；喜美厌苏	27
马仲英入新随军见闻	二次倡乱与流窜新疆	27
杨虎城将军被囚禁和被惨杀的经过	杨回国抗日，被蒋用计扣押	28
蒋介石指示我在山东破坏和谈和调处的真相	蒋介石破坏和谈的另一手段；偷运弹药企图突围；借故缴共方代表的自卫手枪	28
美蒋特务合流及戴笠和杜诺迈、赫尔利、柯克等的勾结	美蒋特务勾结的概况；柯克与戴笠勾结的内幕	28
军统特务机关息烽集中营黑幕	一座庄园式的大魔窟；地狱里的三阶段；被凌辱的女犯；从所谓思想教育到生产活动	28
蒋经国与青年军	内部矛盾及蒋经国的做法；蒋经国利用复员青年军在各大学中建立特务组织	28
蒋军利用和谈进犯豫鄂解放区的回忆	利用和谈积极准备进犯；为了北犯先行南犯的总阴谋；蒋帮的欺骗暴行和内部矛盾	28
蒋军对鲁南解放区的进攻	蒋军破坏和平，进犯解放区；蒋军大举进犯临沂解放区	28
蒋军整二十六师马励武部峄枣被歼记	投入反革命战争的漩涡；第二阶段先逞凶焰终遭溃败	28
1926 至 1949 的旧大公报(续完)	两面手法的表演；叫嚷东北问题；思想无出路；中间路线，改良主义；评伪国民大会	28
土肥原策动“北洋派大同盟”的内幕	吴佩孚流落四川野心不死；牛鬼蛇神的济南会议	29
记上海统一委员会	破坏抗日团体	29

续表

文章题目	章节题目	辑数
阎锡山通敌叛国罪行纪要	早在9·18事变前阎锡山即和日寇有过勾结；对日本军国主义竭力推崇；镇压“5·4学生运动”和日寇建立“亲善友好关系”；凭借日寇势力，窃据平津；托庇日寇，避居大连，并与日寇暗订密约；从9·18到7·7事变前夕，阎锡山重上政治舞台，继续和日寇勾结，阻击红军东渡抗日，并散布亡国论调；重新与蒋、汪合流，和日寇大唱“双簧”；全面抗战开始，阎锡山在表面上被迫应战，但在骨子里则是应而不战，仍然准备对日寇投降妥协；放弃太原，逃往晋西南，勾结日寇，策划伪组织；号召部下，赶快准备“雨伞草帽”，抢先投敌；古贤会议上，提出“新能存在”的口号，作为日寇“大东亚新秩序”的应声虫，并公开规定包庇汉奸的条文；从武汉失守到“山西12月政变”，阎锡山向日寇进行投降妥协和叛国活动；“秋林会议”的卑鄙阴谋；日本帝国主义对阎锡山的诱降活动，与阎锡山为投降妥协所作的“精神准备”；阎锡山向日本帝国主义所签订的投降条约和设立的“办事”机构；阎下令绝对不准和日寇发生冲突，并在孝义城外构筑大规模的“防共工事”；阎锡山投敌叛国的办事机构及其负责人；共产党人对阎锡山的劝告；阎锡山认为“美必助日、牺牲中国”的臆断，遭到破产；阎锡山迫于形势，对投降日寇采取了观望态度；阎锡山又和蒋介石在“共同防共”的基础上加紧勾结；日寇对阎锡山的“逼降”和臭名远扬的“安平会议”；阎锡山向日寇屈膝求情并唆使其部下公开投敌；阎锡山向日寇讨饶；蒋介石及其特务对阎锡山演唱“双簧”；阎锡山在日寇“谅解”下“抢粮”四十万石；所谓“曲线救国”的恶毒阴谋与无耻花招；所谓“净化战役”的始末与黑幕；阎锡山派遣大批亲信干部投入敌区，与敌“合作”；阎锡山派遣六十一军配合日寇进攻汾东解放区；日阎“三光政策”和“抢粮”的罪行；日寇投降前夕，日阎继续加紧勾结的阴谋活动；阎锡山妄图继续凭借日寇势力巩固汾东，侵占上党；阴谋利用反动会道门建立“地下政权”；阎锡山派其得力干部，并保荐其亲信准备接充省长；阎锡山在与日寇“瑶圃会谈”中，竟提出“日本寄存武力于中国”的无耻建议；阎锡山趁日寇投降之际，在日寇掩护下掠夺人民抗战胜利果实；对日伪文武官员“封官晋爵”，并改编日伪部队为“省防军”；阎锡山出席汉奸“欢迎会”，并亲往日寇司令部“拜访”日酋；阎锡山聘请日酋为总顾问并请日本人作长久留居山西的准备；日寇投降后，阎锡山留用日本军国主义分子继续与中国人民为敌；阎锡山破坏“双十协定”，留用已投降的日寇进行内战；埋怨蒋介石真糊涂，不该在“双十协定”上签字；趁“停战协定”前夕，向解放区进攻，扩张地盘；阎日配合进攻东沁线的内幕；阎锡山对付军调小组(尤其是对付共产党代表)的鬼把戏；阎锡山向马歇尔献媚并竭力破坏军调处工作；阎锡山留用的日寇指挥官和日寇部队的历次“反共”战役中全部覆灭；阎锡山在日寇投降后又勾结美帝国主义实行反共反人民的罪恶活动；和美国大使司徒雷登、美国特务陈纳德等人的勾结；阎锡山出任国民党政府的行政院长，在临死前后发出的狂妄呓语	29

续表

文章题目	章节题目	辑数
我所知道的关于美蒋勾结的内幕情况	在装备中国军队的问题上美蒋的主要矛盾；魏德迈对桂林、柳州沦陷的惊惶；美帝帮助蒋介石抢劫胜利果实；郑介民传出的有关魏德迈来华的阴谋；美帝国主义侵略军盘踞天津的情况；美军侵占天津的目的及其具体行动	29
唐继尧图川和顾品珍倒唐的经过	唐继尧并川的野心和统治云南的暴政	30
上海解放前夕国民党反动派的大劫掠和大屠杀	在上海的劫掠；在上海的屠杀	32
1949年国共和谈的有关史料	张治中于6月26日对广州、香港的一再进行攻击和诽谤曾发表声明	32
蒋介石下野后在福州召开军事会议前后	蒋介石“下野”后蒋军崩溃的情况	32
蒋介石做总统的一个片断	国民党内部对宪法草案的一场争吵	32
李宗仁竞选副总统琐记	策划拉拢，费尽心机；自吹自擂，明争暗斗	32
中美特种技术合作所内幕	美蒋特务的活动情况；梅乐斯的罪恶活动；为求美特欢心举行的几次盛大宴会；蒋介石最欣赏美国刑具	32
蒋介石王朝在京沪杭最后的挣扎	淮海战役后南京反动集团的种种矛盾	32
国民党统帅部关于京沪杭作战的决策和争吵	上海的一次作战会议上的争吵丑剧	32
“中原王”汤恩伯	汤恩伯自封“中原王”后的骄横与野心；汤恩伯和蒋鼎文的对台戏；大兴土木，滥肆搜刮；矛头针对中国共产党；军阀、特务、汉奸、日寇组成的杂拌“汤”；中原战役一败涂地	32
走到人民阵营的历史道路	从反蒋斗争谈起；控制与反控制的斗争；投入民主运动的洪流；蒋介石反动集团的强盗行径	33
二刘大战二三事	二刘大战对人民的深重搜刮	33
蒋政权在川西边区禁烟的真相	表面敷衍，实际放任时期；装腔作势，武力产烟时期；烟匪遍地，烟毒进一步泛滥时期	33
四川自流井盐税的掠夺战	盐税附加和其他掠夺、压迫情况	33
从法商聚福洋行到强华公司的回忆	依附帝国主义，轮船悬挂法国旗；摆脱帝国主义的枷锁，投靠官僚资本	33
民生公司向加拿大借款造厂的经过	宋子文对担保借款百般阻挠；加拿大造船公司的一场大讹诈	33
李石曾与北平大学区	张作霖时代的北京各院校和李石曾垄断北方教育的阴谋；北平大专学校风起云涌的反抗运动	34

续表

文章题目	章节题目	辑数
蒋介石禁烟的内幕	挂起禁烟拒毒假招牌的原因；蒋介石不可告人的秘密	34
同善社见闻	同善社是用什么来迷惑人的	34
1924年溥仪出宫前后琐记	引狼入室；郑孝胥阴谋得逞；一阵怪风，身陷魔窟	35
我所知道的“中统”	“中统”的主要罪恶活动	36
国民党军委会西北青年劳动营的真相	特训总队的组织情况和罪恶活动；所谓“政治感化”和“政治训练”	36
我对改组派的一知半解	改组派的组织和进行军事投机；从事军事投机活动；改组派组织瓦解，阴魂未散	36
蒋军胡宗南部进犯延安纪略	进犯延安的军队部署；宣传“战绩”，当场出丑	36
蒋军进犯陕甘宁边区初期的一些回忆	董钊兵团安塞扑空，刘戡青花砭碰壁；九个旅向延川、清涧、瓦窑堡“大扫荡”	36
蒋军整编二十九军瓦子街战役就歼记	宜川战后胡宗南的虚伪羞惭与惊慌措施	36
瓦子街战役的回忆	全军覆灭无一漏网；我被解放了	36
扬子公司的一鳞半爪	勾结美帝的特种业务；一幕甥舅夺标的丑剧；堂而皇之的特权走私	36
我所知道的何应钦	代蒋野心的萌芽与被蒋猜疑的开始	36
十九路军淞沪抗战回忆	蒋介石等亲日派破坏淞沪抗战的阴谋和罪行	37
关于淞沪抗战的片断	蒋介石、何应钦阻挠抗战的种种措施；淞沪战后蒋介石阴谋消灭十九路军	37
四十年来的仁立公司	受尽美商的倾轧；怎样对付日本强盗；狡兔三窟挣扎图存；解放庆新生	38
天津的洋行与买办	外国银行的操纵；我的买办生涯	38
我在汉口礼和洋行十五年的见闻	掠夺的手段；狼狈为奸；歧视侮辱	38
旧上海的大赌窟之一——回力球场	帝国主义分子勾结封建买办、流氓等开设回力球场；以诈骗为业的回力球场发了“大财”；依靠回力球场进行残酷榨取的花招；吸血鬼步维贤	38
豫西旧社会军匪横行的概况	借神道扰民的孙殿英；武庭麟叔侄的罪恶；蒋介石命张钫招纳官匪；互相仇杀的恶风；“红枪会”惑众的真相	38
司徒美堂与美洲洪门致公堂	洪门民治党在CC派卵翼下“出窝”；不参加伪国大，登报脱离民治党，悄然去港；拥护中共“五一口号”，回到祖国，渡过幸福晚年	38

续表

文章题目	章节题目	辑数
我第三次做皇帝	我的恐惧	39
日寇在伪满进行掠夺的三光政策	抢光了东北人民的物力；刮光了人民的财力；搜光了人民的人力	39
我奉蒋介石命参加汪伪政权的经过	蒋介石给我的一个“重要特殊任务”；受到了汪精卫等逆的热烈欢迎；三位一体的反共阴谋活动；蒋、汪政府合流真相；替美国作情报	40
有关“皖南事变”反动阴谋的回忆	国民党第三战区的阴谋布置	40
方先觉衡阳投敌经过	日寇南侵与蒋帮的对策；方先觉等脱逃与蒋介石的“慰勉”	40
我所经历的蒋特三个集中营的内幕	周养浩的生财之道；数不尽的残杀和酷刑	40
抗战时期重庆防空黑幕	为有钱有势者服务的防空情报；美国顾问的插手	40
桂林“焦土抗战”亲历记	白崇禧策划的“焦土抗战”	40
二次直奉战时阎锡山与直奉皖军阀的勾心斗角	踌躇满志，乘机扩充实力	41
吴佩孚之再起与溃败	改弦易辙，认“贼”作友；日暮途穷，终于溃败	41
第二次直奉战争随军见闻	吴佩孚败退天津的狼狈情形	41
我在中国银行的一些回忆	阴谋夺取中行；张作霖、蒋介石向中行强迫借款；国民党政府攫夺中国银行	41
段祺瑞公馆见闻	死无葬身之地	41
政学系在东北接收问题上的如意算盘	在交涉中一再碰壁	42
北平“七五”事件真相	国民党对东北青年的欺骗；全国各地之声援及反动派之“善后”	42
蒋介石破坏和平进攻东北始末	美蒋勾结劫收东北的阴谋策划；美蒋勾结内幕；破坏和平进攻榆锦；侵占绥中；进犯兴城、锦西、葫芦岛；蒋军劫收沈阳前后；进犯本溪；阴谋进犯长春、永吉；蒋介石亲来送礼	42
蒋军新六军迂回四平街的经过	侵占四平和我的追击任务	42
塔山战役的回忆	蒋介石亲自策划援锦的内幕；塔山英雄团挫败蒋军海陆空军的进犯；蒋介石再到葫芦岛企图亲自督战援锦；葫芦岛蒋军星夜从海上南逃的经过	42
沈阳解放的一些回忆	蒋军第八兵团是怎样放下武器的	42
四十年买办生活回忆	精神上的折磨	42

续表

文章题目	章节题目	辑数
广学会是怎样一个机构	三位一体的侵略机构；从干预政治到所谓“超政治”；广学会帝国主义分子的狰狞面貌；解放前后广学会帝国主义分子的阴谋活动	43
漫谈商务印书馆	投入革命斗争队伍的商务工人；王云五的趁火打劫	43
我所知道的铭贤学校	校内的美帝分子；校内新旧力量的斗争	43
晏阳初与抗日战争时期的平教会	在大后方开辟“根据地”；在“根据地”建立“大本营”；更紧密地勾结蒋介石；进一步勾结美帝国主义；控制全中国的野心	43
回忆我在北大的一段学生生活	革命低潮中北大的形形色色；革命统一战线领导的几次爱国运动；军阀势力对革命力量的残酷镇压	43
成舍我与《北京世界日报》	一贯反动的言论立场	43
震寰纱厂遭受帝国主义掠夺记	创办伊始就受到帝国主义的欺骗敲诈；天灾人祸，内外交逼，迫使震寰停工；胜利后勉力复工，仍不免奄奄待毙；解放给震寰带来了新生	44
曹锟家族与天津恒源纺织有限公司	腐朽的经营方式；厂方的压迫剥削和工人的斗争；受尽帝国主义的压榨和掠夺；在国民党反动统治下的恒源；恒源的新生	44
长芦盐务五十年回顾	巧立名目勒索军饷；盐商盐官巧取豪夺的典型人物与劣迹；缉私营队的黑幕；官盐店的黑幕；华北盐业公司的组成与日寇控制芦盐生产的野心；胜利后国民党垄断芦盐的“大包商”	44
长芦德兴盐务总公司始末记	层层剥削的黑暗；对缉私人员和铁路人员的贿赂	44
汉口的美最时洋行	对中国职工的欺侮压迫；一次罢工斗争	44
有关中法实业银行的见闻	投机倒把，终于倒闭；以偿债为名进行掠夺	44
北京炉房、钱铺及银号琐谈	投机公债的形形色色	44
中山舰事件的内幕	蒋介石阴谋制造“事变”	45
“马日事变”亲历记	何键在武汉的反革命阴谋策划	45
朱培德对政治工作的“欢迎欢送”	讨伐杨、刘后朱培德的假进步；在尖锐的斗争中；原形毕露	45
国民党的魔影——CC团	CC的魔爪；CC的灵魂——特务组织；CC与政学系的明争暗斗；CC团内部的矛盾及其与三青团的矛盾	45
杨增新统治时期的新疆	帝俄驻塔城、伊犁领事对革命的俄侨的残害；宦场的龌龊和上帝庙里的“庄严”誓词；杨增新的哀鸣	46

续表

文章题目	章节题目	辑数
盛世才人新夺取政权的经过	盛世才铲除亲信和异己	46
孙美瑶股匪临城劫车案始末	劣绅通匪，土豪凌人；安福系派人入山勾匪	47
湘西土匪瞿伯阶股内幕纪实	首次受骗和倡乱；再次受骗，继续倡乱	47
西康雅属的袍哥	袍哥给地方的灾难	47
一贯道的罪恶内幕	遍地“开荒”，诱骗道徒；飞鸾宣化，借窍装神；办道起家，享受无穷；叫人斩断情欲，自己奸骗邪淫；仙丹妙药，家败人亡；天上结佛缘，人间交官府；顶劫救世，垂死挣扎	47
我所知道的别廷芳	独霸内乡，任四县联防司令；加强封建统治，梦想建立小朝廷；抗战期间袭击新四军和与卫立煌的矛盾；死后的大肆铺张	47
护国之役前后回忆	袁世凯称帝前的阴谋诡计	48
汤芗铭在湘暴行及筹备帝制纪实	汤屠户杀人的种种；大选的丑剧	48
美商大来洋行在中国的掠夺	罗伯特·大来策划的中美两国商会代表团互访以及他的政治拉拢活动	49
回忆汉口安利英洋行	万县惨案的罪魁祸首；劫持第一纱厂，插手打包工业	49
阎锡山家族经营的企业	阎锡山控制企业的手段；阎锡山下野时搜刮的一笔三千余万元巨款；阎锡山妄想发财的一段趣事；阎锡山勾结陈纳德，投资航空公司；阎锡山汇存美国的一笔巨款	49
阎锡山与帝国主义的军需贸易内幕	阎锡山对军需贸易的垄断；洋行利用工程师推销本国产品；各洋行的种种欺骗手法；阎锡山包庇德国纳粹分子并利用他们开设进出口贸易公司	49
关于上海中国银行1916年抗令兑现的回忆	帝国主义在华银行的参与	49
孔宋官僚资本是怎样阴谋吞并民生公司的	宋子文吞并民生公司的阴谋；卢作孚进一步投靠政学系以求自卫；宋子文千方百计对民生进行打击	49
重庆、成都解放前夕蒋介石指使的大破坏与大屠杀	在重庆和成都的大破坏；几次大屠杀的血腥罪行；杀害杨虎城将军全家；白公馆集中营的大屠杀；渣滓洞集中营的大屠杀；新世界集中营的大屠杀	50
美蒋在南京受降前后与日寇的勾结	新六军抢占南京后和敌伪军队合流的经过；冈村宁次谎报情况与美军登陆天津	50

续表

文章题目	章节题目	辑数
解放前夕的滇局风云	解放前的云南局势和卢汉“保境安民”方针的实质；卢汉反对蒋介石中央控制的斗争；要挟蒋介石撤销云南警备总司令部；蒋介石集团对云南人民革命运动的疯狂反扑；蒋介石派萧毅肃来滇策划反共大围剿；杀人魔王刘伯龙血洗滇东；萧毅肃谈蒋集团内部矛盾；卢汉的左右摇摆；对蒋介石若即若离、藕断丝连；对美帝国主义抱着幻想，摇尾乞怜；对共产党半疑半信，被迫投靠；蒋介石、李宗仁亲自到云南部署反共基地；李宗仁来云南和蒋介石争夺地盘；张群为建立云南反共基地千方百计利诱卢汉	50
我在西南的挣扎和被歼灭经过	异想天开的所谓“反攻”；我和白崇禧的矛盾和斗争；最后的溃灭	50
胡宗南部逃窜西昌和覆灭实录	逃窜西昌的几次策划；“固守西昌三个月，等待国际变化”的梦想；组织地方反动武装；加强西康省反动政权；勾结西南各少数民族反动头目	50
我所知道的美国“盟军”与陆军总部	颐指气使的美国“盟军”；陆军总部南京受降前后的形形色色	50
国民军第二师刘郁芬部在甘肃	横征暴敛，扩充实力；挑起河湟事变	51
宋哲元杀戮陕军俘虏五千人目击记	党玉琨是盗窃地下文物的大盗；残酷凶暴的集体屠杀	51
我所知道的王占元	王占元做官发财致富的秘诀	51
新桂系的崛起	我自封为广西民政长	52
吉鸿昌与二十二路军	二十二路军的内部矛盾与反蒋斗争	52
反复无常的石友三	石友三匿居天津与日本勾结；石友三勾结日军与八路军冀南军区为敌	52
天津典当业四十年的回忆	经营方式与剥削手段；当商剥削的对象——当户；日寇侵吞典当行业的阴谋与小押当	53
辛亥以后的袁世凯	“选举”中华帝国皇帝；帝国主义者对袁称帝的捧场和拆台	53
我参与阎锡山勾结日寇的活动情况	留学日本种下汉奸根；假抗战，真反共；汉奸真相毕露，派我到白壁关和日寇会谈；我在太原和日寇勾结的情况	54
娘子关战役前后	太原会议及太原失守后的狼狈情况	54
爆破黄河铁桥及花园口决堤执行记	破坏黄河铁桥的经过；花园口决堤的内幕	54
四川解放前夕我的罪恶活动	征兵、征粮与血腥镇压；反动统治集团的内部矛盾和摩擦；蒋帮头目在成都的最后一幕；我之逃走和最后被捕经过	55

续表

文章题目	章节题目	辑数
三十五军在涞水战败的回忆	偷袭不着反被包围	55
一〇四军的覆灭	逃窜途中被歼	55
蒋军残余流窜云南被歼的经过	幻梦的最后破灭	55
大劫收见闻	乱七八糟的接收部署；劫收贪污形象种种；最大的劫收贪污者	55
蒋帮劫收平津的经过	依靠美帝侵占人民胜利果实；你抢我夺，各显神通	55
孔祥熙与国民党的军火贸易	意、美、法各帝国主义对中国空军控制权的争夺；军火回佣的黑幕	55
南昌起义	革命洪流汇南昌；高举革命的大旗；重整旗鼓战湘南；井冈山会师	56
秋收起义	枪杆子里面出政权；革命风暴来临之前；惊天动地的春雷；向井冈山进军的英明决策；新型人民军队建设的伟大开端；红旗插上井冈山	56
留法勤工俭学的斗争和旅欧总支部的建立	毛泽东同志为勤工俭学运动日夜奔忙；争“吃饭权、工作权、求学权”的斗争；旅法侨团掀起“拒款”怒潮	56
长征途中红九军团在黔滇川的战斗历程	巧取长岩圩，奇袭瓢儿井；飞渡天生桥，跨越虎跳石；进据宣威东川，强渡金沙江；顺利通过彝族地区，西昌附近胜利会师	56
我参加湖南起义以及同白崇禧周旋的经过	程潜的徘徊歧途	57
追随程潜起义的前前后后	司徒雷登对程潜的“垂青”；程潜回湖南后的拥蒋反共；改唱“实行民生经济”的内幕	57
陈明仁长沙起义侧记	陈明仁徘徊歧途	57
抗日战争时期蒋美勾结与矛盾	蒋介石在美国压力下命令中国军队进攻北缅；史迪威对蒋、陈之报复；蒋史围绕中国战区部队指挥权的争吵	57
陈诚军事集团发展史纪要	陈诚标榜“三大公开”的实质；觊觎杂牌部队，首先吞并四十三师；一割奏功之后野心大炽；参加“围剿”，遭到惨败；凭借裙带关系重邀宠信；利用封建关系拉拢杂牌部队；利用周至柔染指空军；以保姆自居，乘机吞并被日寇击溃的残破部队；利用职权吞并几支地方部队；消灭苗族抗日武装；陈诚与顾祝同的一场激烈争夺战；国民党军队的整编和陈系军队在反人民战争初期的扩充；洛阳之战与陈诚梦想的破灭；陈诚妄想到东北创造奇迹及其彻底失败；陈系骨干分子在大陆解放前夕的垂死挣扎	57

续表

文章题目	章节题目	辑数
顾祝同的反共军事阴谋	诬蔑新四军将要“南窜”，实行“三山计划”；扣发新四军弹药补给	57
上官云相袭击新四军的经过	逼迫新四军渡江的阴谋	57
蒋军第一〇八师袭击新四军的经过	日寇闻讯退兵，嫡系纷纷升官	57
赵世炎生平史料	在残酷的白色恐怖下坚持斗争，领导斗争；为无产阶级革命事业流尽最后一滴血	58
毛泽覃	茁壮成长；烈火红心；奔向井冈；泉江春雷；踏遍青山；斩断魔手；勇展逆流；红星不灭	58
对十九路军与“福建事变”的补充	“闽变”前筹组人民革命政府的活动；与蒋政权决裂前夕的几件内幕；在强敌压迫下惨痛的收场	59
闻一多殉难记	保卫和平，反对内战；反动派的丑恶嘴脸；踏着“一二·一”烈士血迹前进；在白色恐怖下；临危不惧，大义凛然；为民主而献身；崇高的荣誉	59
钱塘江建桥回忆	工人伟绩	59
柳直荀在湖南农民运动中	积极组织农民，湖南农协成立；依靠农民力量，镇压恶霸叶德辉；加强农民自卫军，举办干部训练班；警惕敌人阴谋，积极采取对策	60
李宗仁代理总统的前前后后	坐观风向，待机而动；蒋介石开始向桂系反扑；美帝拉拢李宗仁和孙科的下台；南京破坏和平谈判的经过	60
十月革命前后我在苏联的一段经历	十月革命后苏维埃政权对联合会的友善态度；和伟大列宁的三次会见	60
蒋桂新军阀战争的内幕	桂系安兴鲁案给蒋以可乘之机；中共中央代表邓小平到南宁指导工作	60
“五四”运动六十周年	学生爱国运动力量的兴起；痛打卖国贼，火烧赵家楼；“五四”运动如火如荼；大批青年向往十月革命；资产阶级资送学生出洋；勤工俭学中的光辉榜样	61
“五四”时期的陈望道同志	翻译《共产党宣言》和传播马克思主义；编辑《新青年》，开展对胡适的斗争；参与筹建共产主义小组，投身工人运动	61
“五四”运动在桂林	学生爱国运动的蓬勃兴起	61
随薛岳所部追堵红军长征的见闻	“一箭双雕”阴谋的破灭；乌江防御和遵义的溃败	62
阻截中央红军长征过黔的回忆	红军强渡乌江进入遵义；红军回师遵义，吴奇伟部被围歼；蒋介石逼我下台	62

续表

文章题目	章节题目	辑数
蒋介石追堵长征红军的部署及其失败	红军长征前蒋介石的反共策划；再度乞灵于碉堡战术；蒋介石在贵阳张皇失措的丑态；收买龙云与对付李、白的诡计；在成都采取一箭双雕的阴谋；红军越过草地突破胡宗南部防线胜利北上；夺取川康两省政权所进行的阴谋活动；中央红军抵陕北后，蒋介石对其他方面红军的围攻；山城堡战败后蒋介石的毒计及其破灭	62
侯之担部防守乌江的溃败	红军突破乌江，侯之担逃渝被扣	62
滇军入黔防堵红军长征亲历记	阻截红军成了送行	62
二十四军在川康边区阻截红军的实况	安顺场的溃逃；泸定桥边受重创；紫石关的溃退；雅安盲目困守	62
胡宗南率部在川北阻截红军的经过	松潘战败，梦想破灭；部队损耗很大，疲惫不堪	62
抗战前我勾结日寇的罪恶活动	日寇在多伦召开蒙古王公会议并对我加紧拉拢；我进一步勾结日寇及吴鹤龄所谈蒋介石准备放弃黄河以北一事对我的影响；亲赴长春与日本关东军勾结；在日寇策划下进犯绥远的经过	63
日寇侵略华北与冀察政权的形成	日寇进逼平津，何应钦、黄郛溜走；屈辱外交之一例	63
外蒙古见闻纪略	从外蒙“独立”到承认中国宗主权	63
英帝统治下的开滦煤矿	开平煤矿的创办和断送给英帝的因由；德璀琳趁火打劫骗夺矿权；胡华威胁利诱逼签卖约；张燕谋利令智昏，拱手白送；到伦敦控诉的一幕丑剧；《北方日报》的出现及其怪论；托庇外力与开平“合并”经过；在中国领土上的“独立王国”；称霸冀东的“独立王国”；印度警卫放高利贷引起的血案；矿工的两次罢工斗争；矿工的劳动待遇与痛苦的生活；两次罢工斗争的胜利；残酷的掠夺，惊人的利润；那森的阴谋与野心	63
开滦煤矿的“包工大柜”	“包工大柜”是怎样剥削工人的；矿井工人在剥削迫害下的苦难生活；“包工大柜”在榨取工人的血汗中发财致富；“包工大柜”的行贿和他们之间的倾轧	63
统一战线胜利的一曲凯歌——记山西青年抗敌决死队第一纵队的产生和发展	在抗战的炮火中诞生；在反击敌顽夹攻中前进；打退第一次反共高潮，粉碎“十二月事变”；党的统战政策的伟大胜利	64

续表

文章题目	章节题目	辑数
记陇右地区的解放	与中国人民解放军会师;临洮守敌向我投诚;临洮青年踊跃参军,支援新疆与青海的解放	64
抗战前后军统特务在西北的活动	运用警察机构掩护特务活动;企图打入陕甘宁边区的阴谋活动;军统局在西北与胡宗南、蒋鼎文的勾结;军统局对杨虎城及其旧部的侦防和迫害	64
《新民报》二十年	“一二·九”运动中蒋王朝给《新民报》的压力;大踏步走上为民族资产阶级服务的道路;进一步资本主义企业化和总管理处的设立;国民党当局指责的“挖墙脚”种种;在皖南事变中替蒋介石帮腔;与张群和川康地方势力的结纳;恐怖威胁下的摇摆;北平版开帆顺风,但政治态度却右倾了;蒋介石发动全面内战后,沪、渝两社首被迫害;国民党的片面意图,总管理处设总编辑;上海版被停刊和重庆、成都、上海反动派的大逮捕;上海版在屈辱条件下的复刊;铭德、季惺参加伪国大和立法院;伪国大选举总统、副总统的丑剧,《新民报》被卷入剧中;伪立法院演打泡戏,《新民报》同CC结下深仇;所谓《新民报》泄露军事秘密和立法院的闹剧;对刽子手的“合法斗争”;最后的决裂,出亡香港;拒绝出“台湾版”的阴谋和李宗仁准南京版复刊的骗局;成都、重庆两社在黎明前的恐怖遭遇;在全国解放后的新生	63
孙殿英投敌经过	孙殿英诱降胡宗南部的阴谋活动;孙殿英投敌前的种种伪装;蒋介石“曲线救国”的妙用	64
石友三投敌反共及其下场	蒋介石指使石友三反共;蒋介石挟持石友三的两只魔掌;石友三勾结日伪血洗冀南;石友三勾结日伪回窜冀南;石友三兄弟被蒋介石杀害的经过	64
军统局“策反”汉奸周佛海的经过	戴笠的阴谋诡计;不尽汉奸滚滚来;赏中秋安抚群奸;捉汉奸大发其财	64
汉奸周佛海勾结军统及其下场	太平洋战后蒋介石对周佛海的要求,从谈和转为防共	64
我在招商局的见闻	封建官僚衙门;贪污腐化,营私舞弊	64
忆龙州起义和红八军的建立	英勇悲壮的斗争	65
大革命时期武汉军校女生队参加平叛战斗侧记	生擒活阎王;胜利归来的女生队	65
南京解放前夕反动派鸟兽散种种	蒋介石下台的狼狈相;国防部第二厅在京沪的垂死挣扎和溃散;南京卫戍总部的慌乱和溃逃;南京市民众自卫总队闻风散伙	65

续表

文章题目	章节题目	辑数
京沪地区蒋军的江防守备及崩溃实况	先后多次举行军事会议及政工会议，企图安定军心，维持士气；清剿人民游击队，企图巩固后方	65
镇江江防第四军的覆灭	由镇江狼狈撤退和在广德以北山地的覆灭	65
南京北大门——浦镇守军八十师被歼记	军心不稳，官兵各有打算；进行反动的政治教育，欺骗官兵卖命；丧尽天良，大肆破坏；风声鹤唳，狼奔豕突；上天无路，广德被歼	65
防守长江战役中的刘汝明兵团	江防战斗及狼狈南逃	65
回忆国民党时期的邮政	邮权收回后帝国主义残迹犹存；洋员仍居高位；国民党内狗咬狗，邮官也似“走马灯”；关于宋美龄盗去“传家宝”的问题	65
沧白堂事件和较场口事件	反动派对沧白堂民众大会的破坏；较场口血案的真相；革命怒潮汹涌澎湃；阴谋败露，罪责难逃	66
蒋介石发表求和声明的经过	在解放战争期间，南京政府的美国主子为什么要中途换马；李宗仁竞选副总统加剧了国民党内部的矛盾；CC 反对张群组阁，使政学系同复兴系合作，国民党内部进一步分化；蒋介石对桂系采取的报复措施及其后果	66
蒋介石下野回溪口的见闻	经杭返籍，无限悲哀；东拼西凑，组织保驾部队；“礼贤下士”，别有用心；宴请邻亲，强颜为欢；扫墓游山，烦恼异常；仓皇逃离溪口，惦念宁波花园	66
綦江惨案亲历记	大捕杀的开始；惨绝人寰的大屠杀	66
上海战役概述	蒋介石“保卫大上海”的阴谋企图；作战准备及阴谋措施	66
蒋军一二三军在京沪杭线上被歼经过	三〇八师的部署和对人民的迫害；掠夺与吹牛；垂死挣扎和最后被歼	66
外商水线公司的入侵和我国电信职工的反帝斗争	几家外商水线公司的入侵经过；北洋政府时期电信职工的反帝斗争；国民党政府时期电信职工的反帝及坚持收回电信主权的斗争；华籍职工要求改善待遇的罢工斗争	66
一九四九年“和谈”的回忆	叶剑英同志的一席话	67
一九四九年国共北平和谈始末记	百万雄师过大江；荣获新生；解放以后	67
蒋帮在华南勾结汉奸伪军抢夺抗战胜利果实始末	敌伪渴望的“和平运动”；反共是真，抗战是假；群魔乱舞，贪赃枉法	67
北平和平解放回忆录	解放前夕傅蒋之间的矛盾与斗争；历史新篇章的开始	68

续表

文章题目	章节题目	辑数
回忆和平解放北平的经过	和平解放北平的曲折与斗争;和平解放北平的伟大胜利	68
北平和平解放前夕的片断回忆	金圆券坑了人民,肥了蒋家;蒋介石扬头而来,铩羽而归	68
组织军统北平站和平起义的前前后后	沉沦容易自拔难;保密局的如意打算;接受改造,前途光明	68
抗战期间刘氏企业迁川经过	总经理变成了四大家族的小伙计;崇敬党的领袖,对党又半信半疑	68
从抗日胜利到全国解放的刘鸿生	依附美蒋,互相利用;结交戴笠,受到包庇;得罪美帝,受到警告;惨遭敲诈,慰劳蒋军;解除疑虑,毅然回国;理想实现,感到放心	68
护送共产党人从新疆回延安	胡宗南的第二个政治阴谋	69
绥远"九·一九"起义回顾	绥远起义过程中错综复杂的尖锐斗争;走上正确的道路,有了光明的前途	69
绥远"九·一九"起义的亲身经历	起义条件成熟,国民党再次阻挠破坏;正式宣布光荣起义,率队支援解放宁夏	69
回忆在监狱里的斗争	严峻考验的时刻;"抗日无罪,救国无罪";依靠组织,提高斗志;无产阶级的硬骨头;团结就是力量;暗无天日的国民党"模范"监狱;天下乌鸦一般黑;把监狱变成革命者的学校;支持战友斗争,团结群众前进;坚持到底就是胜利	70
国民党立法委员香港起义记	形势逼人;在崎岖的道路上前进;运动的发展与反动派的恐慌;两条道路的斗争	70
我国首次正式参加奥运会始末	二十年代末期东北体育的猛省;伪满阴谋的破产	70
六十岁总结	自我检讨	70
中国托派的产生和灭亡	两次大破获形成混乱局面;陈独秀被捕后中国托派形存实亡;托派的灭亡	71
我在国共第二次合作谈判中的一段经历	派遣人员的阴谋布置	71
抗日战争时期的中国工业合作运动	中国共产党对"工合"的关怀和支持;国民党反动统治对"工合"的歧视和压迫	71
长征中的红色干部团	封锁线中灭火救群众;在四渡赤水中屡战屡胜;强渡大渡河;挫败张国焘的阴谋,坚决北上	72
一个通讯战士对长征的回忆	在张国焘错误路线下的日子里;同张国焘的斗争	72

续表

文章题目	章节题目	辑数
从巴西到俄界	团结的"红大";跟着毛主席,前进	72
临危不惧,生命不息——忆念陶行知先生在上海的最后几个月	陶行知献身民主革命,身教言传	72
在历史转折的年代里	周总理救我出狱	73
蒋介石在溪口	"太子"蒋经国、蒋纬国;一群"皇亲国戚";逃亡前夕的狼狈处境	73
我所知道的章乃器	顶住了逃跑主义的歪风;延揽并掩护一大批进步知识青年	73
我的父亲袁世凯	从戎发迹,弄权得意;乘辛亥革命之机东山再起;从总统到皇帝梦的幻灭;内外交攻,气恼成病而死;树倒猢狲散	74
帝国主义利用上海钱庄进行经济侵略	帝国主义贩运鸦片利用钱庄的序幕;利用钱庄推销商品掠夺原料;诱使钱庄迁集租界;买办资本侵入钱庄;外国银行拆放钱庄进一步控制上海金融;外国银行利用钱庄推广钞票发行;哄抬"道契",金蝉脱壳	75
沙皇俄国在中国推行卢布进行掠夺的史实	卢布称霸白山黑水垂二十年;发行金币券配合蚕食新疆;俄国历代反动政府在中国滥发卢布残酷掠夺中国人民;中国工人阶级的斗争宣告卢布通货膨胀的结束	75
陈翼龙先生事迹汇辑	陈翼龙先生奋斗史略;陈翼龙烈士事略	75
吉鸿昌走过的曲折道路	青年投军,渐露头角;新的政治生命开始;从容就义	75
北洋时期货币紊乱情况见闻录	出卖国家主权的"金券条例";发行纸币的紊乱情况;帝国主义对中国币政的直接干扰和破坏;中国人民维护币权拒用外钞的斗争	75
镇南关起义回忆录	清廷之清乡大残杀	76
"九一八"沈阳事变前后	张学良接受蒋介石不抵抗密令的内幕;东北沦陷后我军终于被迫奋起抗战	76
中村事件始末	证据确凿,构成间谍罪行;日领理屈词穷,提出无理要求;不抵抗主义招来侵略战祸	76
记我父杨乃武与小白菜的冤狱	统治集团内部的争吵;终是官官相护	76
王金发其人其事	早期的革命活动	77
大革命时期统一广东的斗争	国民党内部之争	77
我所知道的宝元通百货公司	依靠经销洋货,赚得巨额利润;从穷途末路走上光明大道	77

续表

文章题目	章节题目	辑数
我所知道的北京理门情况	理门公所的敛钱、迷信活动	77
我的宫中生活(上)	被骗入宫;来念书,还是来伺候他;深锁春光一院愁	77
陈嘉庚与《南侨日报》	战斗;被封	78
怀念爱国老人陈嘉庚先生	怒斥国民党总领事;组织华侨,投入抗日;对蒋介石的认识入木三分;爱校胜家	78
略谈谢冠生与国民党司法界	捞得部长遇风波;十年鸿运留污迹;"通缉"毛泽东主席;公开加强反动统治的"全国司法会议";普设镇压革命的"特刑庭";又争夺又勾结	78
CC渗透的国民党司法界	勾结CC,为中统在司法界扩张势力;设置特刑庭,为特务披上"合法"外衣;亦步亦趋,投靠美帝;所谓两件"好事"	78
我的宫中生活(下)	骨肉分离;溥仪是怎样"教育"我的;溥仪和吉冈勾心斗角;溥仪的多疑和残暴;覆灭前夕	78
盛世才在新疆	伪装进步"亲苏"求援;盛世才的特务组织和阴谋活动;反对盛世才的三区革命	79
我任阿山宣慰使的回忆	迎接苏联红军自塔城边卡入境;反帝与亲苏;谣言被粉碎	79
竹舍轶闻——国民党利用战犯建立国防部第三研究组的始末	"竹舍"的覆灭	79
永利碱厂和英商卜内门洋碱公司斗争前后记略	不甘利诱,对抗威胁,利用外力以甲制乙时期	80
陈果夫与国民党的合作运动	经过几番转折,最后回到祖国怀抱	80
陈诚及其军事集团的兴起和没落	在军阀混战期间充当打手;进犯中央苏区;吞并杂牌扩编部队;在第四次"围剿"中的惨败;第五次"围剿"的幸胜;陈诚军事集团的没落;假和平,真备战;参与围攻中原军区;损兵折将,数易战场主帅;逃到台湾后的陈诚及其军事集团	81
抗战期间武汉失守后的十八军	鄂西战役和"鄂西大捷"的真相	81
蒋介石的侍从室纪实	从文书处理看蒋介石的独裁统治;包揽一切;揣摩迎合;"手令"政治	81
我所知道的钱大钧	因渔色而声名狼藉;总指挥纸上谈兵;捏罪名镇压伤兵、工人;遇洪水不救,武汉三镇遭惨劫;钱大钧与"钩大钱"	81

续表

文章题目	章节题目	辑数
蒋经国在赣南	蒋经国用人处事的权术和部属的派别；露出反革命原形	81
蒋经国在赣南二三事	“书店事件”暴露了蒋经国的庐山真面目；抛弃国土，临阵脱逃	81
蒋经国的秘密核心领导组织——中正学社	强化组织，竭力支撑摇摇欲坠之蒋家王朝	81
全国大陆解放后台湾国民党内派系斗争一瞥	诸元老纷遭贬逐	81
我所知道的章乃器	从事爱国活动；狱外的营救和狱内的斗争；迎接祖国的解放	82
“七君子”狱中反诱降的斗争	诱降阴谋的泄露；利用敌人内部的矛盾；法庭上的斗争；诱降终于失败	82
回忆“一二·九”时期的北师大	南下宣传；反对所谓“晋京聆训”；伪学联成立及师大六同学被开除；思想理论战线上的斗争	82
民国初年国会斗争的回忆	袁世凯破坏宪法会议的险恶阴谋；国会维持之说是骗人的	82
国会生活的片断回忆	国民党内部的涣散和混乱；袁世凯对国会议员的威逼和迫害	82
略述国会恢复和非常国会的情况	一幕围攻国会的丑剧	82
抗战时期我参加滇缅公路修建工程的经过	英勇的反轰炸斗争	83
抗战胜利后的新疆公路	旧中国边疆修路的苦闷和感慨	83
抗战期间两次去新疆纪略	盛世才在新疆和一九四二年反共反苏投蒋的概况	84
关于杜月笙	靠反共造成的特殊势力；第一个大发国难财和接收财的人	84
我所知道的黄金荣	网罗羽翼和勾结军阀政客；组织“中华共进会”，投入反革命政变；退休以后的剥削生活；抗战时期的苟安生涯；向人民坦白交代	84
回忆我在四川袍哥中的组织活动	同孔祥熙的勾结；跳出火坑，争取新生	84
邓演达的被害与陈诚的发迹有关联吗	陈诚的发迹经过	84
陈绍宽与旧中国海军	触怒蒋介石的后果；与戴笠和陈诚的明争暗斗；旧海军建设的落后情况	85
忆李公朴	苦难的童年；目睹千疮百孔的祖国；沉默后的怒吼；唤起民众抗战；春在前线；“不要教胜利冲昏头脑”；天快亮的时候；烈士的血不会白流	86

续表

文章题目	章节题目	辑数
忆陕北四老	党的真诚朋友安文钦；献身人民教育事业的贺连城；政法战线上的好干部乔松山	86
军统领导中心局本部各时期的组织及活动情况	特务处的法西斯管理法；特务处的黑话；为了反共，二处特设中共科；保护大汉奸，逮捕小汉奸；军统与中统的暗斗	86
伪满宫廷见闻琐记	傀儡皇帝上场；危言震主，杀鸡给猴看；迟到几分钟的"大不敬罪"	86
回忆旅居日本三十二年	决心为华侨教育服务	87
回忆越南华侨的爱国救亡运动	爱国救亡怒火的喷发；救亡号角——《全民日报》诞生	87
严修与学制改革	严修的生存时代和阶级出身；不赞共和不为官	87
老教育家李湘宸先生事略	留学日本，宣传革命；坚持抗日，遭受迫害；对教育救国思想的清算	87
"神州国光社"后半部史略	"神州"从黑暗走到黎明	87
回忆孙寒冰教授	矛盾激化的年代；未登彼岸终生恨	87
邵力子先生致力于一九四九年国共和谈	力辟"和平即投降"的谬论	88
我所知道的龚饮冰与建业银行	迎接解放，公开公私合营	88
我所知道的金城银行	创业有术，改革多谋；长袖善舞，雄心勃勃；金钞买路，左右逢源	88
农学家邹秉文	在美为祖国培育农业人才；终于返回祖国	88
回忆救国会的七人案件	斗争胜利，光荣出狱	89
争民主、反独裁、救中国——救国会后期斗争札记	沈钧儒、邹韬奋和生活书店在西南坚持抗日民主的斗争；坚持人民民主，反对内战和独裁，在旧政协会议上的尖锐斗争；迎来了新的中国	89
我对爱国将军冯玉祥的了解	为泰山人民做好事	89
第六十军血战台儿庄	踏上抗日征途；昆明誓师出征	90
回忆重庆社会大学	新型的民主大学，培养人才的摇篮；"人民的模范"和他的"社会大学运动"	90
我们所知道的郑介民	与帝国主义的勾结；国共和谈期间的特务活动；积极反对共产党又最害怕共产党；不肯负责的作风与贪污敛财的手法	90
忆张冲同志	逼上梁山；请缨入桂，靠拢红军；坚信抗战必胜，寄希望于中共；会见了周恩来同志；脱离虎口，投奔延安；献身革命大业；大义灭亲；为社会主义事业奔波；坚持原则；廉洁奉公	91

续表

文章题目	章节题目	辑数
齐鲁大学校史简介	占地六百亩，俨若租界；以考古为名盗窃古代文物	91
遣送东北日侨俘的回忆	日帝奴化政策；战犯法庭迟迟成立，技术人员被偷偷留用	91
“井上公馆”和“特务机关”的内幕	“井上公馆”的由来及其罪恶活动；黑暗恐怖事件的策源地——新亚酒店；搜刮资源的“皇军圣战捐献运动”；聚敛掠夺的物资统制；留难物资流通，实行签发搬运证制度，进行敲诈勒索；在文教方面所进行的特务活动；包庇赌窟、烟馆，贩运毒品，种植罂粟的罪行；迫害八百孤军	91
“满洲第七三一部队”罪恶史	七三一部队的罪行	91
日军在东北的细菌杀人罪行	惨绝人寰的细菌试验；罪行累累；瘟魔石井四郎	91
忆汤飞凡教授	与人民共苦乐	92
从唯爱主义者转变为革命的人道主义者	提倡基督教“三自”爱国运动	92
上海中药材出口简史	解放前的几年中困难重重；解放后在党的领导下喜获新生	92
蒋介石一九二七年下野返浙点滴	白、李、何“逼宫”；侍卫队抢劫余姚银行；绍兴遭池鱼之殃；替死鬼王天培	93
蒋介石是怎样搞垮贵州军阀王家烈的	黔军内部两派势力之恶斗以及与何应钦的关系；蒋介石蓄意图黔；蒋介石步步进逼，王家烈乖乖下台	93
回忆国民党政府对西藏政务的管理	西藏第十三辈达赖喇嘛对祖国和英帝国主义的两面态度	93
黄慕松入藏纪实	黄慕松决定入藏时，英帝国主义策动亲英派在拉萨谋变失败	93
俄罗斯帝国驻华宗教代表团在华史迹	一九二四年间白俄反动军官与东正教总会争夺教产；一九二五年间白匪军官利用东正教骗取中国教民充当反动军阀张宗昌部下的经过	93
故宫博物院盗宝冤案之谜	李宗侗得罪疯婆闯下大祸；萧襄沛枉作替罪羊	93
回忆张自忠将军	壮烈殉国；身后哀荣	94
冤狱回忆	监狱中黑暗情况之一斑	94
我在北大	与北大托派分子的斗争；反对国联调查团和学生罢课斗争；蒋梦麟开刀了	95
旅德华侨抗日救亡运动	在法西斯的反动统治下；几次面对面的斗争	95

续表

文章题目	章节题目	辑数
阎锡山的军阀生活	封建思想，军阀生活；著书立说，欺世盗名；阎蒋关系，矛盾重重；日、伪、阎三家合流；白色恐怖下的阎统区	95
解放前西昌彝族社会的奴隶制度	残暴的奴隶制统治；奴隶和劳动人民的悲惨地位；残酷的奴役和剥削；彝族人民的英勇斗争	95
三十年戎马春秋述要	寄托在胡宗南篱下	96
龙云在解放战争时期	蒋特暗杀龙云未遂	96
关于青年军的回忆	重新招募知识青年入伍充当炮灰，最后被歼灭或撤逃台湾	96
三青团和青年军政工的合流	刘安祺对蒋氏父子的吹捧；青年军二〇八师罪行种种	96
川西解放前夕的“游干班”和“川康游击挺进军”	出发与逃窜；一触即溃	96
百足之虫　死而不僵——一个没落的蒙古贵族家庭的地租剥削及其他活动	要求免纳契税并阴谋操纵法律；骄奢淫逸的个人和家庭生活	96
马叙伦先生事略	从尽忠报国到参加民主革命；宁为自由而死，不为奴隶而生；高风亮节，大义凛然；威武不能屈；对“中间路线”的批判；为发展新中国教育事业而努力	97
老报人王芸生——回忆我的父亲	简朴耿直，光明磊落；逐渐识破了蒋介石的真面目；投向光明；耿耿此心	97
《大公报》与胡政之	“小骂大帮忙”；去伪国大报到前后	97
复旦校长李登辉事迹述要	主张民治的民主作风；反抗帝国主义的凌辱；支持参加爱国运动的学生；仿美的教育；拒不开放女禁；临终前犹望祖国统一与和平	97
周诒春和贵阳清华中学	抵制干预；一代师表	97
女师大的沿革	女师大被“国民政府”接管时期	97
粤剧的戏班和戏院	班主的剥削；银业势力的渗入与“班蛇”的出现	97
云南起义经过纪实	毛主席、朱总司令及各首长对云南起义的嘉勉和指示	98
贾汪起义与一三二师行动经过	起义部队同我党的历史渊源；关键的时刻、果断的斗争；多年的夙愿、历史的壮举；光荣合编，乘胜前进	98
资源委员会移沪迎接解放亲历记	寻觅共产党	99
资源委员会在宁沪迎接解放的回忆	坚留南京迎接解放；南京解放后，积极请求接管；陈毅同志对我们的教导和期望	99

续表

文章题目	章节题目	辑数
塘沽协定签订后“中央军”在华北的几件事	由消极抗日到积极反共;爱国官兵悲愤南撤	99
张志和与四川民盟的革命活动	火线积极抗战;做革命所需要的工作	99
汪伪政权“建军”拾零	走狗的下场	99
南洋华侨反对英帝摧残华侨教育的斗争	坚持斗争的最后阶段	100
我的舞蹈艺术生涯	祖国召唤我,维吾尔舞蹈吸引我;祖国天空浮着层层暗云;人民奖给我金质奖章;欢庆新疆和平解放;给毛主席等国家领导人演出;我的责任更重了	100
实业家刘国钧	为社会主义建设出力	100
溥杰自述	敢怒不敢言的伪执政;乌烟瘴气的“禁卫步兵团”;我在伪军中的特殊地位;末日的挣扎	100
刘公岛上的风暴	“水牢”烈火;酝酿暴动;狂飙突起;投奔八路;征程万里	101
旧中国西部惨淡艰危的科学活动	馋涎欲滴;旗开得胜;“群儒舌战”	101
爱国主义学者白鹏飞	正义为师;激浊扬清	101
关于白鹏飞事迹的一些补充说明	不容忤逆	101
溥杰自述(上)	在英美和日本之间彷徨;封建主义思想对我的“加工”	101
一场预谋的屠杀	卫队惨杀请愿学生;段政府制造惨案的预谋	102
野人山历劫记	巾帼壮志空余恨;侨生的悲哀;亲爱精诚;恩师救恩刻骨铭心;胞波情谊深	102
北京中山公园沧桑	反动统治时期公园受到的摧残	102
归国抗日纪实——忆东江华侨回乡服务团吉隆坡队	斗争的考验	103
吴景濂与制宪运动	英才初展;与孙中山为首的革命力量合流	103
火热的青春岁月	天堂里的地狱;离经叛道;温暖的友情;革命的摇篮;走上新征途	103
抚顺战犯管理所见闻	黎明前后;重视思想教育;春风化雨,枯木逢春	104
幼年学艺记	上火车也受刁难;为了活命;冒牌的美国军官;告姓徐的恶霸;屈辱的生,悲惨的死	104
跟着党冲破黑暗走向光明	摸索前进的道路;革命的领路人;在孤岛上的斗争	104
板荡催时变,蹒跚向光明——九十生平自述	幻梦破灭;一次错误的旅行;两种错误的选择;为争取和平民主而斗争	105

续表

文章题目	章节题目	辑数
解放战争时期“川大”反美反蒋斗争的回顾	揭穿“金圆券”的“货币魔术”；粉碎国民党反动派策划发行“地方流通券”的阴谋；驳斥“美苏大战即将爆发”的谬论	105
军调部大同三小组工作纪实	乌云密布	105
去台湾采矿炼铜的经历	思念大陆	105
为全民抗战奔走呼号	让“女厨子”都关心政治；“爱国入狱”运动	106
外交耆宿陆征祥	以超然主义者自居；失败的演说；袁世凯妄图称帝	106
八一三抗战中的反间谍斗争	毒蛇出洞；讨价还价，引蛇上钩；第三次会谈，毒蛇昏头迷向；毒蛇新计，支票开来；毒蛇终于溜掉	106
中国钟厂与三五牌时钟	惨淡经营，频遭摧残；解放后获得新生	106
国民党CC系的干社	干社暴行见闻	106
投敌附逆的傅筱庵	投机发迹史；政治上的投机；献媚北洋军阀，助纣为虐；顽固反对人民革命；窃据上海总商会会长的“宝座”；为蒋介石作帮凶；魔掌又伸进了中国通商银行；拼命骗取存款，无所不用其极；尔虞我诈，岌岌可危；撵出通商，黯然下台；通商银行落入官僚资本手中；改组的“官商合办”银行换汤不换药；投敌附逆当上上海市伪市长；蓄意夺回中国通商银行；汪精卫上台丑剧演遍；恶有恶报；冢中枯骨，竟获日本天皇勋章	106
京西香山健锐营	无理束缚种种，丝毫不得自由；教育唯一宗旨，忠君爱国尊孔；官员越低越窘，校兵愈来愈穷	106
我所认识的冯玉祥	艰苦奋斗的步子；反封建斗争；反帝国主义的斗争；失败的教训；个人英雄主义；步入歧途；革命不彻底；军事上的家长作风；一个光荣的民主战士；沉痛的悼念	107
先祖母汤国梨夫人传略	凄凉的童年；为女权而斗争；威武不屈的气节；由失望到消沉；热情地讴歌解放；渴望祖国统一；幸福的晚年	107
回忆马歇尔将军在华调处国共合作的经过	国民党、美国、英国、苏联各怀异梦	107
我在军统十四年的亲历和见闻	对民主人士进行的特务活动；保密局在上海的罪恶活动；策划逮捕中共驻善后救济总署代表林枫；镇压上海电力公司工潮；密谋“保卫大上海”；解放前夕的上海大逮捕	107
敌后游击四年	坚持敌后工作	107

续表

文章题目	章节题目	辑数
爱国民主老人陈叔通	追求维新　东渡日本；反对袁世凯帝制；日寇侵略痛感河山破碎；抗战胜利　投身民主运动；不避艰险迎接解放；紧跟共产党　热爱社会主义	108
周恩来与《岭东民国日报》	茁壮成长；右派篡夺	108
化干戈为玉帛——忆争取东北军联合抗日工作的片断	“只有苏维埃才能救中国”；欢送俘虏兵	108
使日审理战犯工作琐记	两件使人气愤的事	108
辜鸿铭先生对我讲述的往事	放出一只“麻雀”　智斗联军“恶鹰”；严词指责李鸿章	108
张西曼在海参崴的革命活动	引鬼入室之经过	109
确认土家族为单一民族的经过	为土家族奔走呼吁；民族政策照我心；良宵盛会喜空前；确认土家为单一民族是党的民族政策的胜利	109
国民党六届四中全会的内幕见闻	败絮临风的前奏曲；瘫痪没落的国民党中枢	110
陈昶新在军统	再建东北集团实力的落空；寄托于民主的妄想	110
在镇压“春荒暴动”的掩盖下	血腥镇压	110
德商礼和洋行在华经营军火活动情况	怎样向国民党政府兜售生意；欺骗敲诈；贵重武器竟遭弃置	110
海军生活见闻	在血雨腥风之中	110
我的舞蹈生涯	怀念祖国	111
中统头目徐恩曾	驾驭特务分子的手腕；贪污行为	111
CC 的文化特务活动	法西斯教育的开端；我做了文化“刽子手”	111
张荫梧与河北民军	张荫梧与鹿钟麟的勾结；拼凑反动武装，加剧摩擦	111
我是沙场过客——北伐战争回忆片断	仁者之师，天下无敌	112
旧中国的海关	名不符实的海关监督；帝国主义统治中国海关的恶毒手段；所谓海关完整；帝国主义统治下的海关洋员；帝国主义统治下的海关华员；伪装亲善的岸本广吉；图穷匕见的李度	112
冯玉祥主豫琐记	审讯和礼送共产党员出境	112
现代佛教的杰出教育家——湛山老人	以改革为生命；闪光的佛学思想	112
章士钊和吴弱男	主编《苏报》，鼓吹革命；组织爱国协会，进行暗杀斗争；“主席想得真周到”；为祖国统一鞠躬尽瘁	113

续表

文章题目	章节题目	辑数
林业界的一代师表——记梁希教授生平	为新中国的林业建设作出贡献；“愿抛鲜血荐黎明”	113
杨爱源轶事	对反蒋战争无信心；蒋介石对杨爱源的收买	113
唐绍仪被日蒋争夺及被刺经过	蒋、孔等对唐绍仪的笼络	113
阎锡山投日反共见闻	派干部去太原与日寇勾结；派部队投敌改编为剿共军；派干部进入日伪政府	113
“固守”临汾纪实	“焦土政策”与“死命顽抗”；滥事轰炸、发射毒弹；疯狂顽抗、终于被俘	113
太原战役阎锡山残部被歼记	最后的顽抗及全部被歼	113
斗法纪实——两航财产争夺案始末	假买卖，真介入	114
我是沙场过客——北伐战争回忆之二	四军回师武汉，人民赐予荣宠	114
荷里活寻梦录——银坛生涯漫忆	与美国移民局斗法	114
抗战期间在重庆	苦难多病的岁月；毕业典礼上无声的抗议；在周恩来同志的感召下；毛主席的亲切接见	115
忆阿不杜克里木·阿巴索夫	在阴霾密布的日子里；以民族团结为中心巩固三区根据地；积极行动起来迎接解放	115
先父冯占海将军生平概况	遭蒋暗算，弃军从商；拒绝内战，隐居京城；欢迎解放，奉献绵薄	115
为国货事业奋斗终生的王性尧	胜利中的挫折；坚持就是胜利；长夜漫漫何时旦；梦想悲幻灭，解放庆新生	115
我所知道的张国焘	身家不清和逃出黑暗；民主、争吵、麻将	115
抗日战争回忆录	政治开始腐败；抗战胜利后，政府不但未能掌握复兴机运，继续苦干建国，且由于对内部问题，时和时战，举棋不定，终于撤离大陆	115
少年时代的梦幻	革命文学的召唤；从延安时代到新时期	116
我所知道的李烈钧	对辛亥革命的作用和贡献；在江西与袁世凯的矛盾和斗争；坚决拥护孙中山北伐主张	116
我所知道的胡宗南	胡宗南的发迹；胡宗南的秘密组织及其驭下权术；胡宗南和白崇禧暗斗的一幕；进犯延安	116
我的改造经过	为何不杀战犯呢；思想改造；劳动锻炼；新生的灯塔——特赦政策	116

续表

文章题目	章节题目	辑数
记王耀武将军的后半生	反戈一击，为人民立新功；有"朝闻道夕死可矣"的决心；在秦城参加劳动，庆获新生；为人民服务——光荣的归宿	116
对大革命及侨居印尼的回忆	痛击袁世凯的爪牙林干材；我所目睹的沙基惨案；中国共产党领导的第一次农民起义——海陆丰农民起义；周总理亲切接见印尼侨胞；海外赤子情	116
珍贵的友谊——在美国空军中作战的片断回忆	紧张、热烈的战斗生活	116
解放十年来活动点滴	竭诚拥护共产党；欢呼伟大的历史转折；伟大的人民政权；伟大的人民胜利的重要因素；和毛主席在一起；感谢毛主席厚意待我；我对抗美援朝的过激意见；台湾一定要解放	117
曹孟君传略	勇于探索，敢于追求；不断学习，继续革命	117
解放后十年来政治活动点滴	举国欢腾之日　寄语台湾诸故旧；幻想和口号都落了空；西藏事件进一步巩固了祖国的统一，提高了政府的威信；"人民江山万万年"是绝对的真理；台湾一定要解放，爱国一家和为上计；祖国在飞跃前进，希望你们回来看看，走到爱国主义的道路上来；可爱的故乡；伟大的首都——北京	118
戴笠轶事(上)	公报私仇　戴笠反共	118
忆述国民党元老吴忠信	开始走上官僚资本家的道路	118
徐永昌与阎锡山的离合	阎、徐的勾心斗角；徐、阎互相利用	119
在天津的宁波帮	宁波帮与官僚及帝国主义的勾结	119
神秘的王亚樵	北伐结束　走向反蒋	119
从奋勇队到别动队	蒋伪合流；补给无着人民受害；戴笠杀人假流泪；残暴刑讯、枪杀起义人员	119
戴笠轶事(下)	禁止结婚，戴笠杀人；争风吃醋，戴笠认错；欺世盗名，戴笠办案；私设军队，戴笠弄权；衣锦还乡，戴笠碰壁	119
往事的回顾	走向革命文艺；在监狱中学习马列；我的释放和敌人的诡计；"开天窗"抗议	120
记祖父端郡王载漪庚子被罪后的二十余年(续编)	辛亥革命前夕升允秘密召开甘肃回汉军首领会议的阴谋；我突破封建专制家庭，离开端王在西北做官的经过	120
解放前后的广化寺	解放前夕的混乱状态	120
淮海战役中的刘汝明	留恋地盘；两次增援黄维兵团未逞；一场闹剧；出卖孙良诚；同顾祝同的吵闹	121
西康盟务五则	活捉西康特务头子余仲篪	121

续表

文章题目	章节题目	辑数
民盟在西康策动地方武装起义的前前后后	错案终于得到平反	121
邓演达被害记	心中只有老百姓；卑劣而凶恶的勾当；铁骨高风；叛徒的可耻下场	123
“福将”唐生明	讲私交为汉奸说情；屡遭军统暗算；生荣死哀晚节全	124
程潜将军二三事	他带引我走革命路	124
易培基其人其事	得罪蒋家王朝；含冤身死	124
马华抗日运动回忆录	展开了言论思想的斗争	124
上海票据交换所十八年	完整无损，还给人民	124
我在这里成长	我所崇敬的孙夫人——宋庆龄	125
狱中八年记(上)	第二次屠杀	125
转蓬的一生	在等待祖国召唤的日子里	126
同仇敌忾　抗日救亡——回忆参加研究日本密电码的前前后后	军统的野心；将译出的情报交给中共地下党	126
记盛世才在新疆最后一次的大逮捕及其前因后果	翻云覆雨的刽子手；一股暗流；阴云密布；自食其果	126
解放前外商在津的保险事业	帝国主义在华经济掠夺的机构；外商在天津经营保险事业的内幕	126
英商“保安保险股份有限公司”概述	经济侵略，无孔不入；垄断中国出进口货物保险；变相的职工卖身契	126
帝国主义掠夺的又一方式——记英商四海人寿保险公司	利用不平等条约为所欲为；传授一套外国“骗术大全”	126
我与程潜的交往	开始寻求和平出路；促进和平步步艰难	127
从沈重宇的经历看武汉“新左派”的斗争	为中国革命殉难的武汉“新左派”	127
雷洁琼在抗日的峥嵘岁月	奔赴抗日救亡阵地；亲聆中共抗日方针政策；坚定抗战必胜的信念；掩护进步青年	127
北平《平明日报》概述	《平明》得到了和平与光明	127
终生研究资本论的漆琪生	历尽艰辛寻找革命之路	127
确定与恢复土家族民族成分的前前后后	中南局的正确决定未得顺利实行；民族工作进入了新的春天	128
对私营企业改造的第一个航标——忆民生轮船公司的公私合营	向毛泽东同志汇报	128

续表

文章题目	章节题目	辑数
回忆“穷棒子社”	立有凌云志　摘下星星来	128
护送十世班禅大师返藏纪实	陪同班禅晋京向毛主席致敬；习仲勋对做好班禅工作和反帝爱国统一战线的指示；胜利地完成了恢复班禅的固有地位和职权的历史使命	129
杨东莼生平评述	为人民教育事业呕心沥血；统一战线工作的典范；既是老革命，又是新党员	129
抗战期间赴美接舰归国亲历记	友谊与偏见	129
国民党反动统治时期的“新县制”	“寓保甲于自治之中”的新花招；进一步搞所谓“新县制”；自下而上成立各级“民意机构”；加强了对四川人民的奴役压迫摧残剥削	129
解放前夕的李汉魂	如意算盘；最后挣扎	130
抚顺战犯管理所生活实录	必要的劳动改造；丰富多彩的物质文化生活；保障健康的种种措施；人格得到尊重	131
一次神秘的外交使命——接待基辛格秘密访华	周总理亲自为基辛格安排住处，要求我们不卑不亢	132
一次震撼世界的外交壮举——接待美国前总统尼克松首次访华	贯彻执行不卑不亢、以礼相待、不强加于人的接待方针；在接待工作中既坚持原则，又机动灵活	132
中国近代化学制药业的开拓者赵汝调	在混乱的日子里；绝处逢生，参加新中国制药事业及“三反”“五反”冤案	132
黄埔军校女生队的一段回忆	在战斗中成长	133
濠江风云会　赤子报国情——追记澳门同胞抗日救国感人事迹	商女也知亡国恨，火山迸发爱国花	133
我骑“毛驴”走天涯	给江泽民总书记戴小花帽	133
新西兰华侨史(上)	华工们的悲惨生活	133
父亲彭泽民40年代在香港的政治活动	宋庆龄、何香凝、柳亚子、彭泽民团结战斗；共产党的密友	134
记淞沪抗日名将蔡廷锴的一生	“一·二八”淞沪抗日，名震中外，为国争光	134
我在全国政协文史专员室	庆祝粉碎“四人帮”大游行队伍中有我们	134
荣禄与义和团	荣禄与驻京五国使臣的勾结；美国教士插手干涉；教民横行霸道，河南主教狡辩卸责	134

续表

文章题目	章节题目	辑数
回忆周恩来重视教育改造战犯工作的一些情况	中国共产党对战俘一贯采取优待政策；中华人民共和国建立后，党和政府高度重视对日、伪、蒋战犯的教育改造工作；争取和平解放台湾与特赦国民党战犯及伪满、伪蒙疆战争罪犯	134
西安《秦风·工商日报联合版》始末	争取民主，反对内战；反迫害斗争	135
民生公司与外商的竞争	帝国主义的船舶入侵川江；帝国主义航商对民生公司的围攻；我国人民的反帝爱国斗争支持了民生公司的发展；民生公司走上了独占川江的道路	136
上海《时事新报》从研究系落入国民党手中的演变概要	蒋介石的短期收买与拆伙	136
军政部交通司贪污的形形色色	通过兴建厂房进行贪污；贪污行贿的各种花样；争权夺利，勾心斗角	136
中东路事件及中苏战斗的经过	冲突起因和矛盾的内幕；东北当局对交涉的态度；蒋介石下令备战	137
抗战胜利后香港九龙城恢复设治事件的回忆	英帝国主义的得寸进尺和我国人民的坚持斗争	137
回忆片马、江心坡的抗战岁月	英帝对片马、江心坡的黑暗统治；人民过的牛马不如的痛苦生活；反英殖民主义斗争；抗日与所谓英国“盟军”；如此英国“盟军”；英帝卷土重来；我汉人惨遭屠杀	137
阎锡山勾结日本帝国主义的前前后后	“济南惨案”前后阎日的频繁勾结；阎锡山的所谓“经济建设”；阎锡山在日军进逼绥远前后继续高唱“守土抗战”；七七事变前后阎留恋“大连密约”仍不准备抗日；坚持“存在就是真理”，联日反共准备公开降日；公开投降日本未遂的原因；抗日战争胜利后继续利用残余日军反共	137
阎锡山的家庭及其生活	腐朽的生活	137
抗战时期冯玉祥佚事	简单朴素的日常生活；揭开白日打灯笼见蒋介石之谜；在特务监视下	138
在国民党立法院内外	立法院中的派系斗争和浙江籍立法委员；蒋介石袍笏登场及其几次讲话；假投票吓走张群；“戡乱建国”与“越戡越乱”	138
四川军阀进攻武汉的丑剧	北伐胜利与四川军阀的投机；宁汉分裂期间蒋介石勾引川军背叛革命	138
我所知道的“战时青年训导团”	集中营搞的法西斯军训和反共政治教学；在释放烟幕下上演的叛变丑剧	138

续表

文章题目	章节题目	辑数
杭州市职工会暴乱内幕	陈希豪、张静江是怎样插手进去的	138
追忆杜聿明片断	“加速改造自己”;人民怀念他	139
我所了解的杜聿明	远征缅甸之战,吃败仗升官;解决龙云,为蒋背过;顽石点头	139
杜聿明轶事四则	平易近人,爱护部曲;认罪服法,改恶从善;感恩图报,自我改造	139
追忆李宗仁归来	毛主席、周总理欢迎李宗仁归国;共产党不会忘记李宗仁	140
我由香港进解放区的经过	踏上征程;宾至如归;找到归宿	140
“中国中和党”内幕	互相攻讦,内部矛盾激化	140
“新生活运动”见闻	“新生活运动”与“文化围剿”	140
国民党中央文化运动委员会内幕	对民主同盟下毒手;宣扬反革命暴力的“二·二二运动精神”;揭去“文化”的面纱,大肆进行反共喧嚣	140
回忆解放前的《展望》周刊	从“警告”到再一次“查封”	140
上海《晨报》四年史	孔陈火并	140
旧中国的小学语文教材	教材的政治思想的两面性和所谓“宣传共产”的查办;从审定到“国定”和从自由竞争到垄断、分赃	140
我的回忆	定居香港,开始新的斗争;伤心、痛心,更有信心	141
国防部第二厅的前身——军令部第二厅	交错混战,弱肉强食;夺权决斗;最后逃亡;溃败中的仓促部署;惊鸟各自飞	141
国民党侍从室人物见闻	蒋介石的权术;玩权弄势的军务局	141
胡宗南集团的兴起与覆灭	紧跟蒋介石,走上反共反人民的道路;一身二任,抗战不忘反共;公开打起反共旗号,结局全军覆没	141
拼将热血争民主——旧政治协商会议会场外面的斗争	可歌可泣的反对内战运动;百折不挠的沧白堂斗争	142
国民党中央组织部概述	内部的摩擦和对外斗争	142
庐山见闻	大演拉选票的丑剧;贺衷寒大发牢骚	142
国民党军事委员会驻滇干部训练团的回忆	蒋、美在教育上的争执	142
记抗日时期汉奸机构新民总会	传播奴化思想,傀儡戏开锣;几名元凶的丑恶面目;一篇腐朽荒谬的新民主义;殷同之死与喻熙杰首鼠两端	142
驻朝鲜各地领事参加伪政权的经过	我怎样从香港前往朝鲜投敌	142

续表

文章题目	章节题目	辑数
我所知道的王以哲及其被害经过	正气凛然，婉谢蒋诱；小丑跳梁，大树为摧	142
国民党外交二三事	中苏商约为什么保守秘密；一门汉奸；“皇家制鞋人”的惨死；胡秋原的咆哮	143
《救国半月刊》社的内幕	鼓吹反欧美；鼓吹反苏；鼓吹“反共”；鼓吹“倒蒋”；宣传“亲日”；鼓吹“大东亚共荣圈”	143
回忆国民党《华北日报》	编造谣言，诬蔑共产党	143
天津《庸报》	《庸报》被日本特务机关收买，变成侵略中国的别动队；怀抱琵琶半遮面下的间谍活动；赤膊上阵的鹰犬	143
旧社会县长贪污之黑幕	侵吞；贪污	143
官僚张绍堂办丧事	敛财暴富；丧事奢靡	143
黄百韬的下场	我了解黄百韬部分罪行；黄百韬的幽灵伴随着蒋介石	143
五卅惨案之回忆	日纱厂管理员痛打童工激起公愤；顾正红被日人击穿大肠不治而死	144
中国青年党的真相	从筹组青年党时即策划“借母怀胎”，后又栽赃到共产党头上；妄图插手工运，阴谋杀害工人领袖；谋刺苏联顾问鲍罗廷；勾结于学忠、韩复榘组织特务反共；青年党的所谓“抗日义勇军”；为蒋介石献策，“消极抗日，积极反共”；参加“国民大会”和选举副总统的丑剧；三个不同历史时期，在湘的反革命阴谋；与同善社勾结，阴谋武装占湘西堵击红军；在华容打击新四军抗日；在湖南顽抗解放的阴谋	144
“节约建国储蓄券”的发行和劝储概述	“节约建国储蓄券”出笼背景；名为“劝储”，实是搜刮；劝储手法丑恶一例；搜刮百姓，怨声载道	144
我所知道的汤恩伯	虚伪残暴，反复无常；幻想做“东北王”；“汤灾”的原因；中原惨败	144
汤恩伯二三事	杀民邀功，手段残忍；处分部属，随心所欲；故弄玄虚使部下捉摸不透	144
关于汤恩伯的片断	汤恩伯死心塌地效忠蒋介石；汤恩伯在上海的官僚资本	144
国民党军委会政治部见闻	昙花一现的团结抗战新局面；乌云翻滚，积极反共；国民党派系斗争在政治部内的反映；典型的官僚衙门	145
国民党政权崩溃前的总统府第三局	俞济时的贪污手法和一次集体分赃；公开的弄虚作假、伪造履历	145
胡宗南部在关中地区全面溃败纪略	企图与马家军联系，作绝望挣扎；仓皇溃退，混乱不堪，损失重大	145

续表

文章题目	章节题目	辑数
我对国民党陆军第三方面军司令部的点滴回忆	消极抗战，积极反共；利用蜕变叛党分子来对付共产党；勾结美帝国主义，抢取人民抗战胜利果实；上海“劫收”丑态百出	145
我的回忆片断	向党靠拢和参加军事策反工作	146
“蛋大王”郑源兴	洋行对华商蛋厂的迫害；拒绝和记洋行收买；顶住跌价阴谋；渡过资本主义经济危机；负债累累，风雨飘摇；抗战胜利后的灾难；庆获解放，在国营经济的大力扶植下得到解放；踏上社会主义改造的光明大道	146
天津时代的《大公报》发展史话	由反蒋到拥蒋的蜕变过程	146
“开国纪念贫儿教养院”忆述	白色恐怖下的庇护所；灾难临头了	146
何键其人其事	投靠唐生智；依附李宗仁；何键集团的分裂；何键集团的瓦解	146
我所知道的廖耀湘	参加“戡乱”内战全军覆没；接受改造；为人民服务立新功	146
山东挺进军与济南受降纪略	有名无实的光杆司令；济南受降中的奇闻怪事；抢夺胜利果实；摘桃无成　斠马换将	147
入越受降回忆片断	越南人民的深厚友谊与组织性；蒋介石特务的无孔不入	147
我在军事委员会还都设营队的经历	纪律败坏；抢购、贩运黄金、美钞，投机牟利；抢夺物资、破坏生产；生活腐化；恃权霸租民房；放高利贷收暴利	147
江苏接收片断实录	对工矿企业的抢夺；唯一的是要钱；接收人员种种舞弊手法；威吓讹诈；对移交底册偷天换日；接收即占有；以接收之名行贿赂之实	147
海军大学风潮见闻	蒋介石的两面手法	147
在旧中国南、北交通部的见闻	旧中国铁路建筑和管理上的种种弊端；工程建筑中的发财窍门；列车营运中的营私舞弊；站务管理上的左道旁门；形形色色的材料漏厄	147
东北铁路十年回忆	发行五厘公债的骗局；百万日金的腐蚀；修理车辆的盘剥；买卖机车的讹诈	147
湘桂撤退亲历记	桂林车站的一幕闹剧	147
国民党军需署亲历记	蒋介石口袋里的军需署；署长亲自采购劣等军用品；陈良结党营私	148
湖北襄枣师管区军服舞弊案始末	钞票有毒，笑面虎变成哭面虎；贼喊捉贼，官官相护，不了了之	148
陆军大学从南京迁到重庆的回忆	留渝陆大部分教职员光荣起义	148

续表

文章题目	章节题目	辑数
“山东王”韩复榘琐记	韩复榘的飞黄腾达；如此“韩青天”；韩复榘的叛国阴谋及其被杀经过	148
建国前河套区天主教史略	掠夺土地	148
北京道士火烧白云观安世霖、白全一亲历记	安世霖与白全一把持白云观经过；安世霖和白全一罪行	148
能海法师集传	法师对佛法和祖国之贡献；一生为国不辞百忙	148
南洋流亡记	在祖国阽危的召唤下参加救亡运动；《全民》复版计划，竟遭“国特”破坏；日本投降后到棉兰，参加爱国民主运动；《五祖庙》巡回演出促进团结反帝；重返越南继续争取祖国的和平与民主；爱国有罪，被捕刑讯，驱逐出境	149
爱国老人刘国钧	不抵外货，难以生存	149
从民建发起到“较场口事件”	重庆民主运动的兴起；“较场口事件”中民建会员的斗争精神	150
“较场口血案”中的劳协	陈立夫发出信号；工人的心愿；会前的交锋；血溅较场口；把凶手扭送法院；事实胜于谎言；抗议、慰问与支持；国民党对劳协施加压力；法庭上的斗争	150
重庆“二二八”事件纪实	强迫集中，如临大敌；掀起新的反共高潮；饿狗争食，一场闹剧	150
记举世闻名的一条空中运输线	驼峰航线——危难中面对死亡的飞行；向死亡搏斗的高山飞行	150
国民党军窜犯东山岛遭到惨败的经过	阴谋窜犯东山岛	150
参加军事督导组的活动见闻	蒋介石亲为我们打气壮行；两次出巡，走马观花；形势剧变，仓皇南返；虎头蛇尾，不了了之	151
两度相随蒋经国的经过	联系群众，关心受苦受难之人；勤奋求学，一心师效先贤王阳明；就任行政专员时的豪言壮语；垂爱才女章亚若所受的苦辛；面对“戡乱建国”的败局采取救亡措施	151
五代经营的云南永茂和商号	在日军铁蹄下的苦难生活；迎接解放，接受改造	151
国民政府建设委员会概况	巧立名目，增设机构；化公为私，逃避国外	151
我国铅笔工业的崛起	东渡扶桑，寻求救国之道；集腋成裘，艰苦创业；“大展鸿图”的破灭；铅笔工业的春天	151
第一次夺得世界速滑冠军	新中国速滑运动的崛起；顽强拼搏，为国争光	151

续表

文章题目	章节题目	辑数
伪天津市长温世珍时期群奸罪恶活动纪略	张、陈勾结摆布老汉奸；洪水成灾敌伪发财；广辟税源坐地分赃；囤积粮食配售混合面；瘟神下台钻营再起	151
中东铁路事件	苏军进攻满洲里战役；在俘虏营中上了共产主义第一课	152
陆平与刘居英兄弟的传奇人生	九一八事变后，陆平与刘居英兄弟俩同时参加革命，后逃离长春相继考入北大；在“一二·九”运动中，一位是北大学生会执委，一位是北大学生纠察队队长，两位“东北大个”在爱国学生运动中初露锋芒；在抗日烽火中，陆平工作在晋察冀边区，刘居英战斗在齐鲁大地，后转战东北，兄弟俩经受血与火的考验。相逢时发现两人都在铁道部肩负重任；抗美援朝中，周总理点将，刘居英出任中朝前方铁道运输司令部司令员，在反“绞杀战”中建奇功；陆平任哈尔滨铁路局局长，兄弟俩再次联手作战建立钢铁运输线；刘居英出任哈军工院长兼党委书记，陆平出任北大校长兼党委书记，兄弟俩双双掌管中国两所知名大学。北大一张大字报点燃“文革”烈火，兄弟俩相继蒙难；度尽劫波，相继复出。刘居英又回到铁道兵的工作岗位，陆平则先后在七机部和全国政协机关发挥余热	153
深圳在政治架构方面的探索和深圳市政协的成立	考察港英当局经济管理给我们的启示	153
大潮起落，汹涌澎湃——亲历学界改革开放30年	历史车轮不可逆转	153
忆周惠同志和内蒙古农牧业改革	敢为人先不觉先；亲情、友情都在真	153
上海市政协推动落实政策纪实	上海是“十年动乱”的重灾区；狠抓典型突破	153
在中央文史研究馆工作的十年	四五盛典，再创辉煌	153
深情回望1978	回报国家的起运之年	153
“温州模式”诞生前后	调查研究，一切从实际出发；集思广益，温州模式初现成效；解放思想，尊重群众首创精神；如沐春风，来自领导的关怀与支持	154
周恩来系念政协党外委员和高级民主人士	对进步朋友应多加关照；多给民主人士参加国际活动的机会	154
沈醉父女与全国政协	政协文史工作培养、造就了我	154

续表

文章题目	章节题目	辑数
航向新中国	到解放区去——秘密离沪;同赴光明区域之舟	155
新政协召开前后琐忆	北平春来早;群贤毕至,少长咸集;盛典撼人心	155
我为父亲李庄的开国报道而自豪	以通讯特写记录开天辟地的历史;以澎湃激情书写波澜壮阔的新篇;以忠诚勤勉履行新闻记者的职责	155
创建新中国盛会有感	全心全意为各族人民谋幸福;真心实意实行民主;实事求是,不讲空话	155
三年困难时期我在全国政协礼堂的经历	总理既严肃又慈祥	155
王选副主席建言献策二三事	身患重病,鞠躬尽瘁	155
我的政协情缘	与党外人士"肝胆相照,荣辱与共"	155
见证海南省在春风中诞生	见证海南人大代表在全国人大记者招待会上的风采	155

第三章 引文表

《文史资料选辑》中既有大量的官方政要言论作为史料引文出现，同时也有专门给官方政要言论作注释所写的史料。比如，沈醉在第18辑《"交通警察总队"是一支什么样的反动部队》一文中就说："《毛泽东选集》第四卷中所提到的'交通警察总队'，究竟是一支什么样的反动部队，有许多人还不完全明了。这里，就我过去所知，提供一点参考资料。"应该承认，沈醉的解说非常合乎官方的标准注释，甚至与标准版的《毛泽东选集》注释相差无几，如出一手，至少这几段文字就让人难以分辨：

> "交通警察总队"是美蒋特务机关"中美特种技术合作所"（简称中美所）施以特种训练并全部用美帝武器装备起来的一支特务武装部队。它是美蒋特务合流中的产物之一，也是蒋介石所宠爱的一支袖珍王牌军。
>
> 从一九四三年开始，到一九四六年为止，美帝特务头子中美所副主任梅乐斯（Miles）除了在重庆替军统训练了大批美国式的特务分子，并且在抗战胜利后在上海、北平两处训练汉奸特务，以加强军统反共反人民的罪恶活动外，还先后在各地办了十多个"中美特种技术训练班"，训练和装备了四万多名特务武装。这支特务武装就是交警总队的前身……
>
> 由于他们是经过美帝特务训练，全部美式武器装备，带部队的军官又大多是军统特务，因此他们比其他一些反动部队更顽固，更凶狠残暴，对人民的危害更大。在解放战争期间，它不仅在各战场上配合反动派正规部队担任攻守，同时还担任后方骚扰与破坏交通等活动，并且还配合军统各地特务组织担任搜捕、屠杀革命人士的种种罪恶活动。解放前在重庆中美所内的多次集体大屠杀以及上海、成都等地屠杀和在其他各地的种种破坏活动，他们都曾参加过。这支特务部队在解放战争中，和蒋介石所有其他部队一样，最后也被人民解放军消灭得干干净净了。

将《文史资料选辑》所有引文通过表格形式展示出来，可以使人对引文在文史资料中的复杂政治功能有一个最为醒目和直观的印象。

引文内容限于政要言论、报刊文章、官方文本注释、正统学者论述、钦定人物言论、马恩著作（题词、祝词、唁电不计）。其用途在于作为理论依据、历史背景、史实叙述、观点结论、评价标准、政治主张、阶级立场。倘若专门研究政要的思想发展，所引用的该政要言论不作引文统计。①

一、节引②

篇目	引文	出处
王芸生、曹谷冰《英敛之时代的旧大公报》，《文史资料选辑》第9辑	“新闻事业是建立在一定的社会生产关系上面的政治的、思想的上层建筑的一个组成部分，是为一定的阶级利益服务的。”	廖盖隆《高举马克思列宁主义的旗帜办好无产阶级的新闻事业》，《新闻战线》1960年8期3页
《英敛之时代的旧大公报》	“为了侵略的必要，帝国主义给中国造成了买办制度，造成了官僚资本。……为了侵略的必要，帝国主义给中国造成了数百万区别于旧式文人或士大夫的新式的大小知识分子。”	毛泽东《丢掉幻想，准备斗争》
《英敛之时代的旧大公报》	“艾奇逊所说的‘西方的影响’是什么呢？就是马克思恩格斯在《共产党宣言》（一八四八年）中所说的资产阶级按照自己的面貌用恐怖的方法去改造世界。在这个影响或改造过程中，西方资产阶级需要买办和熟习西方习惯的奴才。”	毛泽东《唯心史观的破产》
《英敛之时代的旧大公报》	“从帝国主义的老家即西方资产阶级革命时代的武器库中学来了进化论、天赋人权论和资产阶级共和国等项思想武器和政治方案。”	毛泽东《唯心历史观的破产》
杜聿明《南京保卫战中的战车部队》，《文史资料选辑》第12辑	“我们的任务是坚决地反对民族投降主义。”	《毛泽东选集》
郑庭笈《蒋军辽西兵团的覆灭》，《文史资料选辑》第13辑	“你们应使沈敌深入大凌河以北，以便及时转移兵力包围该敌，然后徐图歼击。”	《毛泽东选集》
邱维达《蒋介石秘密炸汪坟》，《文史资料选辑》第18辑	“不但汪精卫在演出，更严重的就是还有许多的张精卫、李精卫，他们暗藏在抗日阵线内部，也在和汪精卫里应外合地演出。有些唱双簧，有些装红白脸。”	毛泽东《反对投降活动》

① 比如，李维汉《回忆新民学会》（《文史资料选辑》第59辑，文史资料出版社，1979年）一文频繁征引毛泽东给新民学会会员的通信，就不列为被引用的毛语录。

② 其形式要求是引语完整，只言片语者不计。

续表

篇目	引文	出处
胡临聪《蒋军破坏和平进攻豫鄂解放区经过》,《文史资料选辑》第 18 辑	"我豫鄂两省解放区军队,现被国民党第一、第五、第六等三个战区的军队共二十几个师四面包围,刘峙任该区'剿共'总指挥。我豫西、豫中、鄂南、鄂东、鄂中等处解放区都被国民党军队侵占,大肆烧杀,迫得我李先念、王树声等部无处存身,不得不向豫鄂交界地区觅一驻地,以求生存,但又被国民党军队紧紧追击。"	毛泽东《国民党进攻的真相》
杜聿明《辽沈战役概述》,《文史资料选辑》第 20 辑	"我们的方针是和平团结,如果他们要打就把他们彻底消灭。事情就是这样,他来进攻我们把他消灭,他就舒服了。消灭一点舒服一点,消灭得多舒服得多;彻底消灭彻底舒服。"	毛泽东《关于重庆谈判》
罗隆基《从参加旧政协到参加南京和谈的一些回忆》,《文史资料选辑》第 20 辑	"【国民党】①在内外压力下,可能在谈判后,有条件地承认我党地位,我党亦有条件地承认国民党的地位,造成两党合作(加上民主同盟等)、和平发展的新阶段。"	毛泽东《中共中央关于同国民党进行和平谈判的通知》
康同璧《回忆康南海史实》,《文史资料选辑》第 23 辑	"中国资产阶级民主革命的过程,如果要从它的准备时期说起的话,那它就已经过了鸦片战争、太平天国战争、甲午中日战争、戊戌维新、义和团运动、辛亥革命、五四运动、北伐战争、土地革命战争等好几个发展阶段。"	毛泽东《五四运动》
《回忆康南海史实》	"自一八四〇年鸦片战争失败那时起,先进的中国人,经过千辛万苦,向西方国家寻找真理。洪秀全、康有为、严复和孙中山,代表了在中国共产党出世以前向西方寻找真理的一派人物。那时,求进步的中国人,只要是西方的新道理,什么书也看。向日本、英国、美国、法国、德国派遣留学生之多,达到了惊人的程度。国内废科举,兴学校,好像雨后春笋,努力学习西方。我自己在青年时期,学的也是这些东西。这些是西方资产阶级民主主义的文化,即所谓新学,包括那时的社会学说和自然科学,和中国封建主义的文化即所谓旧学是对立的。学了这些新学的人们,在很长的时期内产生了一种信心,认为这些很可以救中国,除了旧学派,新学派自己表示怀疑的很少。要救国,只有维新,要维新,只有学外国。那时的外国只有西方资本主义国家是进步的,它们成功地建设了资产阶级的现代国家。日本人向西方学习有成效,中国人也想向日本人学。"	毛泽东《论人民民主专政》

① 带有"【】"符号者,均为作者所加,目的是保持意思完整,避免误解文义。下同。

续表

篇目	引文	出处
《回忆康南海史实》	“在一八九四年中国被日本战败以后，以康有为为首的改良派的变法运动，就是这种企图的一次尝试。他们希望中国有一个不要根本改变封建制度而可以发展资本主义的宪法。他们的主张在当时受到许多人的赞成和拥护。他们虽然是改良派，但在当时的条件下，他们的变法运动还是有进步意义的，因此引起了反动派的仇视。他们的活动，在一八九八年受到以慈禧太后为首的反动派的镇压而失败了。”	刘少奇《关于中华人民共和国宪法草案的报告》
《回忆康南海史实》	“凡是对历史的发展起了促进作用的重大历史事件，不论事情的成败利钝，也不论参加这一事变的人后日的是非功罪，只要是在当时的历史条件下有进步作用，只要是对人民来说是一件好事，我们就要纪念它。……戊戌变法虽然只是一百天，但它确实起了启蒙作用，开风气之先，它要打破陈规旧习，废除八股取士的制度，主张开办新式学校，主张发展资本主义工商业等等。一时除旧布新的政令不断发出，维新变法的学说风行海内。所有这些，在当时都振奋了人心，鼓舞了广大的进步青年。我们在那个时候是很受感动的。”	吴玉章在纪念戊戌六十周年时的讲话
《回忆康南海史实》	“戊戌维新变法运动是中国近代革命史的一页里程碑。百日维新的领导人物——康有为、梁启超、谭嗣同等是近代中国人民向西方世界寻求‘真理’以谋维新中国的先进者，他们代表了中国自由派资产阶级的利益，从历史的、社会的、政治的以及哲学的各个角落，表白了这个阶级的态度、理想和观点。他们的爱国主义思想曾经起过觉醒人民的作用，他们是十九世纪末叶中国杰出的思想家、政治家。”	侯外庐《戊戌变法六十周年纪念集·序》
王芸生、曹谷冰《1926 至 1949 的旧大公报》，《文史资料选辑》第 25 辑	“或者是一个独立、自由、民主、统一、富强的中国，就是说，光明的中国，中国人民得到解放的新中国；或者是另一个中国，半殖民地半封建的、分裂的、贫弱的中国，就是说，一个老中国。”	毛泽东《两个中国之命运》
《1926 至 1949 的旧大公报》	“这是因为中国民主势力日益壮大和反动势力日益孤立，所以敌我两条阵线不得不划分得这样清楚。一切隐藏在民主阵线中欺骗人民的分子，最后都将露出自己的原形而为人民所唾弃，而人民的反帝反封建的队伍则将因为同隐藏的反动分子分清了界限，而更加壮大起来。”	毛泽东《迎接中国革命的新高潮》

续表

篇目	引文	出处
《1926 至 1949 的旧大公报》	“资产阶级撕破了笼罩在家庭关系上面的温情脉脉的纱幕，把这种关系变成了单纯的金钱关系。”	《共产党宣言》
《1926 至 1949 的旧大公报》(续一)，《文史资料选辑》第 26 辑	“在世界上存在着阶级区分的时期，报纸又总是阶级斗争的工具。”	《文汇报在一个时期内的资产阶级方向》，《人民日报》1957 年 6 月 14 日
《1926 至 1949 的旧大公报》(续一)	“我们马克思主义者并不无条件地反对一切战争。”	列宁《战争与革命》
《1926 至 1949 的旧大公报》(续一)	“中国革命高潮快要到来。”“它是站在海岸遥望海中已经看得见桅杆尖头了的一只航船，它是立于高山之巅远看东方已见光芒四射喷薄欲出的一轮朝日，它是躁动于母腹中的快要成熟了的一个婴儿。”	毛泽东《星星之火，可以燎原》
《1926 至 1949 的旧大公报》(续一)	“西安事变的发动，确系受下列数种势力的影响：(一)张杨部队及西北革命人民的抗日怒潮的高涨，(二)全国人民的抗日怒潮的高涨，(三)国民党左派势力的发展，(四)各省实力派的抗日救国的要求，(五)共产党的抗日民族统一战线的主张，(六)世界和平阵线的发展。”	毛泽东《关于蒋介石声明的声明》
《1926 至 1949 的旧大公报》(续二)，《文史资料选辑》第 27 辑	“台儿庄胜利之后，有些人主张徐州战役应是‘准决战’，说过去的持久战方针应该改变。说什么‘这一战，就是敌人的最后挣扎’，‘我们胜了，日阀就在精神上失了立场，只有静候末日审判’。平型关一个胜仗，冲昏了一些人的头脑；台儿庄再一个胜仗，冲昏了更多的人的头脑。于是敌人是否进攻武汉，成为疑问了。”	毛泽东《论持久战》
《1926 至 1949 的旧大公报》(续二)	“这是当时国民党政学系报纸《大公报》在一篇社论中提出的意见。他们从一种侥幸心理出发，希望用几个台儿庄一类的胜仗就能挡住日本，免得在持久战中动员人民力量，危及自己阶级的安全。整个国民党当时都有这种侥幸心理。”	毛泽东《论持久战》

续表

篇目	引文	出处
《1926至1949的旧大公报》(续二)	“在苏联方面，则是采取了完全正义的行动。当时摆在苏联面前的问题有下面的两个。第一个问题是：让整个波兰处在德国帝国主义的统治下面呢，还是让东部波兰少数民族得到解放呢？在这个问题上，苏联选择了第二条路。在那白俄罗斯民族和乌克兰民族居住的一大块土地，还是在一九一八年订立布雷斯特条约的时候，就被当时的德国帝国主义从幼年的苏联手里强迫地割去，而后来又被凡尔赛条约强迫地放到波兰反动政府的统治下面。苏联现在不过是把过去失掉的土地收回来，把被压迫的白俄罗斯民族和乌克兰民族解放出来，并使免受德国的压迫。……在苏联面前，还有第二个问题，这就是张伯伦企图继续他的反对苏联的老政策。……用威迫利诱种种办法，推动德国放弃苏德互不侵犯条约，使之倒转枪口，进攻苏联。这种阴谋，不但过去和现在是存在着，而且将来也还会继续的。苏联大军的进入波兰东部，是为了收复自己国土，解放弱小民族，同时也是制止德国侵略势力向东扩展，击破张伯伦阴谋的一个具体步骤。”	《毛泽东选集》
《1926至1949的旧大公报》(续二)	“这个垄断资本，和国家政权结合在一起，成为国家垄断资本主义。这个垄断资本主义，同外国帝国主义、本国地主阶级和旧式富农密切地结合着，成为买办的封建的国家垄断资本主义。”	毛泽东《目前形势和我们的任务》
许长林《蒋军对鲁南解放区的进攻》，《文史资料选辑》第28辑	“蒋介石虽然在一九四五年冬天撕毁了‘双十协定’，但是当时他对全面内战还没有准备好，……在一九四六年上半年国民党军队继续在许多地方向解放区进攻，在东北进攻的规模更大，形成关内小打、关外大打的局面。……就以六月二十六日大举围攻中原解放区为起点，发动了对解放区的全面进攻。从七月起到九月止，国民党军队先后向苏皖解放区、山东解放区、晋冀鲁豫解放区……大举进攻。”	毛泽东《以自卫战争粉碎蒋介石的进攻》的释题星注
王芸生、曹谷冰《1926至1949的旧大公报》(续完)，《文史资料选辑》第28辑	“因为中国带买办性的大资产阶级是分属于几个帝国主义国家的，在几个帝国主义国家间的矛盾尖锐地对立着的时候，在革命主要地是反对某一个帝国主义的时候，属于别的帝国主义系统之下的买办阶级也有可能在一定程度上和一定时间内参加当前的反帝国主义战线。但是一到他们的主子起来反对中国革命时，他们也就立即反对革命了。”	毛泽东《中国革命和中国共产党》

续表

篇目	引文	出处
《1926至1949的旧大公报》(续完)	“国民党当局正在大举调兵,像洪水一样,想要淹没我整个解放区。他们在九、十两月几个进攻失败之后,正在布置新的更大规模的进攻。而阻碍这种进攻,亦即有效地制止内战的武器之一,就是不许他们在铁路上运兵。我们和旁人一样,主张交通线迅速恢复,但是必须在受降、处置伪军和实行解放区自治三项问题获得解决之后,才能恢复。”	毛泽东《国民党进攻的真相》
《1926至1949的旧大公报》(续完)	“美国政府的政策是在借所谓‘调解’作掩护,以便从各方面加强蒋介石,并经过蒋介石的屠杀政策,压迫中国民主力量,使中国在实际上变为美国的殖民地。”	毛泽东《美国“调解”真相和中国内战前途》
《1926至1949的旧大公报》(续完)	“他们准备把一条绳索套在自己的脖子上,并且让它永远也解不开。”	毛泽东《论联合政府》
《1926至1949的旧大公报》(续完)	“中国境内已有了两条战线。蒋介石进犯军和人民解放军的战争,这是第一条战线。现在又出现了第二条战线,这就是伟大的正义的学生运动和蒋介石反动政府之间的尖锐斗争。”	毛泽东《蒋介石政府已处在全民的包围中》
《1926至1949的旧大公报》(续完)	“中国人民的革命战争,现在已经达到了一个转折点。……这是一个历史的转折点。这是蒋介石的二十年反革命统治由发展到消灭的转折点。这是一百多年以来帝国主义在中国的统治由发展到消灭的转折点。”	毛泽东《目前形势和我们的任务》
林砺儒《北京师范大学校史拾穗》,《文史资料选辑》第31辑	“不提高人民教师的地位,就谈不上任何文化,既谈不上无产阶级文化,甚至也谈不上资产阶级文化。……应当把我国人民教师提高到从来未有过的,资产阶级社会里没有也不可能有的崇高的地位。这是用不着证明的真理。”	《列宁全集》
张丰胄《1949年国共和谈的有关史料》,《文史资料选辑》第32辑	“南京反动政府方面在这个谈判中的推动力量是桂系军阀,国民党主和派和上海资产阶级。”	毛泽东语
李以劻《蒋介石下野后在福州召开军事会议前后》,《文史资料选辑》第32辑	“大观园里贾宝玉的命根是系在颈上的一块石头,国民党的命根是它的军队”。	《毛泽东选集》

续表

篇目	引文	出处
《蒋介石下野后在福州召开军事会议前后》	“捣乱，失败，再捣乱，再失败，直至灭亡——这就是帝国主义和世界上一切反动派对待人民事业的逻辑，他们决不会违背这个逻辑的。”	《毛泽东选集》
刘恭《我所知道的“中统”》，《文史资料选辑》第36辑	“中国人民将会看见，中国的命运一经操在人民自己的手里，中国就将如太阳升起在东方那样，以自己的辉煌光焰普照大地，迅速地荡涤反动政府留下来的污泥浊水，治好战争的创伤，建设起一个崭新的强盛的名符其实的人民共和国。”	毛泽东在新政治协商会议筹备会上的讲话
黄师让《裕大华企业四十年》，《文史资料选辑》第44辑	“我国社会主义改造，正在以更大的速度向前发展。随着农业合作化的空前发展，资本主义工商业的全行业公私合营，也跟着进到了高潮。但在公私合营后，这仅是进一步深入改造的开始。还有清产核资、经济改组、企业改造、生产安排、人事安排等一系列的工作，要认真去做。我不但要认真改造自己，以便由今天的剥削者变成明天的劳动者，还要在党和政府的领导下投入运动，在合营改造中，充分发挥核心分子的积极作用。结合自己亲身的体会，在工商业者中进行广泛宣传，深入帮助，要大家对于社会主义改造事业和自己的光明前途，有明确认识，坚定信心，共同在党的光辉照耀下，奋勇向着社会主义途程前进。”①	《人民日报》1956年2月3日
原中国人民解放军军政大学、中国人民解放军军事学院编写组《南昌起义》，《文史资料选辑》第56辑	“南昌起义、秋收起义和广州起义，进入了创造红军的新时期。这个时期是我们党彻底地认识军队的重要性的极端紧要的时期。”	《毛泽东选集》
《南昌起义》	“昨天的同盟者——中国共产党和中国人民，被看成了仇敌，昨天的敌人——帝国主义者和封建主义者，被看成了同盟者。”	《毛泽东选集》
《南昌起义》	“在这个阶段的初期和中期，党的路线是正确的，党员群众和党的干部的革命积极性是非常之高的，因此获得了第一次大革命的胜利。”	《毛泽东选集》
《南昌起义》	“在一九二七年北伐战争达到高潮的时期，我党领导机关的投降主义分子，自愿地放弃对于农民群众、城市小资产阶级和中等资产阶级的领导权，尤其是放弃对于武装力量的领导权，使那次革命遭到了失败。”	《毛泽东选集》

① 此引文甚长，故摘引。

续表

篇目	引文	出处
《南昌起义》	“中国共产党和中国人民并没有被吓倒,被征服,被杀绝。他们从地下爬起来,揩干净身上的血迹,掩埋好同伴的尸首,他们又继续战斗了。”	《毛泽东选集》
《南昌起义》	“经验对于干部是必需的,失败确是成功之母。”	《毛泽东选集》
《南昌起义》	“击溃战,对于雄厚之敌不是基本上决定胜负的东西。”	《毛泽东选集》
《南昌起义》	“在四周白色政权的包围中,有一小块或若干小块红色政权的区域长期地存在,这是世界各国从来没有的事。”	《毛泽东选集》
《南昌起义》	“红军荟萃井冈山,主力形成在此间。领导有方经百炼,人民专政靠兵权。”	《朱德诗选集》,人民文学出版社 1977 年版,第 67 页
《南昌起义》	“请你们看看马克思和列宁怎样评论巴黎公社,列宁又怎样评论俄国革命的情况吧!”	毛泽东对《马克思主义者应当如何正确地对待革命的群众运动》的批语
《南昌起义》	“他在这次运动中看到了有极重大意义的历史经验,看到了全世界无产阶级革命的一定进步,看到了比几百种纲领和议论更为重要的实际步骤。分析这个经验,从这个经验从得到策略教训,根据这个经验来重新审查自己的理论,这就是马克思提出的任务。”	《列宁全集》
《南昌起义》	“在所有这些历史转变关头,我们可以看到,毛泽东同志都是把马克思列宁主义作为行动的指针,用以指导中国革命的具体实践,都是从战略的全局出发,来解决建军、作战等一系列的问题。毛泽东同志系统地研究了中国革命战争的规律。特别重要的是毛泽东同志在他的军事著作中,着重发展了马克思列宁主义军事科学的理论基础和方法论,即军事辩证法。我们认真地学习毛泽东同志的这些著作,不仅能够使我们懂得有关战争全局的规律的知识,使我们在军事问题上去掉盲目性,取得自觉性,而且能够使我们懂得按照不同的情况,运用灵活的战略战术,达到战斗、战役和战略的全部胜利。”	朱德语。《星火燎原》第 1 卷第 1 集,第 3—4 页

续表

篇目	引文	出处
原中国人民解放军军政大学、中国人民解放军军事学院编写组《秋收起义》,《文史资料选辑》第56辑	"革命失败,得了惨痛的教训,于是有了南昌起义、秋收起义和广州起义,进入了创造红军的新时期。这个时期是我们党彻底地认识军队的重要性的极端紧要的时期。"	《毛泽东选集》
《秋收起义》	"革命战争是群众的战争,只有动员群众才能进行战争,只有依靠群众才能进行战争。"	《毛泽东选集》
《秋收起义》	"红军一面要打仗,一面又要筹饷。每天除粮食外的五分钱伙食费都感到缺乏,营养不足,病的甚多,医院伤兵,其苦更甚。"	《毛泽东选集》
《秋收起义》	"要保持过去革命战争时期的那么一股劲,那么一股革命热情,那么一种拼命精神,把革命工作做到底。"	《毛泽东选集》
《秋收起义》	"内战代替了团结,独裁代替了民主,黑暗的中国代替了光明的中国。"	《毛泽东选集》
《秋收起义》	"国民党新军阀的统治,依然是城市买办阶级和乡村豪绅阶级的统治,对外投降帝国主义,对内以新军阀代替旧军阀,对工农阶级的经济的剥削和政治的压迫比从前更加厉害。……全国工农平民以至资产阶级,依然在反革命统治底下,没有得到丝毫政治上经济上的解放。"	《毛泽东选集》
《秋收起义》	"因为强大的帝国主义及其在中国的反动同盟军,总是长期地占据着中国的中心城市,如果革命的队伍不愿意和帝国主义及其走狗妥协,而要坚持地奋斗下去,如果革命的队伍要准备积蓄和锻炼自己的力量,并避免在力量不够的时候和强大的敌人作决定胜负的战斗,那就必须把落后的农村造成先进的巩固的根据地,造成军事上、政治上、经济上、文化上的伟大的革命阵地,借以反对利用城市进攻农村区域的凶恶敌人,借以在长期战斗中逐步地争取革命的全部胜利。"	《毛泽东选集》
《秋收起义》	"他们从地下爬起来,揩干净身上的血迹,掩埋好同伴的尸首,他们又继续战斗了。"	《毛泽东选集》
《秋收起义》	"在中国,离开了武装斗争,就没有无产阶级的地位,就没有人民的地位,就没有共产党的地位,就没有革命的胜利。"	《毛泽东选集》

续表

篇目	引文	出处
《秋收起义》	“一九二七年八月七日党中央的紧急会议反对了政治上的右倾机会主义，使党大进了一步。”	《毛泽东选集》
《秋收起义》	“红军所以艰难奋战而不溃散，‘支部建在连上’是一个重要原因。”	《毛泽东选集》
《秋收起义》	“军队内的民主主义制度，将是破坏封建雇佣军队的一个重要的武器。”	《毛泽东选集》
《秋收起义》	“红军的物质生活如此菲薄，战斗如此频繁，仍能维持不敝，除党的作用外，就是靠实行军队内的民主主义。”	《毛泽东选集》
《秋收起义》	“我们感觉无产阶级思想领导的问题，是一个非常重要的问题。边界各县的党，几乎完全是农民成分的党，若不给以无产阶级的思想领导，其趋向是会要错误的。”	《毛泽东选集》
《秋收起义》	“边界的斗争，完全是军事的斗争，党和群众不得不一齐军事化。怎样对付敌人，怎样作战，成了日常生活的中心问题。所谓割据，必须是武装的。”	《毛泽东选集》
《秋收起义》	“若没有相当力量的正式武装，便决然不能造成割据局面，更不能造成长期的和日益发展的割据局面。”	《毛泽东选集》
《秋收起义》	“革命的中心任务和最高形式是武装夺取政权，是战争解决问题。”	《毛泽东选集》
《秋收起义》	“‘工农武装割据’的思想，是共产党和割据地方的工农群众必须充分具备的一个重要的思想。”	《毛泽东选集》
《秋收起义》	“正确的政治的和军事的路线，不是自然地平安地产生和发展起来的，而是从斗争中产生和发展起来的。”	《毛泽东选集》
《秋收起义》	“从一九二八年五月开始，适应当时情况的带着朴素性质的游击战争的基本原则，已经产生出来了，那就是所谓‘敌进我退，敌驻我扰，敌疲我打，敌退我追’的十六字诀。”	《毛泽东选集》
《秋收起义》	“边界红旗子始终不倒，不但表示了共产党的力量，而且表示了统治阶级的破产，在全国政治上有重大的意义。”	《毛泽东选集》
李维汉《回忆新民学会》，《文史资料选辑》第59辑	“辛亥革命只把一个皇帝赶跑，中国仍旧在帝国主义和封建主义的压迫之下。”	毛泽东《青年运动的方向》

续表

篇目	引文	出处
《回忆新民学会》	“五四运动的发展，分成了两个潮流。一部分人继承了五四运动的科学和民主的精神，并在马克思主义的基础上加以改造，这就是共产党人和若干党外马克思主义者所做的工作。另一部分人则走到资产阶级的道路上去。”	毛泽东《反对党八股》
王康《闻一多殉难记》，《文史资料选辑》第59辑	“鲁迅、闻一多都是最忠实最努力的牛，我们要学习他们的榜样！在人民面前发誓，做人民的奴隶，受人民的指挥，做一条人民的牛！”	周恩来在纪念鲁迅逝世十周年大会上的讲话
《闻一多殉难记》	“我们中国人是有骨气的。许多曾经是自由主义者或民主个人主义者的人们，在美国帝国主义者及其走狗国民党反动派面前站起来了。闻一多拍案而起，横眉怒对国民党的手枪，宁可倒下去，不愿屈服。”	毛泽东语
张天放、濮清泉《国民党东京支部的左右派斗争》，《文史资料选辑》第60辑	“纪念他在中国民主革命准备时期，以鲜明的中国革命民主派立场，同中国改良派作了尖锐的斗争。他在这一场斗争中是中国革命民主派的旗帜。”“纪念他在辛亥革命时期，领导人民推翻帝制、建立共和国的丰功伟绩。”“纪念他在第一次国共合作时期，把旧三民主义发展为新三民主义的丰功伟绩。”	毛泽东《纪念孙中山先生》
《国民党东京支部的左右派斗争》	“孙中山纲领的每一行都渗透了战斗的、真诚的民主主义……这是带有建立共和制度要求的完整的民主主义。”	列宁《中国的民主主义和民粹主义》
程思远《蒋桂新军阀战争的内幕》，《文史资料选辑》第60辑	“国民党新军阀蒋桂冯阎四派，在北京、天津没有打下以前，有一个对张作霖的临时的团结。北京、天津打下以后，这个团结立即解散，变为四派内部激烈斗争的局面，蒋桂两派且在酝酿战争中。”	毛泽东《中国的红色政权为什么能够存在?》
穆欣《统一战线胜利的一曲凯歌——记山西青年抗敌决死队第一纵队的产生和发展》，《文史资料选辑》第64辑	“上次反共高潮中反共最力的阎锡山，这一次就站在中间立场。”	毛泽东《关于打退第二次反共高潮的总结》
《统一战线胜利的一曲凯歌——记山西青年抗敌决死队第一纵队的产生和发展》	“为了进步，就要反对倒退……反对在山西进攻新军、摧残牺盟和残杀进步人员。”	《毛泽东选集》

续表

篇目	引文	出处
《统一战线胜利的一曲凯歌——记山西青年抗敌决死队第一纵队的产生和发展》	“最近山西境内复演出旧军攻击新军并连带侵犯八路军阵地之惨剧。”“宜由政府下令处罚一切制造惨案分子，并昭示全国不许再有同类事件发生，以利团结抗战。”	《毛泽东选集》
《统一战线胜利的一曲凯歌——记山西青年抗敌决死队第一纵队的产生和发展》	“中国人民现在就要牢牢地记着，不知那一天的早晨，将介石会要下令讨伐所谓‘叛逆’的……蒋介石是擅长这一手的……擅长于宣布华中的新四军和山西的决死队为‘叛逆’，并且极擅长于讨伐他们。”	《毛泽东选集》
《统一战线胜利的一曲凯歌——记山西青年抗敌决死队第一纵队的产生和发展》	“‘牺盟’是一九三六年至抗日战争初期在山西省成立的一个地方性的群众抗日团体‘山西省牺牲救国同盟会’的简称。该团体和共产党密切合作，在山西的抗日战争中曾起了重大的作用。一九三九年十二月阎锡山在山西省西部公开发动摧残牺盟，许多共产党员、牺盟的干部和群众中的进步分子，遭到了残酷的杀害。”	《毛泽东选集》
《统一战线胜利的一曲凯歌——记山西青年抗敌决死队第一纵队的产生和发展》	“新军是指抗日战争初期，在共产党领导和影响下新发展起来的山西人民的抗日武装，亦称抗日决死队。一九三九年十二月，蒋介石阎锡山企图消灭新军，在山西西部集中六个军的兵力向新军进攻，被新军的反击所粉碎。同时，阎军在山西的东南部摧残阳城晋城一带的抗日民主县政府，屠杀了大批的共产党员和进步分子。”	《毛泽东选集》
李世军《“三一八”惨案纪实》，《文史资料选辑》第 66 辑	“墨写的谎话，决掩不住血写的事实。”	鲁迅语
商闻实《沧白堂事件和较场口事件》，《文史资料选辑》第 66 辑	“十五年前较场口，独夫驱使一群狗。捣乱会场并打人，当日威风今何有。反动势力纵使强，结果均向反面走。昨日蒋帮今日美，今日蒋帮明日丑。纸虎遍体已鳞伤，社会制度早腐朽。滚滚黄金往外流，经济危机来势陡。犹然火上在加油，扩军备战不罢手。纸虎自愿窜火坑，化为灰尘已不久。”	郭沫若诗
程思远《蒋介石发表求和声明的经过》，《文史资料选辑》第 66 辑	“去年十二月二十五日，白崇禧及其指导下的湖北省参议会向蒋介石提出了‘和平解决’的问题，迫使蒋介石不得不在今年一月一日发布在五个条件下进行和谈的声明。蒋介石希望从白崇禧手里夺回和平攻势的发明权，并在新的商标下继续其旧的统治。”	毛泽东《四分五裂的反动派为什么还要空喊“全面和平”》

续表

篇目	引文	出处
傅学文《邵力子生平简史》,《文史资料选辑》第67辑	“这在中国革命史上开辟了一个新纪元。这将给予中国革命以广大的深刻的影响,将对于打倒日本帝国主义发生决定的作用。”	《毛泽东选集》
张治中《六十岁总结》,《文史资料选辑》第70辑	“人到老年就要死亡,党也是这样。阶级消灭了,作为阶级斗争的工具的一切东西,政党和国家机器,将因其丧失作用,没有需要,逐步地衰亡下去,完结自己的历史使命,而走到更高级的人类社会。我们和资产阶级政党相反。他们怕说阶级的消灭,国家权力的消灭和党的消灭。我们则公开声明,恰是为着促使这些东西的消灭而创设条件,而努力奋斗。共产党的领导和人民专政的国家权力,就是这样的条件。不承认这一条真理,就不是共产主义者。……资产阶级所以不欢迎这一条真理,是因为他们不愿意被人们推翻。被推翻,例如眼前国民党反动派被我们所推翻,过去日本帝国主义被我们和各国人民所推翻,对于被推翻者来说,这是痛苦的,不堪设想的。对于工人阶级、劳动人民和共产党,则不是什么被推翻的问题,而是努力工作,创设条件,使阶级、国家权力和政党很自然地归于消灭,使人类进到大同境域。” “就是这样,西方资产阶级的文明,资产阶级的民主主义,资产阶级共和国的方案,在中国人民的心目中,一齐破了产。资产阶级的民主主义让位给工人阶级领导的人民民主主义,资产阶级共和国让位给人民共和国。这样就造成了一种可能性:经过人民共和国到达社会主义和共产主义,到达阶级的消灭和世界的大同。”	毛泽东《论人民民主专政》
黄炎培《八十年来》,《文史资料选辑》第73辑	“日本承认由反共反苏的国民党统一中国,中国(蒋介石)则承认日本东北的特殊地位。”	万峰文《九一八事变的前前后后》,《人民日报》1961年9月17日
资耀华《北洋时期货币紊乱情况见闻录》,《文史资料选辑》第75辑	“帝国主义和国内买办豪绅阶级支持着的各派新旧军阀,相互间进行着继续不断的战争,这是半殖民地中国的特征之一。”	毛泽东语
《北洋时期货币紊乱情况见闻录》	“帝国主义和中国封建主义相结合,把中国变为半殖民地和殖民地的过程,也就是中国人民反抗帝国主义及其走狗的过程。”	毛泽东语

续表

篇目	引文	出处
《北洋时期货币紊乱情况见闻录》	“皇帝和贵族的专制政权是被推翻了，代之而起的先是地主阶级的军阀官僚的统治，接着是地主阶级和大资产阶级联盟的专政。”“国民党新军阀的统治依然是城市买办阶级和乡村豪绅阶级的统治，对外投降帝国主义，对内以新军阀代替旧军阀，对工农阶级的经济的剥削和政治的压迫，比以前更加厉害。”	毛泽东语
张楚琨《陈嘉庚与〈南侨日报〉》，《文史资料选辑》第78辑	“为侨民利益服务。”“侨胞们团结起来，拥护祖国的革命，改善自己的地位！”“华侨旗帜，民族光辉。”“为宣传新民主主义的共同纲领而奋斗，为保护国外华侨的正当权益而奋斗。”“海外侨胞与祖国人民团结一起为实现中华民族的彻底解放而奋斗！”“过去与蒋介石谈判，正如陈嘉庚先生在一九四六年打给我的电报所说，是‘无异于与虎谋皮’，但是又不能不谈。”	周恩来《关于和平谈判问题的报告》
何熙曾《“永久团体”杂忆》，《文史资料选辑》第80辑	“工业先导，功在国家。”	毛泽东语
钱俊瑞《中国农村经济研究会成立前后》，《文史资料选辑》第84辑	“没有调查就没有发言权。”	毛泽东语
王芸生《严修与学制改革》，《文史资料选辑》第87辑	“一定的文化（当作观念形态的文化）是一定社会的政治和经济的反映。”	毛泽东《新民主主义论》
《严修与学制改革》	“历史上依次更替的一切社会制度，都只是人类社会由低级到高级的无穷发展进程中的一些暂时阶段。”	恩格斯《费尔巴哈和德国古典哲学的终结》
陈铭枢《“神州国光社”后半部史略》，《文史资料选辑》第87辑	“站在他们的前头领导他们呢？还是站在他们的后头指手画脚地批评他们呢？还是站在他们的对面反对他们呢？”	毛泽东《湖南农民运动考察报告》
《“神州国光社”后半部史略》	“同时资产阶级在汪精卫、陈公博一派鼓动之下，亦在沿海沿江各地发展着颇大的改良主义运动。这种运动的发展是新的事实。”	毛泽东《湖南农民运动考察报告》 毛泽东《中国的红色政权为什么能够存在？》

续表

篇目	引文	出处
万枚子《怀念新闻师尊邵力子》,《文史资料选辑》第 88 辑	“现代中国人,除了一小撮反动分子以外,都是孙中山革命事业的继承者。我们完成了孙先生没有完成的民主革命,并且把这个革命发展为社会主义革命。”	毛泽东《纪念孙中山先生》
《怀念新闻师尊邵力子》	“在第一届全国人民代表大会第三次会议上,李维汉副委员长关于统一战线工作的发言中,明确地说:‘中共中央已经提出了共产党和各民主党派长期共同存在,互相监督,首先是对共产党起监督作用的方针。’作为民主党派之一的民革的成员听了这句话,当然感到无比的振奋;可是这不是‘喜出望外’的突然振奋,而是‘曾经体验’的进一步的振奋。……”	邵力子《中国人民民主制度发展的必然趋势——对中国共产党和各民主党派“长期共存,互相监督”方针的体会》,《人民日报》1956 年 7 月 27 日
沙千里《回忆救国会的七人案件》,《文史资料选辑》第 89 辑	“蒋介石或国民党已经开始了他们的转变,但没有全国人民的更大努力,也决不会在一个早晨把他们的十年污浊洗掉得干净。我们说运动的方向是向着和平、民主和抗战,但不是说不经努力能够把内战、独裁和不抵抗的旧毒扫除干净。旧毒、污浊,革命进程中的某些波折,以及可能的回头路,只有斗争和努力才能够克服,而且需要长期的斗争和努力。”	毛泽东《为争取千百万群众进入抗日民族统一战线而斗争》
王倬如《我对爱国将军冯玉祥的了解》,《文史资料选辑》第 89 辑	“先生能始终献身于民族国家事业,奋斗不懈,屹然成为抗战的中流砥柱。”	周恩来《寿冯焕章先生六十大庆》
杨乔《回忆重庆社会大学》,《文史资料选辑》第 90 辑	“十年来,陶先生一直跟着毛泽东同志为代表的党的正确路线走,是一个无保留追随党的党外布尔什维克。”	周恩来向陶行知遗体告别后给中共中央的电报。见《人物》1980 年第 4 期。
《回忆重庆社会大学》	“陶先生从‘九一八’后参加救国会期,他的政治立场就很鲜明了。在政治上,他与中国共产党成为民主运动中的亲密战友。陶先生所以如此并不是偶然的,他是从他多年实际经验中深切了解了中国共产党是中国民主运动的中坚,了解了共产党的大公无私,共产党的正确主张,共产党在为人民和民族的利益奋斗时坚强不屈,所以不怕一切诬蔑压迫,与共产党携手奋斗。”	陆定一在延安陶行知追悼会上代表中共中央所致的悼词。见延安《解放日报》1946 年 8 月 12 日

续表

篇目	引文	出处
张景《安那其主义在中国的传播活动片断》，《文史资料选辑》第90辑	“在起初各派社会主义的思想中，无政府主义，是占着优势的，马克思主义拥护者到处都与无政府主义的拥护者争论着斗争着。马克思主义直至在各方面克服无政府主义以后，并与中国的工人运动，人民反帝运动结合以后，才成为中国政治生活中一个雄伟的力量；并在这以后马克思主义永远在中国新文化运动中占着主要的地位。”	刘少奇《五四运动二十周年》
吴宗兰、吴宗素《追忆父亲吴耀宗》，《文史资料选辑》第92辑	“中国共产党对马列主义的认识也有个发展过程，共产党人也犯过很多错误，但能从失败中吸取教训，得到进步。但愿我们的朋友，不要看到一些问题，就对党失去信心。”	《立场坚定，旗帜鲜明》，《文汇报》1979年3月5日
张宗衡《回忆张自忠将军》，《文史资料选辑》第94辑	“一战捷临沂，再战捷随枣，伟哉将军精神不死；打到鸭绿江，建设新中国，责在朝野团结图存。”	朱德语、彭德怀语
曹世瑛《〈大公报〉与胡政之》，《文史资料选辑》第97辑	“关于‘国大’，有些无党派的人被蒋套住。十一月十一日，有些‘社会贤达’本来是去请求蒋允许‘国大’延期的，蒋吓唬说：‘明天不开就要亡国了。’‘贤达’又请再延几天。蒋说：‘好，为了尊重你们意见，延长三天，那你们一定要参加了，问题在请你们劝青年党、民社党也参加“国大”。’消息传出，结果‘社会贤达’四字加了引号，从此开会躲在角落里，生怕记者照相。胡政之说：‘不参加，《大公报》会受压迫，参加了又怕没有销路。’青年党说：‘左右为难，内外夹攻。’黄炎培又替他们加上一句：‘天人交战。’所以第三方面都知道参加不光荣，但不参加又怕。到了‘国大’开幕后，谈判全部破裂，无事可做。蒋及青年党、民社党、一部分‘贤达’破坏了政协，被人唾弃。”	周恩来《一年来的谈判及前途》
林南园、孙代兴《卢汉传》，《文史资料选辑》第98辑	“卢汉先生自起义参加革命后……二十多年来，卢汉先生拥护伟大领袖毛泽东，拥护中国共产党，热爱社会主义祖国。他积极参加社会主义革命和社会主义建设。对我们伟大社会主义祖国各民族的大团结，对我们伟大社会主义祖国欣欣向荣，繁荣昌盛，对我国国际地位的日益提高，欢欣鼓舞。卢汉先生关心台湾省的解放，关心台湾省同胞和故旧，盼望台湾省早日回到祖国的怀抱，实现祖国的统一。”	《卢汉先生追悼会在北京举行》，《人民日报》1974年5月19日

续表

篇目	引文	出处
吴研因《旧中国的小学语文教材》,《文史资料选辑》140 辑	“改变教育的旧制度、旧课程,实行以抗日救国为目标的新制度、新课程”	毛泽东《为动员一切力量争取抗战胜利而斗争》
黄琪翔《中国驻德军事代表团记事》,《文史资料选辑》143 辑	“这是一个历史的转折点。这是蒋介石的二十年反革命统治由发展到消灭的转折点。这是一百多年以来帝国主义在中国的统治由发展到消灭的转折点。这是一个伟大的事变。”	毛泽东《目前形势和我们的任务》

据统计,这部分引文中,共有 72 篇文章引用《毛泽东选集》,3 篇文章引用《毛泽东选集》注释,2 篇文章引用毛泽东语录或讲话,8 篇文章引用不明出处的毛泽东语录,还有 1 篇文章引用疑似毛泽东语录;2 篇文章引用马恩著作;4 篇文章引用列宁著作;1 篇文章引用《周恩来选集》,4 篇文章引用周恩来语;3 篇文章引用朱德语;1 篇文章引用刘少奇语;5 篇文章引用《人民日报》①。此外,还有少量文章引用其他中共要人和文人的话语。

二、括引②

篇目	出处
包惠僧《中山舰事件前后》,《文史资料选辑》第 2 辑	中国人民大学中国革命史教研室编《第一次国内革命战争时期的统一战线》,171－186 页,高等教育出版社出版。
王又庸《关于“新政学系”》,《文史资料选辑》第 4 缉	《毛泽东选集》③第 1 卷,第 194 页
王芸生、曹谷冰《英敛之时代的旧大公报》,《文史资料选辑》第 9 辑	《“友谊”,还是侵略?》,《毛泽东选集》第 4 卷,第 1510 页
杜聿明《南京保卫战中的战车部队》,《文史资料选辑》第 12 辑	《和英国记者贝特兰的谈话》,《毛泽东选集》第 2 卷,342 页
郑庭笈《蒋军辽西兵团的覆灭》,《文史资料选辑》第 13 辑	《毛泽东选集》第 4 卷,第 1338 页
沈醉《“交通警察总队”是一支什么样的反动部队》,《文史资料选辑》第 18 辑	《毛泽东选集》第 4 卷
江文汉《基督教青年会在中国》,《文史资料选辑》第 19 辑	列宁语

① 其中一篇是作为“附录”的全篇征引。
② 概括引用,或不完整的引用,比如半句话或一个词。
③ 人民出版社 1960 年版,全书同。

续表

篇目	出处
杜聿明《辽沈战役概述》,《文史资料选辑》第 20 辑	《毛泽东选集》4 卷,第 1248 页; 叶剑英《伟大的战略决战》,《红旗》1961 年第 2 期; 《关于辽沈战役的作战方针》,《毛泽东选集》第 4 卷,第 1338 页; 《关于辽沈战役的作战方针》,《毛泽东选集》第 4 卷,第 1339 页; 《关于辽沈战役的作战方针》,《毛泽东选集》第 4 卷,第 1340 页
郑洞国《从猖狂进攻到放下武器》,《文史资料选辑》第 20 辑	莫文骅《四保临江》,《人民日报》1961 年 3 月 25 日
李以劻《淮海战役蒋军被歼概述》,《文史资料选辑》第 21 辑	毛泽东"十大军事原则"
杨桂和《陈光甫与上海银行》,《文史资料选辑》第 23 辑	毛泽东《中国社会各阶级的分析》
陈劭先《辛亥革命后孙中山在广东的几起几落》,《文史资料选辑》第 24 辑	毛泽东语
王芸生、曹谷冰《1926 至 1949 的旧大公报》,《文史资料选辑》第 25 辑	《毛泽东选集》第 4 卷,第 1142 页
《1926 至 1949 的旧大公报》	《毛泽东选集》第 4 卷,第 1158 页
《1926 至 1949 的旧大公报》	《揭破远东慕尼黑的阴谋》,《毛泽东选集》第 3 卷第 1 版,第 825 页
王芸生、曹谷冰《1926 至 1949 的旧大公报》(续一),《文史资料选辑》第 26 辑	胡乔木《中国共产党的三十年》第 31 页
《1926 至 1949 的旧大公报》(续一)	《论反对日本帝国主义的策略》,《毛泽东选集》第 1 卷第 1 版,第 143 页
王芸生、曹谷冰《1926 至 1949 的旧大公报》(续二)《文史资料选辑》第 27 辑	毛泽东《苏联利益和人类利益的一致》
《1926 至 1949 的旧大公报》(续二)	胡乔木《中国共产党的三十年》第 53 页
《1926 至 1949 的旧大公报》(续二)	《揭破远东慕尼黑的阴谋》正文和注释,《毛泽东选集》第 3 卷第 1 版,第 825—826 页
《1926 至 1949 的旧大公报》(续二)	《评国民党十一中全会和三届二次国民参政会》,《毛泽东选集》第 3 卷第 1 版,第 945—946 页
《1926 至 1949 的旧大公报》(续二)	1945 年 7 月 24、27 日延安《解放日报》
王益知《康南海史料商榷》,《文史资料选辑》第 31 辑	《毛泽东选集》第 4 卷,第 1486 页注释

续表

篇目	出处
杨浪明、沈其益《中华自然科学社简史》，《文史资料选辑》第 34 辑	艾思奇《进一步学习掌握无产阶级世界观》——读《毛泽东选集》第 4 卷笔记
原中国人民解放军军政大学、中国人民解放军军事学院《南昌起义》，《文史资料选辑》第 56 辑	《毛泽东选集》合订本，第 58—59 页
《南昌起义》	《毛泽东选集》合订本，第 60—61 页
原中国人民解放军军政大学、中国人民解放军军事学院《秋收起义》，《文史资料选辑》第 56 辑	《列宁全集》第 30 卷，第 138 页
《秋收起义》	《毛泽东选集》第 4 卷，第 1153 页
《秋收起义》	《毛泽东选集》第 1 卷，第 12—13 页
《秋收起义》	《毛泽东选集》第 1 卷，第 28 页
《秋收起义》	《毛泽东选集》第 2 卷，第 513 页
《秋收起义》	《毛泽东选集》第 1 卷，第 81 页注释
《秋收起义》	《毛泽东选集》第 1 卷，第 53 页
《秋收起义》	《毛泽东选集》第 1 卷，第 50 页
《秋收起义》	《毛泽东选集》第 1 卷，第 58 页
《秋收起义》	《毛泽东选集》第 1 卷，第 58 页
《秋收起义》	《毛泽东选集》第 1 卷，第 58 页
《秋收起义》	《毛泽东选集》第 1 卷，第 64 页
《秋收起义》	《毛泽东选集》第 1 卷，第 58 页
李维汉《回忆新民学会》，《文史资料选辑》第 59 辑	《新民主主义论》，《毛泽东选集》1966 年 7 月横排版，第 657 页
王康《闻一多殉难记》，《文史资料选辑》第 59 辑	许涤新《抗日战争和解放战争初期周总理在国统区的斗争》
陈铭德、邓季惺《〈新民报〉二十年》，《文史资料选辑》第 63 辑	《毛泽东选集》第 2 卷，第 553 页，人民出版社 1952 年第 1 版。
张潜华《国民党立法委员香港起义记》，《文史资料选辑》第 70 辑	《我们对于现阶段中国革命的认识与主张》，《人民日报》1949 年 9 月 2 日
陈铭枢《“神州国光社”后半部史略》，《文史资料选辑》第 87 辑	毛泽东《湖南农民运动考察报告》
王神荫《齐鲁大学校史简介》，《文史资料选辑》第 91 辑	王冶秋《美国盗窃我国文物的罪行》，《光明日报》1962 年 2 月 20 日
张宗衡《回忆张自忠将军》，《文史资料选辑》第 94 辑	毛泽东语
章元善、尚传道《记清华老校长周诒春》，《文史资料选辑》第 97 辑	毛泽东语

续表

篇目	出处
曹世瑛《〈大公报〉与胡政之》，《文史资料选辑》第 97 辑	《周恩来选集》第 260 页，毛泽东语
林南园、孙代兴《卢汉传》，《文史资料选辑》第 98 辑	《警告杀人犯》，新华社评论，1949 年 2 月 22 日
《卢汉传》	毛泽东《为动员一切力量争取抗战胜利而斗争》
毛磊、刘继增、袁继成《武汉国民政府辖区的演变》，《文史资料选辑》第 105 辑	《周恩来选集》（上卷）第 219 页
《武汉国民政府辖区的演变》，《文史资料选辑》第 105 辑	《毛泽东选集》合订本，第 143 页
钟复光《重庆"较场口事件"见闻及其前后》，《文史资料选辑》150 辑	《新华日报》第 2 版，1946 年 2 月 14 日

据统计，这部分引文中，37 篇文章引用《毛泽东选集》，1 篇文章引用毛泽东著作，2 篇文章引用《毛泽东选集》注释，4 篇文章引用毛泽东语；2 篇文章引用《周恩来选集》；1 篇文章引用《列宁全集》；1 篇文章引用列宁语；2 篇文章引用《新华日报》；1 篇文章引用《光明日报》；1 篇文章引用《解放日报》；1 篇文章引用《人民日报》此外，还有多篇文章引用其他中共要人和文人的若干话语。①

三、不引②

篇目	出处
赵瑞《阎锡山通敌叛国罪行纪要》，《文史资料选辑》第 29 辑	《揭露阎锡山通敌叛国内幕》，《解放日报》1943 年 11 月 14 日
《阎锡山通敌叛国罪行纪要》，《文史资料选辑》第 29 辑	《痛斥阎锡山叛国罪行》，《解放日报》1945 年 10 月 30 日

① 其中，有的文章引用了多篇政要言论或报刊文章。

② 有出处，无引文。

第四章　理论话语常用词表

一、马列主义话语常用词表

词语	文章	辑数
马列主义	翁文灏《回顾往事》	80
马克思列宁主义 马克思列宁主义的基本原理	李泰玉《忆阿不杜克力木·阿巴索夫》	115
马克思主义阶级分析的方法	冯和法《中国农村经济研究会漫忆》	84
马克思列宁主义革命理论	张景《安那其主义在中国的传播活动片断》	90
马列主义的真理 反马克思主义	费孝通《留英记》	31
历史发展的必然规律	陈启銮《我的改造经过》	116
社会发展规律	原中国人民解放军军政大学编写组编写、中国人民解放军军事学院编写组修改《秋收起义》	56
历史的辩证法	濮清泉《我所知道的陈独秀》	71
唯心主义宿命论	毓运《记祖父端郡王载漪庚子被罪后的二十余年》(续编)	120
唯武器论、经验主义	杜聿明《辽沈战役概述》	20
极端唯心主义的哲学思想	穆欣《统一战线胜利的一曲凯歌——记山西青年抗敌决死队第一纵队的产生和发展》	64
人类发展的规律	翁文灏《回顾往事》	80
历史规律	张锐《帝国主义侵华缩影的怡和洋行》	19
资本主义	翁文灏《回顾往事》	80
帝国主义	翁文灏《回顾往事》	80
人类进展的必经阶段	翁文灏《回顾往事》	80
历史发展的规律	何煋荣《田颂尧、刘文辉成都巷战记》	33
正确的革命思想的指导	何遂《关于国民军的几段会议》	51
历史的必然结果	何遂《关于国民军的几段会议》	51
企业私有制	陈调甫《永利碱厂奋斗回忆录》	10
生产力	陈调甫《永利碱厂奋斗回忆录》	10
生产关系	陈调甫《永利碱厂奋斗回忆录》	10
新的生产力	吴晋航《民生公司概述》	12

续表

词语	文章	辑数
旧的生产关系	吴晋航《民生公司概述》	12
社会本质	张仲鲁《焦作工学院始末》	34
唯心论	王芸生、曹谷冰《1926至1949的旧大公报》(续二)	27
唯心哲学	东畅《我所知道的抗战前山东乡村建设派的活动》	37
实用主义者	张劲夫《我所知道的陶行知先生》	72
机械唯物论	张劲夫《我所知道的陶行知先生》	72
实事求是的科学态度	张健《回忆陶行知先生》	72
历史唯物主义	李任夫《回忆梁启超先生》	111
东方殖民地、半殖民地的民族民主革命	濮清泉《中国托派的产生和灭亡》	71
民族资本主义发展的一般规律	黄师让《裕大华企业四十年》	44

二、中共话语常用词表

词语	文章	辑数
政治宣传	原中国人民解放军军政大学编写组编写、中国人民解放军军事学院编写组修改《南昌起义》	56
政治动员	《南昌起义》	56
政治觉悟	原中国人民解放军军政大学编写组编写、中国人民解放军军事学院编写组修改《秋收起义》	56
政治教育	《秋收起义》	56
根据地建设	《秋收起义》	56
革命游击战争	《南昌起义》	56
老一辈无产阶级革命家	《南昌起义》	56
无产阶级革命事业	《南昌起义》	56
武装革命	《南昌起义》	56
人民军队	《南昌起义》	56
工农赤卫队	《南昌起义》	56
工农兵政府	《南昌起义》	56
工农民主政府	《秋收起义》	56
红色政权	《秋收起义》	56
单纯军事观点	《秋收起义》	56
武装斗争	《南昌起义》	56
工农武装割据	《南昌起义》	56

续表

词语	文章	辑数
人民武装革命	王芸生、曹谷冰《1926 至 1949 的旧大公报》(续一)	26
人民武装部队	杨伯涛《黄维第十二兵团被歼记》	21
东北抗日民主联军	王芸生、曹谷冰《1926 至 1949 的旧大公报》(续完)	28
革命抗日根据地	金汉鼎《1944 年天河口民变纪实》	40
无产阶级及其先锋队	王芸生、曹谷冰《1926 至 1949 的旧大公报》(续二)	27
主观主义、官僚主义与宗派主义	张治中《解放后十年来政治活动点滴》	118
又红又专	张健《回忆陶行知先生》	72
中国托派	濮清泉《中国托派的产生和灭亡》	71
托派理论家	濮清泉《中国托派的产生和灭亡》	71
无产阶级社会主义革命	濮清泉《中国托派的产生和灭亡》	71
无产阶级专政的社会主义国家	林砺儒《北京师范大学校史拾穗》	31
工农红军	李泰玉《忆阿不杜克力木·阿巴索夫》	115
人民解放军	杜聿明《辽沈战役概述》	20
刘邓大军	唐永良《羊山集战役侧记》	18
小米加步枪	郑庭笈《国民党军事委员会驻滇干部训练团的回忆》	142
子弟兵	陈长捷《天津抗拒人民解放战争的回忆》	13
统战政策	穆欣《统一战线胜利的一曲凯歌——记山西青年抗敌决死队第一纵队的产生和发展》	64
统一战线	冯和法《中国农村经济研究会漫忆》	84
反帝统一战线	许念晖《虞洽卿的一生》	15
民主统一战线	张治中《六十岁总结》	70
党的抗日民族统一战线	穆欣《统一战线胜利的一曲凯歌——记山西青年抗敌决死队第一纵队的产生和发展》	64
党的统一战线政策	穆欣《统一战线胜利的一曲凯歌——记山西青年抗敌决死队第一纵队的产生和发展》	64
党的统一战线的方针	孙晓村《中国农村经济研究会与农村复兴委员会——回忆土地革命时期农村问题两条道路的斗争》	84
民族工商业	李庸宣《回忆联合征信所》	117
抗日民主群众运动	穆欣《统一战线胜利的一曲凯歌——记山西青年抗敌决死队第一纵队的产生和发展》	64
抗日救亡运动	穆欣《统一战线胜利的一曲凯歌——记山西青年抗敌决死队第一纵队的产生和发展》	64

续表

词语	文章	辑数
反饥饿、反内战、反迫害的民主爱国运动	王芸生、曹谷冰《1926 至 1949 的旧大公报》(续完)	28
爱国民主运动	王芸生、曹谷冰《1926 至 1949 的旧大公报》(续完)	28
第二条战线	王芸生、曹谷冰《1926 至 1949 的旧大公报》(续完)	28
反蒋斗争	王芸生、曹谷冰《1926 至 1949 的旧大公报》(续完)	28
发动群众	穆欣《统一战线胜利的一曲凯歌——记山西青年抗敌决死队第一纵队的产生和发展》	64
地方主义思想	马子华《我所知道的卢汉》	86
逃跑主义	《秋收起义》	56
盲动主义	《秋收起义》	56
宗族主义	《秋收起义》	56
党的建设	《秋收起义》	56
共产主义	穆欣《统一战线胜利的一曲凯歌——记山西青年抗敌决死队第一纵队的产生和发展》	64
共产主义的宇宙观	李维汉《回忆新民学会》	59
社会革命论	李维汉《回忆新民学会》	59
毛泽东思想	穆欣《统一战线胜利的一曲凯歌——记山西青年抗敌决死队第一纵队的产生和发展》	64
伟大领袖毛主席	王克俊《北平和平解放回忆录》	68
新中国	王克俊《北平和平解放回忆录》	68
社会主义制度的无比优越	王克俊《北平和平解放回忆录》	68
社会主义建设	王克俊《北平和平解放回忆录》	68
国家社会主义工业化	张治中《解放十年来活动点滴》	117
祖国的和平统一	王克俊《北平和平解放回忆录》	68
社会主义新中国	王克俊《北平和平解放回忆录》	68
祖国统一大业	王克俊《北平和平解放回忆录》	68
祖国的四个现代化	王克俊《北平和平解放回忆录》	68
社会主义强国	王克俊《北平和平解放回忆录》	68
各族人民和睦团结的大家庭	董其武《绥远"九·一九"起义回顾》	69
社会主义的四个现代化	董其武《绥远"九·一九"起义回顾》	69
社会主义现代化建设	董其武《绥远"九·一九"起义回顾》	69
中国共产党和国民党二次合作	屈武《在历史转折的年代里》	73
敬爱的周总理	屈武《在历史转折的年代里》	73
敬爱的周恩来同志	王康《闻一多殉难记》	59
老一辈革命家	屈武《在历史转折的年代里》	73

续表

词语	文章	辑数
党的统战政策	屈武《在历史转折的年代里》	73
共产主义道路	黄炎培遗稿《八十年来》	73
社会主义道路	黄炎培遗稿《八十年来》	73
新三民主义	张丰胄《1949年国共和谈的有关史料》	32
旧民主主义	潘光旦《清华初期的学生生活》	31
新民主主义	翁文灏《回顾往事》	80
无产阶级专政	濮清泉《中国托派的产生和灭亡》	71
工人阶级领导的以工农联盟为基础的人民民主专政的国家	张潜华《国民党立法委员香港起义记》	70
全国抗日救亡运动	沙千里《回忆救国会的七人案件》	89
工农运动	沙千里《回忆救国会的七人案件》	89
武装起义	《南昌起义》	56
工人武装起义	《南昌起义》	56
城市武装起义	《秋收起义》	56
有理、有利、有节的方针	沙千里《回忆救国会的七人案件》	89
团结抗战	沙千里《回忆救国会的七人案件》	89
“左”倾机会主义的错误路线	王又庸《关于“新政学系”》	4
“左倾”路线	《秋收起义》	56
右倾思想	《秋收起义》	56
右倾投降主义路线	《秋收起义》	56
陈独秀的机会主义	黄琪翔《大革命洪流中的国民革命军第四军》	94
陈独秀右倾机会主义路线	濮清泉《中国托派的产生和灭亡》	71
瞿秋白的“左倾”盲动主义	濮清泉《中国托派的产生和灭亡》	71
瞿秋白“左”倾盲动主义路线	《南昌起义》	56
李立三的“左倾”机会主义	濮清泉《中国托派的产生和灭亡》	71
王明的极左机会主义路线	濮清泉《中国托派的产生和灭亡》	71
中国托派	濮清泉《中国托派的产生和灭亡》	71
共产国际	濮清泉《中国托派的产生和灭亡》	71
冒险主义	濮清泉《中国托派的产生和灭亡》	71
老牌机会主义	濮清泉《中国托派的产生和灭亡》	71
投降主义	黄琪翔《大革命洪流中的国民革命军第四军》	94
解放区	黄维《关于青年军的回忆》	96
资本主义道路	黄瑾莹《从法商聚福洋行到强华公司的回忆》	33
社会主义道路	黄瑾莹《从法商聚福洋行到强华公司的回忆》	33
民族资本主义发展的一般规律	黄师让《裕大华企业四十年》	44

续表

词语	文章	辑数
资本主义发展规律	黄师让《裕大华企业四十年》	44
资产阶级领导的旧民主主义革命	黄师让《裕大华企业四十年》	44
无产阶级领导的新民主主义革命	黄师让《裕大华企业四十年》	44
公私合营	黄师让《裕大华企业四十年》	44
社会主义制度的优越性	黄师让《裕大华企业四十年》	44
民主改革运动	陈汝聪《解放前西昌彝族社会的奴隶制度》	95
领导地位	张潜华《国民党立法委员香港起义记》	70
党的领导	费孝通《留英记》	31
党的教育关怀	张仲鲁《焦作工学院始末》	34
人民政权	康同璧《回忆康南海史实》	23
人民政府	孙越《国民党资源委员会留在大陆的经过》	69
人民战争	叶笃义《我和司徒雷登》	13
为人民服务	张仲鲁《焦作工学院始末》	34
人民当家做主	张仲鲁《焦作工学院始末》	34
群众基础	张仲鲁《焦作工学院始末》	34
人民解放事业	杨浪明、沈其益《中华自然科学社简史》	34
无产阶级世界观	杨浪明、沈其益《中华自然科学社简史》	34
中国革命实践	杨浪明、沈其益《中华自然科学社简史》	34
改造世界观	杨浪明、沈其益《中华自然科学社简史》	34
王明左倾盲动主义	薛暮桥《回忆〈中国农村〉》	84
毛主席革命路线	张天放、濮清泉《国民党东京支部的左右派斗争》	60
右倾机会主义	陈铭枢《"神州国光社"后半部史略》	87
党内的机会主义者	《南昌起义》	56
托洛茨基分子	陈铭枢《"神州国光社"后半部史略》	87
右派分子	潘光旦《清华初期的学生生活》	31
无产阶级革命斗争实践	张景《安那其主义在中国的传播活动片断》	90
无产阶级革命家	李任夫《回忆梁启超先生》	111
解放台湾	张治中《解放十年来活动点滴》	117
和平解放台湾	张治中《解放十年来活动点滴》	117
爱国主义	张治中《解放十年来活动点滴》	117
中国人民的长远利益	张治中《解放十年来活动点滴》	117

三、革命话语常用词表

词语	文章	辑数
革命积极分子	原中国人民解放军军政大学编写组编写、中国人民解放军军事学院编写组修改《秋收起义》	56
革命政治任务	《秋收起义》	56
革命知识青年	《秋收起义》	56
革命的两手	王芸生、曹谷冰《1926 至 1949 的旧大公报》(续完)	28
反革命的两手	王芸生、曹谷冰《1926 至 1949 的旧大公报》(续完)	28
革命三民主义	张丰胄《1949 年国共和谈的有关史料》	32
革命家	濮清泉《我所知道的陈独秀》	71
民族解放	翁文灏《回顾往事》	80
反帝反封建	翁文灏《回顾往事》	80
反动的宗教主义	包尔汉《泛伊斯兰主义和泛土耳其主义在新疆的兴灭》	79
全世界整个革命的利益	张治中《解放十年来活动点滴》	117
中国革命	李泰玉《忆阿不杜克力木・阿巴索夫》	115
革命队伍	王芸生、曹谷冰《1926 至 1949 的旧大公报》(续完)	28
革命文化	谢天培《"新生活运动"见闻》	140
革命动力	张潜华《国民党立法委员香港起义记》	70
革命斗争	李泰玉《忆阿不杜克力木・阿巴索夫》	115
革命事业	李泰玉《忆阿不杜克力木・阿巴索夫》	115
革命高潮	黄启汉《桂系及其反动的政治组织》	7
革命运动	李维汉《回忆新民学会》	59
革命活动	李维汉《回忆新民学会》	59
革命道路	过家芳《贾汪起义与一三二师行动经过》	98
革命营垒	《秋收起义》	56
革命导师	濮清泉《中国托派的产生和灭亡》	71
叛变革命	黄晓东《大革命时期的司法改革》	78
爱国主义	丰子恺、宋云彬《弘一法师》	34
改良派	丰子恺、宋云彬《弘一法师》	34
革命派	丰子恺、宋云彬《弘一法师》	34
投降派	何秀君口述、肖凤记《张石川和明星影片公司》	69
坚定的政治立场	何基沣等《"七七"事变纪实》	1
鲜明的政治态度	何基沣等《"七七"事变纪实》	1
明确的政治方向	何基沣等《"七七"事变纪实》	1
反革命组织	王芸生、曹谷冰《1926 至 1949 的旧大公报》(续一)	26
反动政权	孟曦《关于"非常会议"和"宁粤合作"》	9
反蒋集团	刘斐《两广"六一"事变》	3

续表

词语	文章	辑数
人民革命力量	孟曦《关于"非常会议"和"宁粤合作"》	9
人民民主政权	张潜华《政学系在东北接收问题上的如意算盘》	42
反动统治势力	孟曦《关于"非常会议"和"宁粤合作"》	9
反动统治	孟曦《关于"非常会议"和"宁粤合作"》	9
人民革命	孟曦《关于"非常会议"和"宁粤合作"》	9
人民群众	戴岳《我对蒋介石建议碉堡政策的经过》	45
反动力量	孟曦《关于"非常会议"和"宁粤合作"》	9
人民立场	孟曦《关于"非常会议"和"宁粤合作"》	9
民主革命浪潮	梅原《朱培德对政治工作的"欢迎欢送"》	45
革命浪潮	梅原《朱培德对政治工作的"欢迎欢送"》	45
革命风暴	梅原《朱培德对政治工作的"欢迎欢送"》	45
革命事业	戴岳《我对蒋介石建议碉堡政策的经过》	45
革命形势	杨肇骧《解放前夕的滇局风云》	50
革命力量	杨肇骧《解放前夕的滇局风云》	50
革命真理	原中国人民解放军军政大学编写组编写、中国人民解放军军事学院编写组修改《南昌起义》	56
革命战略	原中国人民解放军军政大学编写组编写、中国人民解放军军事学院编写组修改《秋收起义》	56
革命斗志	《秋收起义》	56
革命武装力量	杨肇骧《解放前夕的滇局风云》	50
改良主义	杨肇骧《解放前夕的滇局风云》	50
人民革命斗争	杨肇骧《解放前夕的滇局风云》	50
农民革命	杨肇骧《解放前夕的滇局风云》	50
农民革命领袖	程思远《蒋桂新军阀战争的内幕》	60
土地改革	杨肇骧《解放前夕的滇局风云》	50
革命理论	张天放、濮清泉《国民党东京支部的左右派斗争》	60
革命的坚定性	张天放、濮清泉《国民党东京支部的左右派斗争》	60
无产阶级革命的坚定性	张天放、濮清泉《国民党东京支部的左右派斗争》	60
劳动人民	张天放、濮清泉《国民党东京支部的左右派斗争》	60
革命先行者	张天放、濮清泉《国民党东京支部的左右派斗争》	60
民主主义立场	张天放、濮清泉《国民党东京支部的左右派斗争》	60
左派立场	张天放、濮清泉《国民党东京支部的左右派斗争》	60
右倾势力	张天放、濮清泉《国民党东京支部的左右派斗争》	60
革命领导权	程思远《蒋桂新军阀战争的内幕》	60
封建割据	程思远《蒋桂新军阀战争的内幕》	60
农民革命武装部队	程思远《蒋桂新军阀战争的内幕》	60
革命根据地	程思远《蒋桂新军阀战争的内幕》	60
革命武装力量	程思远《蒋桂新军阀战争的内幕》	60

续表

词语	文章	辑数
农村根据地	程思远《蒋桂新军阀战争的内幕》	60
林彪反党集团	穆欣《统一战线胜利的一曲凯歌——记山西青年抗敌决死队第一纵队的产生和发展》	64
“四人帮”反党集团	穆欣《统一战线胜利的一曲凯歌——记山西青年抗敌决死队第一纵队的产生和发展》	64
林彪和“四人帮”阴谋集团	穆欣《统一战线胜利的一曲凯歌——记山西青年抗敌决死队第一纵队的产生和发展》	64
无产阶级革命路线	穆欣《统一战线胜利的一曲凯歌——记山西青年抗敌决死队第一纵队的产生和发展》	64
老一辈革命家	穆欣《统一战线胜利的一曲凯歌——记山西青年抗敌决死队第一纵队的产生和发展》	64
超级政治骗子	穆欣《统一战线胜利的一曲凯歌——记山西青年抗敌决死队第一纵队的产生和发展》	64
革命军队	王克俊《北平和平解放回忆录》	68
革命改造	王克俊《北平和平解放回忆录》	68
民族矛盾	董其武《绥远“九·一九”起义回顾》	69
封建迷信	屈武《在历史转折的年代里》	73
爱国人士	刘仲容遗稿《回忆我在桂系工作时的几件事》	73
爱国民主人士	刘仲容遗稿《回忆我在桂系工作时的几件事》	73
民主个人主义	潘光旦《清华初期的学生生活》	31
中间路线	黄炎培遗稿《八十年来》	73
无产阶级革命	翁文灏《回顾往事》	80
民族解放运动	翁文灏《回顾往事》	80
半殖民地状态	翁文灏《回顾往事》	80
人民中国	翁文灏《回顾往事》	80
人民革命	翁文灏《回顾往事》	80
错误路线	翁文灏《回顾往事》	80
革命的三民主义	张潜华《国民党立法委员香港起义记》	70
新民主主义的新中国	张潜华《国民党立法委员香港起义记》	70
民族矛盾	沙千里《回忆救国会的七人案件》	89
主要矛盾	沙千里《回忆救国会的七人案件》	89
民族苦难	沙千里《回忆救国会的七人案件》	89
进步人士	沙千里《回忆救国会的七人案件》	89
指导作用	沙千里《回忆救国会的七人案件》	89
革命的青年知识分子	罗方中《关于改组派的一鳞半爪》	1
革命阵营	罗方中《关于改组派的一鳞半爪》	1
宗教外衣	王又庸《关于“新政学系”》	4
反革命思想	王又庸《关于“新政学系”》	4

续表

词语	文章	辑数
农民的革命意识	王又庸《关于"新政学系"》	4
人民的立场	黄启汉《桂系及其反动的政治组织》	7
中国民主革命	濮清泉《中国托派的产生和灭亡》	71
革命爱国的战争	陈长捷《天津抗拒人民解放战争的回忆》	13
人民公敌	陈长捷《天津抗拒人民解放战争的回忆》	13
被剥削被压迫人民	陈长捷《天津抗拒人民解放战争的回忆》	13
革命战士	陈长捷《天津抗拒人民解放战争的回忆》	13
革命武装力量	黄琪翔《大革命洪流中的国民革命军第四军》	94
国民革命军	黄琪翔《大革命洪流中的国民革命军第四军》	94
国民党的革命派	李奇中《统一广东革命根据地的战争》	2
反帝反封建的群众革命高潮	黄琪翔《大革命洪流中的国民革命军第四军》	94
工人运动	黄琪翔《大革命洪流中的国民革命军第四军》	94
农民运动	黄琪翔《大革命洪流中的国民革命军第四军》	94
爱国主义精神	赵新《记举世闻名的一条空中运输线》	150
爱国进步分子	江文汉《基督教青年会在中国》	19
进步人士	江文汉《基督教青年会在中国》	19
爱国人士	江文汉《基督教青年会在中国》	19
革命意识	费孝通《留英记》	31
社会改良主义	费孝通《留英记》	31
革命的道路	费孝通《留英记》	31
思想战线	费孝通《留英记》	31
资本主义教育	潘光旦《清华初期的学生生活》	31
旧知识分子	潘光旦《清华初期的学生生活》	31
革命的进步政治	林砺儒《北京师范大学校史拾穗》	31
资本主义革命	林砺儒《北京师范大学校史拾穗》	31
压榨人民的机器	张仲鲁《焦作工学院始末》	34
爱国的高级知识分子	张仲鲁《焦作工学院始末》	34
实业救国	张仲鲁《焦作工学院始末》	34
教育救国	张仲鲁《焦作工学院始末》	34
改良主义的道路	杨浪明、沈其益《中华自然科学社简史》	34
正确的政治方向	杨浪明、沈其益《中华自然科学社简史》	34
革命势力	杨浪明、沈其益《中华自然科学社简史》	34
反革命势力	杨浪明、沈其益《中华自然科学社简史》	34
反革命盟主	原中国人民解放军军政大学编写组编写、中国人民解放军军事学院编写组修改《秋收起义》	56
反动官僚	雍鼎臣《军火买办雍剑秋的一生》	53
反动思想	东畅《我所知道的抗战前山东乡村建设派的活动》	37

续表

词语	文章	辑数
布尔什维克主义	江文汉《广学会是怎样一个机构》	43
革命阵线	李维汉《回忆新民学会》	59
世界无产阶级社会主义革命	李维汉《回忆新民学会》	59
旧式的资产阶级民主革命	李维汉《回忆新民学会》	59
反帝国主义	李维汉《回忆新民学会》	59
反封建主义	李维汉《回忆新民学会》	59
反帝反封建的文化思想	李维汉《回忆新民学会》	59
帝国主义和封建主义的两座大山	费孝通《留英记》	31
共产主义的文化思想	李维汉《回忆新民学会》	59
共产主义的忠贞战士	李维汉《回忆新民学会》	59
白区人民的革命斗争	薛暮桥《回忆〈中国农村〉》	84
半封建的国家	薛暮桥《回忆〈中国农村〉》	84
反帝反封建的民主革命	薛暮桥《回忆〈中国农村〉》	84
土地革命	原中国人民解放军军政大学编写组编写、中国人民解放军军事学院编写组修改《秋收起义》	56
农民土地革命	薛暮桥《回忆〈中国农村〉》	84
帝国主义的传声筒	薛暮桥《回忆〈中国农村〉》	84
帝国主义代理人	费孝通《留英记》	31
改良主义者的反动本质	薛暮桥《回忆〈中国农村〉》	84
改良主义幻想	薛暮桥《回忆〈中国农村〉》	84
中国革命的性质与任务	冯和法《中国农村经济研究会漫忆》	84
封建复辟主义	冯和法《中国农村经济研究会漫忆》	84
封建余毒	吴研因《旧中国的小学语文教材》	140
反帝、反殖、反对资本主义的倾向	吴研因《旧中国的小学语文教材》	140
民族独立	张治中《解放十年来活动点滴》	117
民族解放斗争	濮清泉《我所知道的陈独秀》	71
民族解放战争	濮清泉《我所知道的陈独秀》	71
被压迫民族	濮清泉《我所知道的陈独秀》	71
新民主主义革命运动	张劲夫《我所知道的陶行知先生》	72
无产阶级革命	马子华《我所知道的卢汉》	86
革命政权	黄伯易《忆东南大学讲学时期的梁启超》	94
革命进程	沙千里《回忆救国会的七人案件》	89
暴力革命	原中国人民解放军军政大学编写组编写、中国人民解放军军事学院编写组修改《秋收起义》	56

续表

词语	文章	辑数
个人主观主义	张治中《六十岁总结》	70
个人英雄主义	余心清《我所认识的冯玉祥》	107
人民大众	余心清《我所认识的冯玉祥》	107
工农群众	余心清《我所认识的冯玉祥》	107

四、阶级话语常用词表

词语	文章	辑数
官僚资本主义的代理人	黄启汉《桂系及其反动的政治组织》	7
官僚资本主义的道路	黄启汉《桂系及其反动的政治组织》	7
官僚买办资产阶级	刘念智《从抗日胜利到全国解放的刘鸿生》	68
买办资产阶级	祝世康《关于国民党官僚资本的见闻》	11
大地主、大买办资产阶级	覃异之《黄埔建军》	2
垄断资本集团	祝世康《关于国民党官僚资本的见闻》	11
私营资本主义	吴晋航《民生公司概述》	12
国际无产阶级	原中国人民解放军军政大学编写组编写、中国人民解放军军事学院编写组修改《南昌起义》	56
贫苦群众	原中国人民解放军军政大学编写组编写、中国人民解放军军事学院编写组修改《秋收起义》	56
阶级教育	《秋收起义》	56
阶级觉悟	《秋收起义》	56
资产阶级左翼	王芸生、曹谷冰《1926 至 1949 的旧大公报》(续完)	28
资产阶级的中间右翼	王芸生、曹谷冰《1926 至 1949 的旧大公报》(续完)	28
民族资产阶级的右翼	王芸生、曹谷冰《1926 至 1949 的旧大公报》(续完)	28
资产阶级立场	王芸生、曹谷冰《1926 至 1949 的旧大公报》(续完)	28
无产阶级立场	王芸生、曹谷冰《1926 至 1949 的旧大公报》(续完)	28
资产阶级利益	王芸生、曹谷冰《1926 至 1949 的旧大公报》(续完)	28
资产阶级社会科学	费孝通《留英记》	31
无产阶级 人民大众利益	王芸生、曹谷冰《1926 至 1949 的旧大公报》(续完)	28
阶级分析	李泰玉《忆阿不杜克力木·阿巴索夫》	115
阶级成分	费孝通《留英记》	31
帝国主义及其走狗豪绅买办阶级	李维汉《回忆新民学会》	59
城市小资产阶级	李维汉《回忆新民学会》	59
城乡小资产阶级	李维汉《回忆新民学会》	59

续表

词语	文章	辑数
革命民主派——农民	李维汉《回忆新民学会》	59
封建资产阶级知识分子	王芸生、曹谷冰《1926 至 1949 的旧大公报》(续二)	27
爱国知识分子	李维汉《回忆新民学会》	59
大资产阶级	孟曦《关于"非常会议"和"宁粤合作"》	9
资产阶级	张潜华《国民党立法委员香港起义记》	70
小资产阶级	张潜华《国民党立法委员香港起义记》	70
一般资产阶级	王芸生、曹谷冰《1926 至 1949 的旧大公报》(续二)	27
资产阶级民主革命路线	孟曦《关于"非常会议"和"宁粤合作"》	9
大地主	孟曦《关于"非常会议"和"宁粤合作"》	9
封建主	王芸生、曹谷冰《1926 至 1949 的旧大公报》(续二)	27
反动统治阶级阵营	孟曦《关于"非常会议"和"宁粤合作"》	9
统治阶级的内部矛盾	孟曦《关于"非常会议"和"宁粤合作"》	9
统治阶级反动立场	孟曦《关于"非常会议"和"宁粤合作"》	9
反动统治阶级	施有仁《蒋军长江败退和淞沪溃逃的狼狈情形》	32
反动统治政权	刘斐《两广"六一"事变》	3
反动集团	施有仁《蒋军长江败退和淞沪溃逃的狼狈情形》	32
反动统治阶级的本质	刘瑶章《忆蒋经国在华北的"反贪污运动"》	42
反动阶级的本质	刘瑶章《忆蒋经国在华北的"反贪污运动"》	42
封建军阀	梅原《朱培德对政治工作的"欢迎欢送"》	45
封建集团	梅原《朱培德对政治工作的"欢迎欢送"》	45
封建余孽	许德珩《五四运动六十周年》	61
封建地主阶级	梅原《朱培德对政治工作的"欢迎欢送"》	45
阶级本性	梅原《朱培德对政治工作的"欢迎欢送"》	45
势力集团	梅原《朱培德对政治工作的"欢迎欢送"》	45
阶级本质	梅原《朱培德对政治工作的"欢迎欢送"》	45
阶级和阶级斗争	梅原《朱培德对政治工作的"欢迎欢送"》	45
封建剥削	包尔汉《杨增新统治时期的新疆——新疆回忆录之一》	46
封建制度	包尔汉《杨增新统治时期的新疆——新疆回忆录之一》	46
国家资本主义	刘惠农《对私营企业改造的第一个航标——忆民生轮船公司的公私合营》	128
国家资本主义道路	巢福偕《实业家刘国钧》	100
民族资产阶级	张天放、濮清泉《国民党东京支部的左右派斗争》	60
上层小资产阶级	张天放、濮清泉《国民党东京支部的左右派斗争》	60
中层小资产阶级	张天放、濮清泉《国民党东京支部的左右派斗争》	60
阶级地位	张天放、濮清泉《国民党东京支部的左右派斗争》	60
封建帝制	张天放、濮清泉《国民党东京支部的左右派斗争》	60

续表

词语	文章	辑数
封建势力	张潜华《国民党立法委员香港起义记》	70
君主立宪	王芸生《严修与学制改革》	87
小资产阶级知识分子	张天放、濮清泉《国民党东京支部的左右派斗争》	60
地主豪绅	穆欣《统一战线胜利的一曲凯歌——记山西青年抗敌决死队第一纵队的产生和发展》	64
地主资产阶级	穆欣《统一战线胜利的一曲凯歌——记山西青年抗敌决死队第一纵队的产生和发展》	64
阶级敌人	《秋收起义》	56
国内外的阶级敌人	刘仲容遗稿《回忆我在桂系工作时的几件事》	73
国际阶级斗争	黄炎培遗稿《八十年来》	73
中小资产阶级	张潜华《国民党立法委员香港起义记》	70
中产阶级	费孝通《留英记》	31
官僚资产阶级	张潜华《国民党立法委员香港起义记》	70
官僚资本	张潜华《国民党立法委员香港起义记》	70
官僚资本家	祝世康《关于国民党官僚资本的见闻》	11
工人贵族	费孝通《留英记》	31
工人阶级	张潜华《国民党立法委员香港起义记》	70
农民阶级	张潜华《国民党立法委员香港起义记》	70
小资产阶级	张潜华《国民党立法委员香港起义记》	70
资产阶级宗教界	包尔汉《泛伊斯兰主义和泛土耳其主义在新疆的兴灭》	79
反动统治内部矛盾	罗方中《关于改组派的一鳞半爪》	1
大资产阶级	罗方中《关于改组派的一鳞半爪》	1
小资产阶级分子	罗方中《关于改组派的一鳞半爪》	1
买办官僚资产阶级	王又庸《关于"新政学系"》	4
资产阶级民主自由	萧作霖《复兴社述略》	11
一般地主阶级、中小资产阶级的知识分子	萧作霖《复兴社述略》	11
反动统治阶级利益	萧作霖《复兴社述略》	11
旧社会的资产阶级知识分子	钱昌照《国民党政府资源委员会的始末》	15
资产阶级民主革命	濮清泉《中国托派的产生和灭亡》	71
民族民主革命	濮清泉《中国托派的产生和灭亡》	71
商业资产阶级	濮清泉《中国托派的产生和灭亡》	71
资本主义化	濮清泉《中国托派的产生和灭亡》	71
半封建半资本主义	王芸生、曹谷冰《1926 至 1949 的旧大公报》	25
买办阶级	许念晖《虞洽卿的一生》	15
买办资本家集团	李奇中《统一广东革命根据地的战争》	2
买办资本家集团势力	李奇中《统一广东革命根据地的战争》	2

续表

词语	文章	辑数
地主买办阶级	黄琪翔《大革命洪流中的国民革命军第四军》	94
民族资产阶级的两面性	陈调甫《永利碱厂奋斗回忆录》	10
官僚资本的摧残压迫	黄师让《裕大华企业四十年》	44
奴隶主阶级	陈汝聪《解放前西昌彝族社会的奴隶制度》	95
奴隶制统治	陈汝聪《解放前西昌彝族社会的奴隶制度》	95
奴隶制度	陈汝聪《解放前西昌彝族社会的奴隶制度》	95
阶级的局限	费孝通《留英记》	31
阶级的局限性	杨浪明、沈其益《中华自然科学社简史》	34
无产阶级的意识	费孝通《留英记》	31
资本主义社会的贫富两极化	费孝通《留英记》	31
自觉的阶级	费孝通《留英记》	31
无产阶级的民主	林砺儒《北京师范大学校史拾穗》	31
资产阶级的民主	林砺儒《北京师范大学校史拾穗》	31
无产阶级文化	林砺儒《北京师范大学校史拾穗》	31
资产阶级文化	林砺儒《北京师范大学校史拾穗》	31
资产阶级范畴中的民主思想	杨浪明、沈其益《中华自然科学社简史》	34
资产阶级知识分子软弱性	杨浪明、沈其益《中华自然科学社简史》	34
豪绅地主	米庆云《同善社见闻》	34
军事封建集团	杨伯涛《陈诚军事集团发展史纪要》	57
封建统治	黄启汉《桂系及其反动的政治组织》	7
封建迷信	米庆云《同善社见闻》	34
封建的思想意识	东畅《我所知道的抗战前山东乡村建设派的活动》	37
封建代表人物	东畅《我所知道的抗战前山东乡村建设派的活动》	37
地主士绅	东畅《我所知道的抗战前山东乡村建设派的活动》	37
无产阶级的革命思想	东畅《我所知道的抗战前山东乡村建设派的活动》	37
资产阶级的旧民主思想	东畅《我所知道的抗战前山东乡村建设派的活动》	37
没落的地主阶级	东畅《我所知道的抗战前山东乡村建设派的活动》	37
封建秩序	东畅《我所知道的抗战前山东乡村建设派的活动》	37
封建道德伦理	江文汉《广学会是怎样一个机构》	43
封建地主剥削制度	孙晓村《中国农村经济研究会与农村复兴委员会——回忆土地革命时期农村问题两条道路的斗争》	84
封建剥削制度	孙晓村《中国农村经济研究会与农村复兴委员会——回忆土地革命时期农村问题两条道路的斗争》	84

续表

词语	文章	辑数
阶级出身	王芸生《严修与学制改革》	87
阶级利益	濮清泉《我所知道的陈独秀》	71
阶级矛盾	冯和法《中国农村经济研究会漫忆》	84
阶级报复	原中国人民解放军军政大学编写组编写、中国人民解放军军事学院编写组修改《秋收起义》	56
阶级仇恨	原中国人民解放军军政大学编写组编写、中国人民解放军军事学院编写组修改《秋收起义》	56
阶级剥削	冯和法《中国农村经济研究会漫忆》	84
阶级内容	冯和法《中国农村经济研究会漫忆》	84
阶级成分	冯和法《中国农村经济研究会漫忆》	84
阶级压迫	冯和法《中国农村经济研究会漫忆》	84
阶级路线	原中国人民解放军军政大学编写组编写、中国人民解放军军事学院编写组修改《南昌起义》	56
剥削关系	冯和法《中国农村经济研究会漫忆》	84
资产阶级的庸俗社会学和庸俗经济学	冯和法《中国农村经济研究会漫忆》	84
资产阶级错误观点	冯和法《中国农村经济研究会漫忆》	84
西方资产阶级民主主义的文化	康同璧《回忆康南海史实》	23
土豪劣绅	赖惕安《李仙洲率部入鲁反共纪实》	40
地主恶霸土豪劣绅	张治中《解放后十年来政治活动点滴》	118
大资产阶级文化商人政客	王芸生、曹谷冰《1926 至 1949 的旧大公报》	25
大地主大资产阶级	赖惕安《李仙洲率部入鲁反共纪实》	40
资产阶级的独裁	濮清泉《我所知道的陈独秀》	71
资产阶级民主主义	陈铭德、邓季惺《〈新民报〉二十年》	63
小资产阶级民主主义	濮清泉《我所知道的陈独秀》	71
资产阶级改良主义	张劲夫《我所知道的陶行知先生》	72
资产阶级民本主义	张劲夫《我所知道的陶行知先生》	72
民粹主义	张健《回忆陶行知先生》	72
破落地主子弟	张仲鲁《焦作工学院始末》	34
资产阶级知识分子	张仲鲁《焦作工学院始末》	34
广大工农群众	张仲鲁《焦作工学院始末》	34
私有制社会关系	范承枢《卢汉任云南省主席的经过》	86
剥削阶级	范承枢《卢汉任云南省主席的经过》	86
官僚垄断资本	范承枢《卢汉任云南省主席的经过》	86
民族资本家	费孝通《留英记》	31
官僚地主资产阶级	王芸生、曹谷冰《1926 至 1949 的旧大公报》	25

续表

词语	文章	辑数
大地主大买办大资产阶级	王芸生、曹谷冰《1926 至 1949 的旧大公报》(续一)	26
大买办大地主大资产阶级	王芸生、曹谷冰《1926 至 1949 的旧大公报》(续一)	26
封建割据统治	范承枢《卢汉任云南省主席的经过》	86
封建统治阶级	吴研因《旧中国的小学语文教材》	140
封建统治者	吴研因《旧中国的小学语文教材》	140
封建主义	马子华《我所知道的卢汉》	86
封建思想	杜聿明《淮海战役始末》	21
封建派别	杜聿明《淮海战役始末》	21
奴隶主阶级	马子华《我所知道的卢汉》	86
资产阶级的个人利己主义	马子华《我所知道的卢汉》	86
资产阶级的民主思想	马子华《我所知道的卢汉》	86
资产阶级路线	王芸生《严修与学制改革》	87
封建性极浓的大资产阶级知识分子	王芸生《严修与学制改革》	87
封建阶级的思想	王芸生《严修与学制改革》	87
中国封建主义的复古思想	王芸生《严修与学制改革》	87
复古主义的道路	王芸生《严修与学制改革》	87
封建资产阶级的知识分子	王芸生《严修与学制改革》	87
资产阶级的进化论	王芸生《严修与学制改革》	87
无产阶级的阶级论	王芸生《严修与学制改革》	87
资产阶级的唯心主义世界观	王芸生《严修与学制改革》	87
无产阶级的唯物主义世界观	王芸生《严修与学制改革》	87
地方封建势力	钱昌照《国民党政府资源委员会的始末》	15
封建主义教育	黄伯易《忆东南大学讲学时期的梁启超》	94

五、描述国民党的常用词表

词语	文章	辑数
国民党内右派分子	李奇中《统一广东革命根据地的战争》	2
亲美路线	祝世康《关于国民党官僚资本的见闻》	11
亲英路线	祝世康《关于国民党官僚资本的见闻》	11
国内外反动势力	原中国人民解放军军政大学编写组编写、中国人民解放军军事学院编写组修改《南昌起义》	56
白色政权	原中国人民解放军军政大学编写组编写、中国人民解放军军事学院编写组修改《秋收起义》	56

续表

词语	文章	辑数
白区	《秋收起义》	56
旧政府	《秋收起义》	56
党政府	王芸生、曹谷冰《1926 至 1949 的旧大公报》(续一)	26
旧官吏	《秋收起义》	56
反动军阀	王芸生、曹谷冰《1926 至 1949 的旧大公报》(续一)	26
国民党军	王芸生、曹谷冰《1926 至 1949 的旧大公报》(续二)	27
蒋介石统治集团	王芸生、曹谷冰《1926 至 1949 的旧大公报》	25
叛变大革命	王芸生、曹谷冰《1926 至 1949 的旧大公报》	25
篡夺国家统治权	王芸生、曹谷冰《1926 至 1949 的旧大公报》	25
四大家族	资耀华《国民党政府法币的崩溃》	7
蒋宋孔陈四大家族	王芸生、曹谷冰《1926 至 1949 的旧大公报》(续一)	26
官僚资本集团	资耀华《国民党政府法币的崩溃》	7
新官僚资本集团	汪松年(木公)《天津时代的〈大公报〉发展史话》	146
国家垄断资本主义	王芸生、曹谷冰《1926 至 1949 的旧大公报》(续一)	26
反苏反共	王芸生、曹谷冰《1926 至 1949 的旧大公报》(续一)	26
反共内战	王芸生、曹谷冰《1926 至 1949 的旧大公报》(续完)	28
反共反人民的内战	王芸生、曹谷冰《1926 至 1949 的旧大公报》(续完)	28
蒋系中央势力	陈铭德、邓季惺《〈新民报〉二十年》	63
反动王朝	李任夫《军统特务机关息烽集中营黑幕》	28
蒋王朝	陈铭德、邓季惺《〈新民报〉二十年》	63
蒋氏王朝	杜聿明《辽沈战役概述》	20
蒋家王朝	余湛邦《一九四九年国共北平和谈始末记》	67
蒋家朝廷	阎宝航《对〈蒋介石在抗战期间的一件投降阴谋活动〉一文的意见》	1
蒋介石王朝	唐生明《我奉蒋介石命参加汪伪政权的经过》	40
蒋记国民党	陈铭德、邓季惺《〈新民报〉二十年》	63
国民党一党专政	张治中《解放后十年来政治活动点滴》	118
军阀党	《秋收起义》	56
反革命的罪恶集团	张治中《解放十年来活动点滴》	117
国民党反动统治时期	张治中《解放十年来活动点滴》	117
法西斯特务统治	张治中《解放十年来活动点滴》	117
蒋介石政府	千家驹《我在北大》	95
蒋介石反动政府	王芸生、曹谷冰《1926 至 1949 的旧大公报》(续完)	28
蒋介石集团	张潜华《国民党立法委员香港起义记》	70
蒋介石反动集团	段培德《蒋军第二十五师在宽甸、桓仁地区被歼经过》	42
蒋集团	孟曦《关于"非常会议"和"宁粤合作"》	9
蒋介石政权	陈铭枢《"神州国光社"后半部史略》	87
蒋政权	孟曦《关于"非常会议"和"宁粤合作"》	9

续表

词语	文章	辑数
蒋政府	千家驹《中国农村经济研究会在桂林》	84
蒋管区	杜聿明《辽沈战役概述》	20
蒋军	段培德《蒋军第二十五师在宽甸、桓仁地区被歼经过》	42
蒋朝	陈铭德、邓季惺《〈新民报〉二十年》	63
蒋帮	施有仁《蒋军长江败退和淞沪溃逃的狼狈情形》	32
蒋匪帮	天津宗教界编史委员会《关于国际间谍雷鸣远和雷震远史实的几点补正》	30
蒋介石匪帮	戴岳《我对蒋介石建议碉堡政策的经过》	45
反动头子蒋介石	蔡文浩《回忆"重整道德运动"》	43
蒋介石为代表的大资产阶级	程思远《蒋桂新军阀战争的内幕》	60
蒋介石及其反动集团	张潜华《国民党立法委员香港起义记》	70
蒋介石反动政权的本质	钱昌照《国民党政府资源委员会的始末》	15
蒋介石反动统治	杨伯涛《陈诚军事集团发展史纪要》	57
蒋介石的独裁	杨伯涛《陈诚军事集团发展史纪要》	57
蒋介石的法西斯独裁	贺贵严《蒋介石背叛革命后下台又上台》	9
蒋介石法西斯统治	裘孟涵《CC 渗透的国民党司法界》	78
蒋介石及其文化臣仆	杨浪明、沈其益《中华自然科学社简史》	34
蒋介石反动统治时期	江文汉《广学会是怎样一个机构》	43
蒋的统治机器	翁文灏《回顾往事》	80
美蒋反动统治	杨浪明、沈其益《中华自然科学社简史》	34
美蒋矛盾	张治中《解放十年来活动点滴》	117
倒蒋运动	张治中《解放十年来活动点滴》	117
台湾反动派	张治中《解放后十年来政治活动点滴》	118
独裁政权	许汉三《我所知道的章乃器》	73
反革命独裁统治	高晓星《中国国民党历次代表大会和部分重要会议简况》(上)	118
汪蒋合流	余心清《我所认识的冯玉祥》	107
反蒋联合阵线	孟曦《关于"非常会议"和"宁粤合作"》	9
国民党内部矛盾	陈铭枢《"神州国光社"后半部史略》	87
国民党右派	黄琪翔《大革命洪流中的国民革命军第四军》	94
国民党左派	毛磊等《武汉国民政府辖区的演变》	105
国民党内当权派	孟曦《关于"非常会议"和"宁粤合作"》	9
国民党政权	杨肇骧《解放前夕的滇局风云》	50
国民党政府	冯和法《中国农村经济研究会漫忆》	84
国民党新军阀	程思远《蒋桂新军阀战争的内幕》	60

续表

词语	文章	辑数
国民党统治区	穆欣《统一战线胜利的一曲凯歌——记山西青年抗敌决死队第一纵队的产生和发展》	64
国民党残余政府	王芸生、曹谷冰《1926至1949的旧大公报》(续完)	28
国民党地区	穆欣《统一战线胜利的一曲凯歌——记山西青年抗敌决死队第一纵队的产生和发展》	64
旧国民党	张治中《解放十年来活动点滴》	117
旧军政人员	张治中《解放十年来活动点滴》	117
国民党军事当局	唐永良《羊山集战役侧记》	18
国民党的不抵抗主义	穆欣《统一战线胜利的一曲凯歌——记山西青年抗敌决死队第一纵队的产生和发展》	64
国民党民主派和死硬派	张潜华《国民党立法委员香港起义记》	70
国民党反动派	包尔汉《泛伊斯兰主义和泛土耳其主义在新疆的兴灭》	79
国民党反动政府	孙越《国民党资源委员会留在大陆的经过》	69
国民党反动政权	王耀武《济南战役的回忆》	18
反革命两面派	《南昌起义》	56
民国政府	金梁《遇变日记》	13
国民党右翼反动派	黄琪翔《大革命洪流中的国民革命军第四军》	94
国民党反动头子	江文汉《广学会是怎样一个机构》	43
国民党奴役政策	冯和法《中国农村经济研究会漫忆》	84
反动当局	曹世瑛《〈大公报〉与胡政之》	97
反动部队	黄维《对〈陈诚军事集团发展史纪要〉一文的更正和意见》	72
反动特务	胡西园《中国亚浦耳厂受帝国主义和反动派摧残摘记》	44
白色恐怖	张天放、濮清泉《国民党东京支部的左右派斗争》	60
三民主义	张治中《解放十年来活动点滴》	117
联俄、联共、扶助农工三大政策	张天放、濮清泉《国民党东京支部的左右派斗争》	60
反共高潮	穆欣《统一战线胜利的一曲凯歌——记山西青年抗敌决死队第一纵队的产生和发展》	64
第一次反共高潮	穆欣《统一战线胜利的一曲凯歌——记山西青年抗敌决死队第一纵队的产生和发展》	64
三次反共高潮	沙千里《回忆救国会的七人案件》	89
顽固势力	穆欣《统一战线胜利的一曲凯歌——记山西青年抗敌决死队第一纵队的产生和发展》	64
伪国民大会	翁文灏《回顾往事》	80
伪宪法	翁文灏《回顾往事》	80
反动政策	沙千里《回忆救国会的七人案件》	89
反动阵营	罗方中《关于改组派的一鳞半爪》	1

续表

词语	文章	辑数
反动组织	穆欣《统一战线胜利的一曲凯歌——记山西青年抗敌决死队第一纵队的产生和发展》	64
反动人物	包尔汉《泛伊斯兰主义和泛土耳其主义在新疆的兴灭》	79
中外反动派	许念晖《虞洽卿的一生》	15
反动统治集团	罗方中《关于改组派的一鳞半爪》	1
南京反动统治	罗方中《关于改组派的一鳞半爪》	1
反动政治野心	黄启汉《桂系及其反动的政治组织》	7
地主、官僚、买办资本家等反动统治阶级	萧作霖《复兴社述略》	11
大买办大地主大资产阶级的代理人	王芸生、曹谷冰《1926 至 1949 的旧大公报》(续一)	26
大地主、大资产阶级专政	钱昌照《国民党政府资源委员会的始末》	15
极端反动的民族主义	萧作霖《复兴社述略》	11
反动武力	杨伯涛《陈诚军事集团发展史纪要》	57
反动军	陈长捷《天津抗拒人民解放战争的回忆》	13
反动官兵	陈长捷《天津抗拒人民解放战争的回忆》	13
汪精卫集团	罗方中《关于改组派的一鳞半爪》	1
假革命面具	罗方中《关于改组派的一鳞半爪》	1
军事投机	罗方中《关于改组派的一鳞半爪》	1
政治投机	罗方中《关于改组派的一鳞半爪》	1
法西斯组织	黄启汉《桂系及其反动的政治组织》	7
法西斯专政 法西斯走狗	张天放、濮清泉《国民党东京支部的左右派斗争》	60
法西斯军阀；封建法西斯	吴研因《旧中国的小学语文教材》	140
法西斯独裁统治	萧作霖《复兴社述略》	11
法西斯个人独裁	赵普炬《中央训练团梗概》	74
法西斯独裁统治	杨桂和《陈光甫与上海银行》	23
法西斯罪恶统治的年代	杨浪明、沈其益《中华自然科学社简史》	34
法西斯思想	杨浪明、沈其益《中华自然科学社简史》	34
反共大屠杀	黄琪翔《大革命洪流中的国民革命军第四军》	94
反共战线	赖惕安《李仙洲率部入鲁反共纪实》	40
反共反人民	萧作霖《复兴社述略》	11
反人民内战	范承枢《卢汉任云南省主席的经过》	86
反人民战争	陈士章《黄伯韬的起家和败亡》	21
反共反人民的内战	余心清《我所认识的冯玉祥》	107

续表

词语	文章	辑数
反人民的战争；非正义的战争	宋希濂《远征军在滇西的整训和反攻》	8
不义战争	陈长捷《天津抗拒人民解放战争的回忆》	13
非正义的反革命战争	王耀武《济南战役的回忆》	18
封建派系	陈长捷《天津抗拒人民解放战争的回忆》	13
民权政治	张治中《解放十年来活动点滴》	117
国统区	刘子英《中央军事慰劳团简介》	150
崇美、亲美、反苏、反共	江文汉《广学会是怎样一个机构》	43
“文化围剿”	谢天培《“新生活运动”见闻》	140
“反共抗俄”	张治中《解放十年来活动点滴》	117

六、历史话语和历史事件常用词表

词语	文章	辑数
原始社会	翁文灏《回顾往事》	80
奴隶社会	濮清泉《我所知道的陈独秀》	71
奴隶制度	翁文灏《回顾往事》	80
封建社会 资本主义社会	陈铭枢《“神州国光社”后半部史略》	87
封建制度	翁文灏《回顾往事》	80
封建时代	翁文灏《回顾往事》	80
前资本主义社会	濮清泉《中国托派的产生和灭亡》	71
帝国主义时代	严逸文《四十年买办生活回忆》	42
第一次国内革命战争时期	黄启汉《桂系及其反动的政治组织》	7
第二次国内革命战争时期	杨伯涛《陈诚军事集团发展史纪要》	57
五四运动	李维汉《回忆新民学会》	59
军阀混战	杨伯涛《陈诚军事集团发展史纪要》	57
革命战争	陈启銮《我的改造经过》	116
解放战争	陈启銮《我的改造经过》	116
辛亥革命	孙耀廷《伪满皇宫见闻琐记》	125
三大战役 辽沈战役	杜聿明《辽沈战役概述》	20
淮海战役	李以劻《淮海战役蒋军被歼概述》	21
北洋军阀	程思远《蒋桂新军阀战争的内幕》	60
南昌起义	原中国人民解放军军政大学编写组编写、中国人民解放军军事学院编写组修改《南昌起义》	56
秋收起义	原中国人民解放军军政大学编写组编写、中国人民解放军军事学院编写组修改《秋收起义》	56

续表

词语	文章	辑数
广州起义	何汉文《改组派回忆录》	17
绥远起义	王克俊《北平和平解放回忆录》	68
北平和平解放	董其武《绥远“九·一九”起义回顾》	69
西安事变	刘仲容遗稿《回忆我在桂系工作时的几件事》	73
大革命时期	黄晓东《大革命时期的司法改革》	78
人民解放战争	包尔汉《泛伊斯兰主义和泛土耳其主义在新疆的兴灭》	79
第五次“围剿”	王又庸《关于“新政学系”》	4
第五次反围剿	王耀武《阻截方志敏北上抗日先遣队战役的经过》	24
十月革命	濮清泉《中国托派的产生和灭亡》	71
苏维埃区	王耀武《阻截方志敏北上抗日先遣队战役的经过》	24
中华工农政府	陈铭枢《“神州国光社”后半部史略》	87
中央苏区	王耀武《阻截方志敏北上抗日先遣队战役的经过》	24
红色区域	吴研因《旧中国的小学语文教材》	140
老解放区	吴研因《旧中国的小学语文教材》	140
解放前	潘光旦《清华初期的学生生活》	31
解放后	张仲鲁《焦作工学院始末》	34
“五卅惨案”	江文汉《广学会是怎样一个机构》	43
“四·一二”反革命政变	余心清《我所认识的冯玉祥》	107
镇压反革命运动	刘念智《从抗日胜利到全国解放的刘鸿生》	68
抗美援朝	张治中《解放十年来活动点滴》	117
无产阶级文化大革命	《南昌起义》	56
新时期	董其武《绥远“九·一九”起义回顾》	69

七、中国社会常用词表

词语	文章	辑数
旧社会	周志俊《袁世凯帝制活动与粤皖系之争》	13
新社会	周志俊《袁世凯帝制活动与粤皖系之争》	13
旧中国	吴献琛《旧中国所谓“司法独立”三例》	78
中国半殖民地化	潘光旦《清华初期的学生生活》	31
半殖民地、半封建的旧中国	董其武《绥远“九·一九”起义回顾》	69
旧中国半封建半殖民的制度	黄启汉《桂系及其反动的政治组织》	7
半封建半殖民地	萧作霖《复兴社述略》	11
中国半殖民地半封建社会形态	沈日新《帝国主义利用上海钱庄进行经济侵略》	75
中国社会性质	濮清泉《中国托派的产生和灭亡》	71

续表

词语	文章	辑数
中国农村社会性质	冯和法《中国农村经济研究会漫忆》	84
中国社会的基本矛盾	李维汉《回忆新民学会》	59
北洋军阀政权	黄伯易《忆东南大学讲学时期的梁启超》	94
亲日派	黄伯易《忆东南大学讲学时期的梁启超》	94
亲美派	黄伯易《忆东南大学讲学时期的梁启超》	94
三座大山	董其武《绥远"九·一九"起义回顾》	69

八、国际关系常用词表

词语	文章	辑数
帝国主义路线	祝世康《关于国民党官僚资本的见闻》	11
英美帝国主义	费孝通《留英记》	31
帝国主义的头子	费孝通《留英记》	31
殖民统治	江文汉《广学会是怎样一个机构》	43
新殖民主义	费孝通《留英记》	31
西方殖民主义	学诚《邓小平称他为"我们国家一个最好的爱国者"》	154
西方帝国主义	许念晖《虞洽卿的一生》	15
帝国主义列强	资耀华《北洋时期货币紊乱情况见闻录》	75
日本军阀	王芸生、曹谷冰《1926 至 1949 的旧大公报》(续一)	26
侵华利益	王芸生、曹谷冰《1926 至 1949 的旧大公报》(续一)	26
在华代理人	王芸生、曹谷冰《1926 至 1949 的旧大公报》(续一)	26
国际黩武主义	王芸生、曹谷冰《1926 至 1949 的旧大公报》(续二)	27
民主大国	王芸生、曹谷冰《1926 至 1949 的旧大公报》(续二)	27
民主阵线	王芸生、曹谷冰《1926 至 1949 的旧大公报》(续二)	27
外国反动派	张治中《解放后十年来政治活动点滴》	118
帝国主义集团	张治中《解放十年来活动点滴》	117
国际主义	张治中《解放十年来活动点滴》	117
国际帝国主义	王芸生、曹谷冰《1926 至 1949 的旧大公报》	25
苏联为首的和平民主阵营	张治中《解放十年来活动点滴》	117
美国集团	张治中《解放十年来活动点滴》	117
美帝	黄伯易《忆东南大学讲学时期的梁启超》	94
美国主子	杜聿明《辽沈战役概述》	20
美国侵略家	王芸生、曹谷冰《英敛之时代的旧大公报》	9
美帝侵略军	廖耀湘、杜建时《我们所知道的关于美蒋勾结的内幕情况》	29
美国帝国主义	钱昌照《国民党政府资源委员会的始末》	15

续表

词语	文章	辑数
美国殖民主义政策	黄伯易《忆东南大学讲学时期的梁启超》	94
美国垄断资本家	赵冕《晏阳初和抗日战争时期的平教会》	43
美帝传道士	邓述堃《宋美龄——基督教——新生活运动》	93
美帝分子	江文汉《广学会是怎样一个机构》	43
军国主义	吴研因《旧中国的小学语文教材》	140
日本帝国主义	穆欣《统一战线胜利的一曲凯歌——记山西青年抗敌决死队第一纵队的产生和发展》	64
英帝国主义	包尔汉《泛伊斯兰主义和泛土耳其主义在新疆的兴灭》	79
英、日、法帝	黄伯易《忆东南大学讲学时期的梁启超》	94
泛伊斯兰主义	包尔汉《泛伊斯兰主义和泛土耳其主义在新疆的兴灭》	79
泛土耳其主义	包尔汉《泛伊斯兰主义和泛土耳其主义在新疆的兴灭》	79
殖民地	包尔汉《泛伊斯兰主义和泛土耳其主义在新疆的兴灭》	79
帝国主义经济压迫	杨桂和《陈光甫与上海银行》	23
亲美、崇美和恐美	江文汉《基督教青年会在中国》	19
美蒋反动势力	江文汉《广学会是怎样一个机构》	43
文化侵略	江文汉《基督教青年会在中国》	19
经济侵略	张仲鲁《焦作工学院始末》	34
精神麻醉	江文汉《基督教青年会在中国》	19
帝国主义分子	江文汉《广学会是怎样一个机构》	43
帝国主义老板	费孝通《留英记》	31
英美资产阶级	费孝通《留英记》	31
民族主义国家	张治中《解放十年来活动点滴》	117
老牌殖民主义者	费孝通《留英记》	31
殖民政策	费孝通《留英记》	31
殖民主义	费孝通《留英记》	31
殖民主义教育	黄伯易《忆东南大学讲学时期的梁启超》	94
半殖民地教育	潘光旦《清华初期的学生生活》	31

第五章　词语表

一、解题

（一）思路说明

思维虽然自由地流淌，但并非毫无踪迹可寻。我们可以通过辨析和确认分布在思维轨迹中的各个关节点来描绘出思维的整体轮廓。词语（特别是关键词、常用词、基本词）就如同思维轨迹上的定位点。一旦清理出历史文本的核心词语，我们对这种历史文本的基本价值倾向也就有了一个最准确的体认。所以，决定一篇（部）历史文本的思想风格和价值立场的并不是对史实的叙述和考证，而是对词语的选择和使用。①

由于《文史资料选辑》的高度格式化，使得我们有机会通过各种详细的表格形式来直观展示出文史资料的一般话语特征。其中，词语表更是将此推进到了一个更加深入的微观层次。词语表的分类和排列就像是一种高强度的填空练习。通过对《文史资料选辑》中词语的统计和搜集，一种具有规范效力的史料填空格式就此得以建立。人们可以根据自己所要编写的不同内容和对象，来将其时间、地点、人物等基本史料要素填入词语所组成的括号中，从而自动编写出一篇篇立场鲜明、观点正确、文字地道、描写生动、修辞准确的合格史料。显然，这是一种近乎程序化的流水作业。应该说，文史资料的格式化已经发展得相当成熟和有效，这使得它在一些至为关键的层面和环节上确实具备了流程作业的必要条件和充分效果。

① 罗兰·巴尔特说，历史陈述与任何其他陈述一样可被分为'存在项'（实体或主题）和'发生项'（属性或主题）。经过初步考察，其中每一个似乎都是一个相对封闭的（因此就是可限制的）项目表或'集合'，它的项目总会重现，虽然不言而喻地是通过各种不同的组合的方式。例如在希罗多德的作品中，存在项的项目表仅包括王朝、君主、将帅、士兵、平民和场所等，而发生项则限于劫掠、征服、联盟、远征、乞灵等等活动。由于这些集合是（相对）有限的，它们必须服从替换和转换规则，也必定有可能被赋予结构——这一工作对于某些历史学家自然比其他历史学家来得更为容易一些。希罗多德作品中的单位大部分由军事词汇组成；或许值得探讨一下，近代历史学家在何种程度上需要更复杂的词语组合。（巴尔特著，李幼燕译：《符号学原理——结构主义文学理论文选》第55页，三联书店，1988年）这里的"存在项"即名词，"发生项"即动词。不用多说，我的关注点显然与其不同。

《文史资料选辑》中的词语统计显示,某种意义上,文史资料写作更像一种训练有素的词语造句过程。要想知道文史资料写了什么,就需要首先了解文史资料都是用哪些词语来造句的。这样,好词和坏词的区分和统计就具有了异乎寻常的关键性。一般而言,好词组成的好话自然中听,坏词组成的坏话必定难听。简言之,好词造好句,坏词造坏句。当用一大堆好词造句时,你不可能把某件事情或某个人写得很糟糕;反之,当用一大堆坏词造句时,你也不可能把某件事情或某个人写得很漂亮。这意味着,词语的褒贬性质内在决定了人们撰写史料的政治立场和价值判断。当然,事情也可能反过来,人们的政治立场和价值判断事先决定了他会选择和使用哪些相应的褒贬词语。其实,二者完全可以互动。至少从阅读史料的角度看,词语的褒贬性质与其所描写的对象好坏显然存在着直接的对应关系,而且这种对应关系具有整体的结构性。

如果将《文史资料选辑》的词语统计与文本分析乃至与文史制度联系起来,当会对词语统计在整个文史资料的文本分析中所显示出来的特殊感性功能有一个更为深切和直观的认知,同时也会对文史资料体制与实践的综合效应获得一种更为通贯和深邃的理解。

以机器为喻:制度与实践属于机器的制造原理、内部结构、运行状态、功能效果,文本与格式属于产品的质量、性能以及原料。其中,词语分析属于更进一步地鉴定原料成分和产地来源。换言之,文本分析是结构分析和功能分析,词语分析是零件拆卸和材料鉴别。不过,也可以把词语分析理解为拆机器、卸零件。因为,弄清了机器的零件组装,自然也就明白了机器的结构功能。

还可一喻:文本和格式分析如同解剖人体结构和器官,词语统计则如同检查人体微细血管和皮肤,甚至类似验血。因为词语是皮肤,是血液。合而观之,即便删去了文本格式中的所有“穿鞋戴帽”式的文字,似乎不影响史料的主干内容的继续存在。就好比,切除了人体的某个器官,并不妨碍人的生命一般。但如果通篇史料都是用某种特制的八股词语写成的,一旦换掉所有这些八股词语,这篇史料还是史料吗?还是原来的史料吗?这就如同,对一个人做了全身皮肤移植,这个人的身体还是他的身体吗?他还是他吗?

再可一喻:词语就像铁路的铁轨。一旦确定了铁轨的走向和方位,也就可以确认火车的方向和去处。所以,尽管路和车不是一回事,但二者关系之密切,充满着路对车之决定性。基于此,辨析词语虽然不完全等于分析内容,但实际上对一般性的主题分析更具优先性和根本性。因为,词语与主题不是形式与内容的关系,而是铁轨与火车的关系。

在这个意义上,词汇作为文章的基本单位,对文章构成了一种整体的定位作用。每个词汇就像是一个点,把一个个点连接起来,一种描写的轮廓就大体呈现出来了。这种轮廓既有事件，也有人物，还有政治、经济制度和社会现象，同时还包括对这些复杂事物的明确评价。即便不知道所写的具体内容，但把这些相关词汇铺陈起来，也能直观看出描写对象的大体模样。也就是说，这些词汇的系列组合就决定了能把对象写成什么样子，也决定了只能把对象写成什么样子。在这个意义上，文史资料的关键词和常用词的选择性偏好，对史料的描述风格和评价立场具有整体的决定性，即词语决定史料。这意味着，通过对文史资料的关键词和常用词的统计性处理，就能对史料的思想态度和政治倾向有一个清晰而准确的直观了解。

（二）凡例说明

1. 词语来源的选择范围既非十分刻意，亦非完全随意。随机中亦有其平衡考虑。

2. 词语来源有政治、经济、军事、文化方面的文章，还有“革命史”和“解放后”的史料。

3. 关键词和常用词似乎应该有所区分，但未作生硬分别。

4. 某些出现频率很高的高频词，如果在同一个专题，不做重复统计，只做一次性列出。

5. 有些词汇可用于正反两面或国共两党，则并列。

6. 名词中的一些人名，如是中共人员，必尊以官称（“领袖”“同志”“元帅”“将军”），或冠以官衔（当时职务或后来职务）；至于中共内部斗争的失利者（“错误路线代表”或“反党集团成员”等），均直呼其名；反派人员（军阀、反动党团、国民党等），一律直呼其名；至于亲共人士（国民党中的“左派”“爱国将领”以及“民主爱国名士”等），大多尊称“先生”或“将军”。凡诸此类，除个别者外（如人名前特加某种限定修饰词，或单列姓氏），一般不作名词列出。

7. 词汇为主，短语为辅。

8. 考虑到意思的完整，收入少量句子。

9. 本表中所谓名词、动词、形容词之分类与通常语法界定颇有出入，主要根据本书整体思路而略作调整。

10. 有些词既是名词，又是动词；或既是动词，又是形容词；或既是形容词，又是名词。凡诸此类，只取一项，不重复列出。

11. 有些两个字的中性词构成为四个字的合成词时，就有了明显的褒贬含义，一般作为褒贬词列出。

12. 有些中性词由于只用于反派，故多列为贬义词。

13. 对词性的双重分类（名、动、形和褒、贬、中），主要根据词语统计的基本意图和文史资料的具体语境两个相关因素而定。

14. 选取褒义词和贬义词的标准，主要是语用学的，而非语法学的。换言之，这里的褒贬分类并不完全遵守习惯性划分，而是具体针对描述对象而定。比如，“讨蒋”可以看作中性词，但用于蒋介石身上就是贬义，而在文史资料中却又具有明显褒义，故列入褒义词。又如，“归案伏法”一般不能算是贬义词，但它只能用于“坏人”或“反派”人物身上，故而只能被列入贬义词。再如，“公审”这类词，在官方语境中属于褒义词，只能用于三种情况，“好人”作为主动者，“坏人”作为被动者，“好人”作为主动者与“坏人”作为被动者同时出现。它不能单独用于描述“坏人”本身的行动，将其归类于描述“坏人”的任何一类词都不合适，故不选。

15. 有些褒义动词用于反派人物身上时，多作被动使用，但前后又没有相应的被动字眼，为避免混淆，均不列。

16. 有些贬义动词用于正派人物身上时，多作被动使用，但前后又没有相应的被动字眼，为避免混淆，均不列。

17. 有些词本是好词或中性词，但用于“坏人”“坏事”则往往加上引号。这样，描写“坏人”“坏事”时的这类加引号的好词或中性词，就无法归类。既不能算是正常好词，也不能算是坏词，甚至不能算是中性词，故不列。

18. 带有修辞色彩的引号，由于改变了基本词义，既不能按照原来词义归类，也不好依照文本词义归类。所以，一律不做统计。

19. 如果不是整个词带引号，而只是部分文字带引号，则列入。

20. 有些词本是中性词，但按照文史资料的官话习惯，用于“坏人”“坏事”多有明显贬义，这类词可以列入贬义词。反之，用于“好人”“好事”且多有褒义，即可列入褒义词。

21. 文章中作为原始文献引文（文件、档案、电文、报刊、日记等），或概括引文的词语不计入。

22. 对话中的词语比较复杂。正面人物嘴里形容中共的言辞自然都是好词甚至大词①，形容反派的言辞也自然都是坏词。反面人物嘴里形容中共的坏词自然不能当真，形容反派自己的好词自然更不好当真。至于反派人物骂自己的话语，究竟有几分真实，更是难以确认和凿实。如果对话一字不差地出自当事人之口，那就与作者无关，不能当作作者的描写文字看待。如果对话出于作者之手，但由于其中编造之处乃至虚构之笔甚多，比如，国军对话中凡提及“共匪”多有引号，或者“共‘匪’”，还有对国军形容共军战术特点的固定术语“‘人海’战术”等也

---

① 比如，“向党保证”“战胜敌人”“革命斗争”“艰苦的阶段”“革命真理”“从实际出发”“指导革命斗争”等。（原中国人民解放军军政大学编写组编写、中国人民解放军军事学院编写组修改《南昌起义》，《文史资料选辑》第56辑，中华书局，1978年）

必加引号①。又如,作者有时还根据需要轻率修改对话②。凡此之类,使得至少在形式上不能把对话直接看作作者描写当事人的文字。考虑到这诸多复杂情况,对话中使用的词汇大多没有列出。

23. 不带引号的对话、不带引号的转述性话语,以及各种心理活动,还有表示观点、看法、推测的一些常用词汇,比如,“我想”“幻想”“认为”“相信”“感到”“觉得”“宣称”“说”“恨”“如果”“捏造”“知道”“根据”“希望”“劝告”“告知”“转告”“告诉”“号召”“要求”“要”“称赞”“反对”“指出”“决定”“明知”“保证”等等,凡此类文字中的词语,一般不列出。但也不是绝对不收,酌情考虑。

(三) 词语出处

所选词语的出处主要为《文史资料选辑》第1—3辑中的文章,以及如下几篇:

《关于国民党官僚资本的见闻》(第11辑)

《民生公司概述》(第12辑)

《国民党政府资源委员会的始末》(第15辑)

《虞洽卿的一生》(第15辑)

《黄维第十二兵团被歼记》(第21辑)

《淮海战役始末》(第21辑)

《淮海战役蒋军被歼概述》(第21辑)

《淮海战役期间蒋军统帅部的争吵和决策》(第21辑)

《留英记》(第31辑)

《广学会是怎样一个机构》(第43辑)

《晏阳初和抗日战争时期的平教会》(第43辑)

《南昌起义》(第56辑)

《秋收起义》(第56辑)

《追忆李宗仁归来》(第140辑)

《第一次夺得世界速滑冠军》(第151辑)

《我经历的对毛泽东治丧活动的广播宣传报道》(第152辑)

《邓小平称他为“我们国家一个最好的爱国者”》(154辑)

《记甘丹寺的民主改革》(154辑)

《迷途幡然悟新生——一位参与叛乱的噶伦忆往》(154辑)

---

① 李以劻:《淮海战役蒋军被歼概述》,《文史资料选辑》第21辑,中华书局,1981年第2版。

② 李以劻《淮海战役蒋军被歼概述》一文所写李延年之语,1981年第2版与1961年第1版相比,就有些出入。旧版说,“鞠躬尽瘁,死而后已,有什么可说的,围是解不了的。”新版说,“鞠躬尽瘁,死而后已,要我看啊,围是解不了的。”另外,新版还做了一些关键性删改,第39页删掉旧版中“主要是放毒”一语。

二、旧社会

（一）词汇

词性	名词	动词	形容词
褒义词	贫苦大众；公愤；革命意识；积极分子；成绩；无产阶级；维新变法运动；农民积极性；全国人民；我国人民；维新派人士；义和团；反帝觉悟；反帝爱国；五四运动；爱国活动	鼓励；羡慕；满意；抗议	愤怒；义愤；乐于；乐意；幸运；无可比拟；群情愤激；抵制日货；刮目相视；刻苦积蓄；一心一意；针锋相对；蓬勃展开；轰轰烈烈；消除外患；救亡图存；忠勇爱国；团结一致；共同抗日；非常气愤
贬义词	包袱；傀儡；恶例；恶迹；权贵；大买办；旧中国；坏影响；洋翰林；土翰林；达官贵人；小恩惠；野心家；当权者；大地主；剥削机会；封建军阀；买办势力；剥削阶级；帝国主义；惨重损失；十里洋场；鬼子之国；雇佣观点；买办资产阶级；帝国主义代理人；半封建半殖民地	不满；侵略；把持；扶植；崇美；亲美；吓倒；敷衍；贿选；辱骂；寻殴；鼓噪；破坏；威胁；勾结；阴谋；排外；害怕	很坏；苦闷；肤浅；黑暗；悍然；腐败；政治不良；受制于人；串通一气；铸成大错；甘于媚外；根本不懂；糊涂颠倒；大感恐慌；痛苦加深；纸醉金迷；神气十足；唯唯诺诺；倚仗洋势；态度生硬；欺凌备至；严重威胁；官运亨通；勾心斗角；丑态百出；农村破产；城市萧条；极为反动；沾沾自喜；卑劣无耻；蓄意捣乱；岌岌可危；花样甚多；阻挠革命；阴谋暴动；一蹶不振；战乱频仍；民穷财尽；贫穷落后

（二）习惯用语

短语	短句
空前的大劫；失业的威胁；昏庸的清政府；没有保障；掏腰包；学而优则仕；有官可当；群焉趋之；满足不了；挂着……招牌；很讲人情；非法解散；被迫解散；沦为殖民地；中国共产党的成立；中国教徒的进步倾向；大资本的利益	坐视权利丧失；不禁张皇失措；资本主义的玩意儿；沾不着官费之光；大做其留学美梦；捍卫资本主义；为资产阶级服务；被帝国主义所利用；精神很不振作；把自己的灵魂押给了魔鬼；金钱酒食拉拢；资产阶级的宪政；妄想恢复大地主、大买办资产阶级的统治；大地主、大买办资产阶级的反动势力；国民革命军北伐；装得毕恭毕敬；装作很忙；搞好和外国人的关系；彼此间缺乏团结；生活异常困难；拥护土地改革

三、资产阶级

（一）词汇

词性	名词	动词	形容词
褒义词	恩人；功绩；中坚人物；成绩；新兴企业家；魄力；威信	统一；胜利；立志；关怀；立功；帮助	生死患难；青云直上；刻苦自学；剔除积弊；合理利用；精心研究；服务周到；态度和蔼；实干苦干；巧妙；壮大实力；坚持奋斗；兼收并蓄；忠心耿耿；勤俭小心；年少翩翩；心灵手敏；大力推广；挺身而出；刮目相看；兴旺；力持异议；十分关怀；白手起家；老实；慷慨；名副其实；依依惜别；和衷共济
贬义词	把戏；横财；买办；经纪人；流氓头子；野心；投机风波；反动政权；骗局；亲美路线；官僚资本家；肥肉；赃物；替死鬼；亲信；生意经；私营资本主义；崇洋心理；买办阶级；和事佬；两面手法；政治投机；头面人物；主子；之流；豪门巨室；应声虫；爪牙；裙带关系；西洋镜；流氓手段；米蛀虫；资产阶级立场；臭名气；头面人物；投机事业；末路；悭吝鬼；走狗；中外反动派；经济投机	玩弄；逃往；侵蚀；勾结；投机；告发；自命；拉拢；亲日；亲美；掠夺；垄断；独占；攫取；骗取；搜刮；贬低；舞弊；败露；搞垮；垮台；排斥；垂涎；报复；要挟；恶意；压迫；拖延；把持；标榜；破坏；腐败；赔本；伺候；升官；发财；拼凑；炫耀；指使；贪图；诬蔑；奚落；嘲笑；失败；捧场；扶植；搪塞；诈骗；破产；暴露；争产；闹翻；侵占；崇洋；畏洋	唯利是图；穷相毕露；从中渔利；魂不附体；心惊胆战；腰缠万贯；洋洋自得；洋奴派头；声势烜赫；炙手可热；掀风作浪；诡计多端；声名狼藉；百般奉迎；冤家路窄；浑水捞鱼；垂涎已久；敲骨吸髓；官运亨通；装模作样；躲躲闪闪；妄想发财；互相推诿；扯破面皮；伪装好人；无恶不作；费尽心机；极力周旋；巧立名目；机构臃肿；贪污腐化；风雨飘摇；朝不保夕；托庇外人；自惭形秽；善于玩弄；口口声声；借以欺骗；口出大言；独揽大权；舞弊营私；玩弄手段；钻孔觅缝；债台高筑；移东补西；不择手段；丧心病狂；层层剥削；负债累累；濒于破产；避重就轻；开脱罪责；偷天换日；落井下石；翻云覆雨；面面讨好；欺人之谈；诚惶诚恐；卷土重来；勾结成功；素有勾搭；债台高筑；装腔作势；破口大骂；纠缠不休；穷极无聊；走投无路；一毛不拔；借题发挥；无计可施；名利双收；假公济私；争权夺宠；待价而沽；损人利己；丧尽良心；遗臭万年；投机取巧；攀附洋人；怨声载道；臭名远扬；赤裸裸

（二）习惯用语

短语	短句
投资经营；博得……欢心；时刻记着；深得……欢心；颇有成绩；经营不善；关系密切；帮助极大；非常精通；故示清高；开门复业；立了……大功；取得联系；极大反感；败下阵来；当场表示；商讨对策；一致反对；一再交涉；颇有势力；故作难色；取得贷款；债务周转；人弃我取；不幸事故；亲往慰问；出主意；趁此机会；借款妙法；收取利润；无法竞争；拨款救济；大大提高；发表演说；化大为小；极端仇视；严重警告；洗手不干；感到头痛；牺牲民族利益；获得厚利；眼前利益；出面调解；泼冷水；非常不满；切身利益；继续力争；和平遣散；利用……名义；典型的买办资产阶级；同一鼻孔出气；势所必然；变化多端；置身无地；幕后活动；郁郁不得意；起而代之；宣布无效；亲临监选；唱对台戏；搭上了；有所顾虑；改变主意；没有把握；热闹异常；最走红运；野心过大；架子大；底子薄；赔笑脸；利上加利；愈滚愈深；无法应付；看不过意；预先知道；出重价；置之不理；无力维持；一再展期；捞不到；一线希望；不便拒绝；大打官腔；不能过问；大做生意；大发国难财；无法干涉；一本万利；集中支配；大获其利；不热心；发表意见；陷于冷场；打开僵局；一举数得；瞒不过；放过机会；利益均沾；发生矛盾；个中底细；遍传一时；陷于荆棘；下决心；不可避免；动脑筋；拒不分肥；调解了事；亲自押车；物价更涨；非常恶劣；托词未至；待不下去；悄悄溜回；极刻薄；勾搭上；企图分化；大赚其钱；瘪三样子；不开胃；眼中钉；无法解决；一口答应；听候处理；不买……账；联孔倒宋；改变策略；走漏消息；闹得很大；表示同意；极力主张；未能得手；硬要收买；强迫买去；想尽办法；恶性的通货膨胀；物价的飞腾；获利甚厚；改进经营；减轻成本；大鱼吃小鱼；劝其合并；不被歧视；艰苦的斗争；兜揽货运；不断发展；力量日大；顾客欢迎；客运猛增；极有利；值得称道；积累资本；并无二致；囤积物资；积累资金；影响税收；从事军运；拉上关系；一度繁荣；虚假的现象；极不平衡；寅支卯粮；不论好歹；十分严重；无情镇压；高明一点；机构庞大；财务混乱；事故多；濒于破产；资本厚；经营得好	为帝国主义服务；替洋人服务；工于逢迎之术；进行个人活动；走上发展的道路；鹬蚌相争，渔人获利；为帝国主义效劳；与帝国主义者的共同的语言；不会站到人民方面来的；并不因此而激发天良，与人民站在一条战线上；与帝国主义妥协；不能有所作为；为洋人帮腔；没有搞出什么名堂；欠下一身的债；被债务逼得更紧；不指望成功；开展救济工作；难以开展业务；披着慈善家的外衣；做着米蛀虫的勾当；发了国难财；吃不饱，饿不死；买办资产阶级是中国人民的三大敌人之一；帝国主义、封建主义、买办资产阶级的三位一体；与人民为敌；秉承帝国主义意旨；跟着蒋介石走；投入西方帝国主义的怀抱；算盘打得极精；算盘打得并不高明；装得简单朴素；并不豪华阔绰；一人得道，鸡犬升天；改善经营管理；卖了不少力气；有苦无处诉；被鼓动拉拢；为国民党政府服务；经济状况愈形恶劣；剥削也愈残酷；生活也就越来越苦；工人兄弟政治觉悟日益提高；罢工浪潮不断兴起；勾结反动统治

四、反派人物①

（一）词汇

词性	名词	动词	形容词
褒义词	顽强之敌；大捷；信仰；平民教育运动；成绩；新成就	反击；歼灭；反蒋；击溃；创造局面；敬仰；爱慕；上进；不愧；帮助；兴起；创造；牺牲	乘胜追击；主张公论；健在；精神旺盛；愤慨；一表人才；融洽；启蒙教育；非常亲密；感到羞惭；真相大白
贬义词	政治野心；独裁统治；毒手；非正义之战；旧官僚；封建剥削；大地主；封建统治；忠实走狗；恶名；残余；奴才；袁皇帝；阴谋活动；阴谋诡计；投降活动；暗流；汉奸；骗局；死对头；种种劣迹；皇帝瘾；余孽；专制独裁；错误主张；怯懦心理；反党集团；罪恶活动；严重错误；反动立场；严重危害；大屠杀；屠刀；屠杀政策；杀人魔王；疯狗；极左口号；军事冒险主义；错误意见；叛徒；卖国贼；黑词；反革命政变；反革命政治纲领；罪恶目的；历史垃圾堆；反革命阴谋；动摇分子；军阀主义；恶劣作风；杀人不眨眼的魔王；交际花；反动政权；反动的改良主义；虚名；心腹；劫难；谣言；政治谣言；政治企图；“四人帮”；资产阶级性质；右倾机会主义路线头子；统治集团内部矛盾	得逞；扩张；企图；潜逃；腐败；投降；欺骗；拉拢；笼络；卖命；残害；敷衍；逃跑；被击毙；逃窜；奸淫；抢掠；烧杀；吓跑；溃退；进犯；勾结；破灭；奸污；溃散；怨恨；大骂；慑于；霸住；溃败；讨价；骗取；玩惯；诱惑；恐吓；威吓；屠杀；窃夺；自封；打内战；忌恨；报复；篡夺；沉沦；告密；混在；妄图；溜掉；干扰；美化；胡说；篡改；吹捧；诬蔑；架空；收买；剥削；压迫；堕落；混入；顽抗；摧残；迫害；吞并；破坏；鼓吹；冒险；投靠；炮制；胡诌；捏造；狂叫；蓄意；歪曲；胡说；颠覆；复辟；逃奔；标榜；卖力；兜售；合流；勾搭；捧场；诬蔑；诬陷；抹黑；栽赃；叛逃	前途茫茫；毕恭毕顺；维持面子；不敢暴露；人心惶惶；恐怖；唯唯诺诺；残忍；吓呆；效忠卖命；畏怯怕死；临阵潜逃；畏罪潜逃；望风奔溃；四散逃窜；处处挨打；慌乱逃窜；溃不成军；陷于混乱；狼狈溃退；名分不正；违反人心；军纪废弛；大肆屠杀；盗权窃柄；媚外祸国；举国共弃；首鼠两端；盗国称帝；窃国称帝；仓皇逃逸；俯首就降；煽动人心；十分狼狈；弃枪逃命；疲于奔命；镇压起义；漏网逃脱；乱成一团；争相逃命；军纪败坏；惨败；拼命顽抗；溃败混乱；无恶不作；自食其果；惊魂落魄；哀求停战；凶暴之敌；将骄卒惰；惧怕；不敢轻视；背叛革命；军队腐败；士气不振；破坏起义；可笑可叹；不敢施救；乘机叛变；多疑；精疲力竭；不敢进攻；投机取巧；老奸巨猾；举起双手；反动；节节溃败；虚伪；大势已去；明争暗斗；暗中操纵；做官发财；不顾全局；可耻；无耻；蒙在鼓里；恼羞成怒；黄袍加身；蓄谋叛变；顽固；喧嚣一时；无理纠缠；互相勾结；妄图否定；恶毒攻击；篡党夺权；走投无路；蛮横；血雨腥风；摧残一空；反动倒算；残酷；叫苦不迭；阴谋投敌；罪大恶极；蛆虫般的；胆怯；百般迫害；见势不妙；仓皇逃窜；狼狈逃窜；不能得逞；慌忙逃走；惊弓之鸟；四处逃窜；罪大恶极；野蛮；罪恶累累；民愤极大；负隅顽抗；归案伏法；卑鄙无耻；疯狂篡改；丧心病狂；恬不知耻；涂脂抹粉；抵赖罪行；公然造谣；伪造历史；反攻倒算；嚣张；竭力抹杀；公然反对；公开抛出；狼子野心；打骂士兵；侮辱士兵；大捞一把；公然；专门拉拢；自命“清高”；作呕；亲美；独吞一切；大肆宣传；讳莫如深；分崩离析；貌合神离；最得意；秘密策划；捐钱能手；计划得逞；造谣诬蔑；纯属捏造；颐指气使；独断专行；迫不及待

① 反派人物包括政客、特务、汉奸、野心家、投机分子、思想落后分子、意志薄弱者、资产阶级知识分子、叛徒、中共内部的错误路线执行者、反党集团分子等。

（二）习惯用语[①]

短语	短句
岂容抵赖；没有得逞；思想相当混乱；开了小差；不领导群众；被我俘获；搞什么；勾结蒋介石；显得有气派；承蒙……不弃；拜倒石榴裙下；勾结美帝国主义；死伤极其惨重；恨极了；日益尖锐化；岂能得逞；掀起……妖风；暴露……叛徒嘴脸；家长式的统治；投降主义命令；有力的批判；复辟资本主义；应有的惩罚；反动的统治；垂死的命运	在洋人面前讲话有分量；终于吐血死去；没有什么威信；没有什么花样可翻；反动的所谓乡村建设运动；真是卑劣之极；费尽了心机；表面上的强大；同我军为敌；玩了一手阴谋；气氛很令人恐怖；与全国人民为敌；被我完全击溃；荼毒人民，甚于毒蛇猛兽，人民恨之入骨；天罗地网，无处可逃；只知一味盲目地顺从；表示很诚恳的样子；葫芦里卖的什么药；态度很严峻；激起全国人的反对；阴谋不得逞；暴露了反共的面目；面子不好看；被迫取消帝制；坚决反对北洋军阀；不畏北洋军阀；始终保全信誉；部分动机不纯；煽惑瓦解军心

五、晚清局势

（一）词汇

词性	名词	动词	形容词
褒义词	榜样；奇迹；胜利；反抗运动；人民大众；革命种子；中国人民大众；新兴知识分子	雪耻；反抗；鼓励；揭穿	反抗侵略；收回权利；向前发展；破除困难
贬义词	官派；大官；罪恶；利禄；闭关政策；腐败政治	失势；压迫；厌恶；投降；诡称；谢罪	腐朽；贪暴；无能；惊慌；强邻逼处；国势危弱；草木皆兵；狼狈逃回；计穷力竭；丧权辱国

（二）习惯用语

短语	短句
强烈的反抗；有胆识；有魄力；有策略；有计划；有手段；有方法；很有力	替中国争了一口气

① 词汇多少还有些褒义词，短语和短句则几无褒义性词句。

六、军阀

（一）词汇

词性	名词	动词	形容词
褒义词	旗帜；理想；劲敌；辛亥起义；武昌首义；黄金时代；反满民族革命	前进；敦睦；统一；击毙；树立；优待；献给；反蒋；领导；称雄	平易近人；名不虚传；勇敢善战；前赴后继；一举歼灭；纵横捭阖；表示忠诚；体贴入微；立功赎罪；戴罪立功；毅然反蒋；折冲樽俎；支持抗战；先礼后兵；宣传攻势；和平解决；万般忍耐；精力充沛；乐予相助；大喜；娴熟；奋勇；严肃；顽强；熟练；坚定；有主见
贬义词	大军阀；头子；野心；权臣；君主专制；左右亲昵；之流；枭雄；党羽；国民公敌；封建思想；军阀部队；右派头目；傀儡；罪人；北京反动政府；残敌；反动派；叛逆；北洋军阀；地盘；叛军；阴谋；买办资本家集团势力；两面派；特权；阴谋野心；无耻行为；国民党内右派分子；反动势力；叛乱分子；买办资本家集团；灾祸；巢穴；反动活动；叛乱之心；反动头目；叛乱计划；叛乱事件；叛乱历史；残部；国民党统治时期；封建主；红人；亲信；统治者；败类；官僚文人；右派议员；花样；落后人物；落后文人；反动政策；残酷战争；匪军；暴行；奸计；政客文人；血债；官僚政客；迷信；狼狈相；反动统治政权；反革命；美梦；两面手法；旧社会；残余势力；小朝廷；丧家狗；漏网鱼；老巢；罪犯；祸首；心腹；丑剧；猪仔议员；溃兵；宝座；卖国活动；卖国政策；走狗；不抵抗政策	乘机；企图；骚扰；大骂；倒戈；溃退；笼络；诱骗；愤慨；得逞；威吓；复辟；恫吓；鼓吹；交欢；趋附；推诿；作祟；趋承；专擅；欺骗；把持；阻挠；破坏；腐败；敌视；盘踞；颠覆；叛乱；割据；勾结；骗取；暴露；胁迫；玩弄；顽抗；逃走；叛变；窃据；奔逃；扼杀；仇恨；包庇；乘隙；霸占；侵入；煽动；背叛；投降；染指；笼络；恐吓；鬼混；溜回；入侵；逃窜；溃败；压迫；镇压；出卖；投靠；不满；报复；拉拢；剥削；暴政；收买；威吓；吹嘘；逃回；豢养；统治；作恶；溃散；蹂躏；威胁；崩溃；践踏；侮辱；潜逃；敷衍；败耗；败坏；乞援；扫荡；违法；篡党；挑衅；伪装；垮台；讨好；假意；逼请；祖护；阻挠；逃亡；侵入；独霸；盘算；侵略；侥幸；诬赖；迫害；残杀；勾搭；挑拨；作乱；毁谤；煽动；专横；排挤；逼宫；贿选；受贿；寻衅；败退；妄图；扶植；榨取；横行；争权利；抢地盘；倒了台；相勾结；大屠杀；告了密	祸乱；毒辣；恐惧；慌张；落后；黑暗；苛刻；残酷；无耻；孤立；哀叫；跋扈；大溃；仓皇；傲慢；嚣张；恶感；混乱；难堪；下马威；勾勾搭搭；嫖赌玩乐；栗栗自危；意图取巧；受宠若惊；拉拢备至；穷困万状；反复无常；盛气凌之；陷于孤立；不可一世；素性刚愎；趋炎附势；伪造民意；迎合图荣；野心极大；帝制自为；违反约法；自掘坟墓；死气沉沉；克扣军饷；剥削人民；贪图私利；贻害苍生；骄兵悍将；争夺地盘；拥兵自大；骄横跋扈；阳奉阴违；破坏革命；私贩军火；获取暴利；暗中利用；得意忘形；兴风作浪；武装叛变；趁火打劫；抢劫一空；忘恩负义；仍不悔悟；气势汹汹；狼狈逃窜；倾巢来犯；一哄而散；无所顾忌；逃命不及；溃不成军；缴械投降；四散逃窜；卷土重来；乘虚入侵；妄冀非分；擅自称尊；不自悔悟；假借名义；祸国叛党；狼狈溃退；钻营奔走；投机取巧；谎报军情；杀人如麻；倒行逆施；趁火打劫；做官发财；保守落后；剪除异己；乌合之众；人心惶惶；不知所措；升官发财；大肆屠杀；谣诼繁兴；奸淫烧杀；诚惶诚恐；罪该万死；语无伦次；军阀末路；多行不义；暴尸泄愤；一毛不拔；欺压良善；剥削农民；大言不惭；军无斗志；民有怨心；莠言乱政；假借神权；调度乖方；传为笑柄；盛气相凌；败耗频来；人心震恐；市面撼摇；糜烂崩溃；百孔千疮；民不堪命；疑惧满怀；失地丧师；临阵畏缩；推卸责任；惊慌失措；留恋老巢；专恣跋扈；各自为政；榨压人民；无拳无勇；患得患失；飞黄腾达；官运亨通；卖官鬻爵；扩大地盘；坐以待亡；争权夺利；寡廉鲜耻；逐级分肥；分崩离析；意志涣散；大势已去；明争暗斗；心怀不满；轻举妄动；秘密勾结；凶多吉少；颠倒是非；残酷迫害；血腥镇压；连吵带骂；吞扣军饷；任用私人；贻误战机；图谋不轨；发动叛变；心惊胆战；专横恣睢；各谋权利；人心涣散；专横祸国；占为己有；同床异梦；嗜欲日滋；党争时起；挑拨离间；谣言风起；笼络人心；虚构罪状；选举纳贿；军阀淫威；军阀混战；迄无宁日；军阀恣睢；仓皇溃逃；全军覆没；土崩瓦解；一蹶不振；缴械投降；充满仇恨；罪魁祸首；残酷镇压；黄粱美梦；招摇撞骗；有利可图；拖延应付；不肯合作；混战不停；狰狞面目；乌烟瘴气；怀恨在心

（二）习惯用语

短语	短句
守敌顽强；严重的挫败；剥去……面皮；以资报复；挟……以自重；左右亲昵之人；死伤……惨重；坐山观虎斗；坐收渔人之利；从不计较；陕西人民的血汗；残酷的屠杀；失败而告终；只身逃往；如入无人之境；惨重的灾难；陕西人民的愤怒；印象很好；人缘极坏；放声大哭；大举……进攻；不附己；活动升任……职位；无情的嘲弄；虚伪的周旋；欲拒不敢；欲从不愿；博得……好感；满脑子的封建迷信思想；抗日的幌子；致命的打击；丧失了信心；出师北伐；反共的功臣；自负很高；表示亲切；不可多得的人才；操纵大选	投降帝国主义；形势十分紧张；并无深究之意；自负战功甚高；一鼻孔出气；帝制正嚣尘上；假革命之名；行割据之实；推翻革命政府；建立反动政权；岌岌不可终日；表示艰苦朴素；散布失败谣言；假借抗日旗帜；争取舆论同情；痛骂蒋介石；参加大革命；表面上大家谈得很融洽；叛变罪伏法；廉耻荡然殆尽

七、国民党

（一）词汇

词性	名词	动词	形容词
褒义词	革新派；领导；长处；优势；本领；革新力量；雄厚资力；人民血汗；爱国精神	高涨；打垮；歼灭；谴责；合作；迎击；帮助；反抗；声讨；讨蒋；平定；抵抗；击溃；坚守；赞成；警告；誓师北伐	郑重其事；忠心耿耿；打得大败；大显身手；胜利进军；训练颇好；顽强抵抗；顽强不退；娴熟；稳如泰山；痛定思痛；独树一帜；枪林弹雨；奋勇拆迁；充分发扬；气愤；出师北伐

续表

词性	名词	动词	形容词
贬义词	之流；屈辱外交；野心；政客；反动政府；法西斯反动统治；地盘；日寇主子；重大失败；统治地位；反动统治内部矛盾；反动统治集团；反动党部；反动统治中央政府；文特务；武特务；刽子手；不抵抗政策；反动统治政权；反动阵营；假革命面具；头子；国民党右派分子；反动分子；反革命；反动组织；逃跑将军；狗屎；谣言；新右派；黑暗势力；大屠杀；反动派；贻害；可怜相；大错误；“中央”大员；气焰；新花样；反共高潮；反动政治；反革命两面派；叛军；嫡系；假左派；反动军队；右倾；谬论；人妖；坏蛋；新军阀；残敌；残部；反动势力；屠杀政策；反革命气焰；反动政权；苛捐杂税；幌子；投机公司；暴利；官僚资本；后台；苦头；封建官僚；亲日派；买办资产阶级；膨胀通货；黑市；纸老虎；英帝；美帝人员；敌伪产业；大骗局；资本主义；帮凶；附庸；仆从；旧社会；资产阶级知识分子；四大家族；特务	摩擦；逃回；滚出；出卖；拖延；求和；拉拢；效忠；收买；妄想；逃往；屠杀；分裂；投靠；迎合；借机；崩溃；蒙蔽；诱惑；投降；鬼混；偷窃；勾结；播弄；私图；破坏；排挤；颓丧；吓跑；造谣；鼓吹；疵议；逼请；讥诮；把持；排斥；杀害；防范；染指；统治；叛变；窃据；篡夺；冒充；叛乱；压迫；威胁；盗用；妄图；被歼；溃逃；扼杀；报复；逃跑；窥伺；逃去；进犯；纠集；逃命；掠夺；榨取；欺骗；扬言；哄抬；安插；谣传；献媚；遮羞；搜刮；骗取；抄袭；歧视；作祟；侵占；敷衍；不抵抗	丧权辱国；惊慌失措；血腥；名利双收；投机取巧；羁縻笼络；一贯反共；敷衍推诿；不敢；悍然；穷于应付；军民怨恨；不打自溃；袖手旁观；妥协投降；屈辱求和；混乱；被动挨打；溜之大吉；溃逃台湾；挟以自重；卖国求荣；臭名远扬；束手无策；格外卖力；自动求和；大为难堪；背叛革命；反动；独裁；投降变节；白色恐怖；肆行独裁；死心塌地；铁蹄践踏；军事投机；政治投机；震惊畏惧；作鸟兽散；争权夺利；明争暗斗；反动透顶；醉生梦死；阴谋暗杀；借尸还魂；贪污腐化；狡黠诡谲；狼狈为奸；老奸巨猾；贪财好色；贪生怕死；制造谣言；含沙射影；挑拨离间；装糊涂；自找死路；神经过敏；升官发财；做贼心虚；惶惶不安；不敢公开；吃喝嫖赌；造谣生事；昏天黑地；得意洋洋；阴谋制造；混淆视听；杀人如麻；横行无忌；各怀鬼胎；一筹莫展；随波逐流；彷徨无主；耻辱；土崩瓦解；四分五裂；力量衰微；嚣张；乱糟糟；暗中监视；孤立；搞在一起；血腥屠杀；谎报战功；灰溜溜；纪律松懈；斗志消沉；全军溃败；惨败；可耻；制造事端；破坏革命；怀疑革命；反对革命；大批屠杀；策划反共；日趋反动；叛变革命；争夺地盘；策划阴谋；阴谋策划；走投无路；缴械投降；魂飞魄散；乱作一团；妄图抗拒；仓皇应战；龟缩回去；企图逃跑；见势不妙；欺骗宣传；不攻自破；狼狈情形；血雨腥风；混乱状态；绞杀革命；恐怖；丑恶面目；充分暴露；疯狂扑来；无一漏网；狼狈溃逃；抱头乱窜；蒙头转向；经济封锁；摇摇欲坠；通货膨胀；残酷；变本加厉；信用扫地；巧立名目；凭借特权；肆无忌惮；投机倒把；散播烟幕；一落千丈；倾家荡产；公债投机；兴风作浪；诡计多端；用心险恶；手段辣；勾勾搭搭；串通一气；垮了台；腰缠万贯；趋炎附势；营私舞弊；亲日卖国；低首下心；卑躬屈膝；暗送秋波；横征暴敛；巧取豪夺；无所不用其极；无济于事；民穷财尽；追逐利润；囤积居奇；依靠美帝；黑市买卖；商品投机；残酷掠夺；大肆掠夺；穷凶极恶；极端凋敝；日落西山；假繁荣；啼饥号寒；奄奄一息；穷途末路；图穷匕见；孤注一掷；欺骗人民；一网打尽；不可救药；崩溃末路；贪得无厌；逃之夭夭；存有幻想；有野心；互相利用；怀恨在心；引狼入室；任意摧残；从中作梗；点缀门面

（二）习惯用语

短语	短句
残酷的镇压；反动的政治；不得不承认；扑灭……革命烈火；沉重的打击；残酷地屠杀；被……击毙；步……后尘；深刻的矛盾；残酷的掠夺；饥饿的边沿；垂死的挣扎；纯技术观点	残杀革命青年；破坏上海抗战；丧失了他们的灵魂；最不受欢迎；反对共产党、反对国共合作、反对三大政策；混了几天；胡扯了一番；用心可谓毒辣；受了汪精卫等的骗；素以铁军自命，战无不胜；伪装得很巧妙；妄图夺路逃窜；做梦也没想到；恶性通货膨胀；物价逐步上涨；通货继续膨胀；物价不断高涨；发了“国难财”；刮光了人民财富；动人听闻的名词；损失相当大；原材料缺乏；关系相当紧张；始终为蒋介石服务；纯粹殖民地性质；反人民的内战经费；靠大地主、大资产阶级吃饭；对国家民族的前途也就不去思索；对蒋介石反动政权的本质也就不去分析；根本无建设

八、蒋介石

（一）词汇

词性	名词	动词	形容词
褒义词	劲敌；成功	率领；击破；请求；合作；满意；打垮；感化；严办；慰勉；宽容；倾听；盛赞；批驳；嘉许；和谈	带笑；周密布置；颇加优礼；打开僵局；欲擒故纵；集中力量；加强团结；严肃；多方鼓励；高兴；关注殊深；激动；忠贞；和颜悦色；统一全国

续表

词性	名词	动词	形容词
贬义词	空话；丑史；卖国政策；蒋家朝廷；偶像崇拜；爪牙；反动措施；圈套；反动阴谋；政变；白色恐怖；反动集团；反革命道路；反革命阴谋；亲信；阴谋活动；个人独裁；主谋；魔爪；蒋介石军阀；嫡系；御用工具；流氓；政治欺骗；鹰犬；死党；大阴谋家；大野心家；党羽；祸根；反动势力；反革命军队；反革命叛变；反革命两面派；走狗；反革命罪行；叛变行为；独夫民贼；反面教员；反动统治；唯心迷信；蒋集团；诡计；心腹；反革命两手；封建思想；催命符；空头支票；货色；封建派别；钦差大臣；厄运；政治本钱；法西斯毒素；帝国主义路线；御用机关；蒋王朝；顺民；反动派；国民党反动头子；反动政府；蒋管区；偏都；头目；头子；反动统治阶级；蒋介石反动派；政敌	求和；卖国；投降；编造；撑腰；政变；指使；诬蔑；强迫；窃取；收买；拉拢；杀害；屠杀；分裂；排挤；软禁；玩弄；蒙蔽；得逞；挖墙脚；插手；乘机；嫁祸；逼走；独裁；敌视；翻了脸；勾结；歧视；压迫；贿赂；敷衍；擅自；威胁；嫉视；疑惧；勾搭；镇压；屠杀；挟持；唆使；惨杀；纠集；狂呼；政变；血洗；混迹；报复；扶植；篡权；背叛；覆灭；挣扎；盘踞；辱骂；幻想；遮丑；惨败；妄图；对骂；豢养；撕毁；崩溃；笼络；触怒；宠信；破灭；失败；献媚；顺从；蓄意；垄断；乞灵	疯狂；反动；御用；颓势；完蛋；悍然；慌忙；暗地里；假惺惺；最残忍；最毒辣；不顺眼；合作反共；阴谋企图；断送东北；满足日寇；投降求和；叛变革命；散布谣言；威胁利诱；置之不理；不懂战术；阴谋政变；貌合神离；信笔乱批；公私不分；狂嫖滥赌；大发雷霆；一手制造；栽赃陷害；不敢招供；蒙混掩饰；处心积虑；蓄谋已久；蓄意甚久；发号施令；暗中捣蛋；自高自大；为所欲为；投鼠忌器；伪装镇静；一打一拉；威吓利诱；借刀杀人；心腹之祸；威迫利诱；软硬兼施；威胁扰乱；有所顾忌；喜出望外；装腔作势；企图收买；处心积虑；一手制造；大肆诬陷；气焰嚣张；得寸进尺；抢占地盘；抢劫一空；乌云翻滚；疯狂屠杀；武装镇压；大肆屠杀；血腥屠杀；最后挣扎；危害人民；明升暗降；变卦迁怒；收买利用；姑息养奸；终成泡影；阴谋决策；最后顽抗；垂死挣扎；孤注一掷；如坐针毡；掩饰惨败；疯狂进攻；腐朽透顶；疑神疑鬼；勾心斗角；独裁指挥；乱下手谕；过时失策；主观武断；互相掣肘；一意孤行；满脸通红；窘态毕露；糟糕透了；顾小失大；伪装和平；穷困潦倒；毕恭毕敬；背叛革命；血腥统治；唯命是从；咆哮如雷；大发脾气；作为招牌；欺骗人民；发动内战；飞黄腾达；声势烜赫；肃清异己；酒绿灯红；笙歌达旦；币值狂跌；节节失利

（二）习惯用语

短语	短句
人民的罪人；奇怪的表情；侵入西南；侵入四川；越来越尖锐；打入四川；蒋介石的天下；分化和收买；战争的操纵者；很不高兴；失败的退路；反共灭共；终成废纸；不是唯才；挣扎的苦心；滔天的罪恶；垂死的挣扎；错误地判断；安定……人心；大地主、大资产阶级专政；很讲交情；很讲乡谊；政治的躯壳；紧张的对峙；反共反苏的大阴谋；反人民的罪恶	蒋介石等正以抗日大义号召国人，乃在暗中觍颜求和，至再至三，丧心无耻，至此已极；日蒋双方一致；被迫抗战、动摇；消极抗战、积极反共；保存四大家族；求和情急心切；为反革命服务；没有认真考虑；缺乏战术知识；只凭主观冲动行事；装着很生气的样子；好像是负荆请罪的样子；把这次事件的责任推到……身上；招致蒋介石……的不满；掩盖天下人耳目；以扶助的姿态；自信胜算已经在握；被放回南京；被蒋骗到南京；捧上了台；替蒋卖力；对日妥协，对内独裁；为内外形势所迫，不得不起来抗日；以投降日本为要挟；好像加以重用的样子；巩固自己的统治；对付共产党；不敢公然维护；不能公开维护；想抢头功；施展阴谋手段；筹集反革命经费；举起了屠刀；自感羽翼丰满；帝国主义和它的代理人蒋介石；受到毛主席的指挥；发动反人民战争；巩固其统治；收揽广东人的心；最后挣扎措施；授意空军投糜烂性毒气弹；改投催泪弹；对蒋介石的怨愤；并未毅然决然；未加慎重考虑；眼里露出一股杀气；对解放军估计过低，将自己估计过高；势必迁怒于我；慑于蒋介石的淫威；经常玩的一套手段；勾结帝国主义；制造通货膨胀；为人民带来灾难；对浙东乡谊看得很重；真是令人作呕；自己发动的内战；蒋介石的国民党反动政府

九、国民党军队

（一）词汇

词性	名词	动词	形容词
褒义词①	殊勋；忠臣；战果；亲共倾向；内部团结	坚守；强渡；厚恤；出击；告捷；攻坚；拥护；激战；击退；围歼；挺进；抵抗；健谈；誉为；报捷；嘉奖；粉碎；歼灭；高兴；赞成；鼓励；敬佩；沉思；启发；反击；大决战；反腐化	忠诚；激动；隆重；毅然；熟练；有利；乐观；擅于；充沛；顽强；优良；勇敢；强大；以振士气；加紧备战；慰勉有加；厌恶内战；普遍高涨；心情旺盛；猛烈阻击；获得战果；忠实可靠；绝不埋怨；以资鼓励；冲出重围；顽强抵抗；临危受命；孤军苦战；毫无动摇；机动灵活；介绍经验；严阵以待；发起冲锋；聚精会神；士气团结；鼓舞士气；保存人才；相当团结；紧密配合；放下屠刀；重新做人；教育改造；争取主动；主动进退；全线追击；牺牲极大；笑而未答；服从命令；善于讲话；十分动听；破釜沉舟；迅速消灭；以身殉国；奋勇抵抗

① 此类词中有些看起来非常好的词是用于描述国民党军队对日作战场面的，而非用来描写国军对共作战情景。

续表

词性	名词	动词	形容词
贬义词	惨败；败亡；阴谋；心腹；诡计；残余；残部；败绩；嫡系；缺点；丑态；残兵；溃兵；惨状；内战；骚乱；乱兵；颓势；幕僚；厄运；顽石；痼疾；好战分子；阴谋措施；派系地盘；悲观情绪；预定阴谋；顽固性；大头目；凶顽气；顽抗性；反动圈套；特务分子；阴谋诡计；战争罪犯；反共战争；反动军队；反动头目；反动计划；反动阴谋；反人民战争	哀怨；盘踞；龟缩；虚报；慌乱；活埋；抢壮丁；发牢骚；裹胁；逃难；危害；进犯；被歼；待毙；乞灵；放毒；顽抗；投降；被俘；南窜；自戕；伪称；脱逃；逃回；苟延；腐化；崇拜；拉拢；擅自；南逃；亲蒋；犒赏；逃离；叛变；窜入；潜逃；贿赂；溜走；逃窜；抢粮；互杀；乞求；枪杀；告状；讥讽；诡称；乘机；溃灭；逃走；阻挠；断送；妄图；猛犯；妄想；被赶回；获逞；溃逃；混战；泄气；打气；造谣；破坏；煽动；猜疑；冒称；逃脱；反扑；弹压；漏网；卖命；叫骂；吹牛；欺骗；掩饰；冒充；大骂；挨打；屠杀；抢劫；抢粮；抢光；崩溃；搞鬼；乱滚；溜掉；被击毙；反人民	愚顽；愚蠢；无耻；惊惶；可笑；可耻；混乱；残酷；凶猛；凶恶；险恶；昏庸；顽固；丧气；不敢；偷偷；凌乱；慌乱；糊涂；畏惧；胆怯；懦弱；腐朽；无能；糟糕；吓得；恐慌；失败；恐惧；惊恐；惶恐；疲惫；骄满；完蛋；危急；最害怕；最头痛；不妥当；不耐烦；太懦怯；恶狠狠；被迫无奈；次第瓦解；岌岌可危；捉襟见肘；民怨沸腾；士无斗志；虚荣名位；巩固统治；虚报敌情；虚报战绩；感到头痛；镇压人民；惶恐万状；欺骗宣传；不管百姓；贻误戎机；处处被动；论调悲观；骄傲自满；疲惫万分；坚决反共；民不聊生；痛哭流涕；失却信心；人心惶惶；惊慌失措；满腹牢骚；大事渲染；唯命是从；逆来顺受；不敢违抗；庸碌无能；丑态百出；异常恐惧；欺世盗名；虚报战情；不敢实报；互相倾轧；虚报情况；侥幸逃出；苟延残喘；擅自勾结；擅离职守；灾难临头；统治崩溃；秩序甚乱；乱七八糟；祸国殃民；分摊不平；军心动摇；化装潜逃；歼灭殆尽；败亡在即；企图侥幸；作战不力；顽抗到底；吵吵闹闹；哭哭啼啼；无德无能；贻误大局；率部投降；协作很差；昏庸糊涂；无能指挥；推脱责任；消极避战；遭受歼灭；大为不满；严峻寡恩；灰心丧气；一团慌乱；陷入罗网；草草了事；陷入圈套；插翅难逃；横冲直撞；陷于混乱；七零八落；严重混乱；巨大损失；困兽之斗；大吹大擂；夸大战果；公然抗命；死路一条；讨价还价；态度顽固；越来越糟；俯首就俘；投入罗网；罗掘俱穷；手慌脚乱；穷凶极恶；讳莫如深；束手待毙；非常恐惧；蚕食殆尽；执迷不悟；疑惧太深；举手就俘；气息奄奄；死伤枕藉；掩盖失败；一筹莫展；四散逃命；逃散一空；凶多吉少；各自逃生；乱成一团；见势不妙；无处可逃；侥幸漏网；负隅顽抗；畏缩不前；不敢前进；意志低落；不肯卖命；饿犬争食；自相残杀；白白丢命；举手缴枪；自动缴枪；敷衍了事；逃避一空；洪水猛兽；阴森黑暗；一网打尽；态度傲慢；答词狂妄；自高自大；束手无策；首鼠两端；到处挨打；手足无措；落花流水；损失惨重；惊魂未定；腐朽透顶；违命之罪；自投罗网；胆怯避战；溃乱丧师；不敢擅自；朝不保夕；十分混乱；伤亡惨重；十分恐慌；丧尽民心；犹疑不定；垂头丧气

续表

词性	名词	动词	形容词
贬义词			谈虎变色；互相指责；一塌糊涂；瞠目无措；指挥不力；全线崩溃；恐慌不安；叫苦连天；大事宣传；自欺欺人；拥挤一团；伤亡惨重；屡攻屡挫；慌慌张张；乱糟糟；乱吵乱嚷；土崩瓦解；只身逃脱；全部被歼；自找灭亡；泄露企图；拥挤不堪；死气沉沉；非常抵触；大发脾气；气焰嚣张；全军覆没；愚顽被歼；草木皆兵；彻夜混战；自相混杀；一击即垮；仓仓皇皇；张皇失措；矛盾重重；被动挨打；垂死反攻；士气低落；失去靠山；骄傲跋扈；目空一切；上下狐疑；饿狼一样；械斗残杀；怨声沸腾；纷纷指责；遗弃官兵；万人臭骂；升官发财；阴谋突围；顽抗到底；凶顽无礼；反动愚忠；死有余辜

（二）习惯用语

短语	短句
既怕……又怕；重大的伤亡；激烈的争夺战；错误地认为；主观地认为；最可笑的是；绝望的挣扎；绝望的乞求；不得不听从；反人民作战；反对……歧视；战斗力颇强；能战斗；垂死的挣扎；挨打的架势；喘息的机会；残酷的喷射；侥幸的幻想；有觉悟的官兵	贡献反人民作战计划；只顾小集团不顾整体；思想上非常混乱；上了蒋介石的当；大胆抽调兵力；不敢轻举妄动；士气更加低落；不能越雷池一步；不能绝对压倒；糊里糊涂完蛋；士气日益低落；厌战情绪日增；绝不愿反蒋投共；矛盾无法解决；顽强固守到底；互相矛盾斗争；配合得很差；与阵地同存亡；不大听指挥；给人民危害甚重；彻底干净被歼；给予人民的危害也是重大的；士气今非昔比；毫无客套与避忌；付出应尽力量；给人民危害颇大；士气相当旺盛；显示不胜感慨的样子；使用毒气；大肆放毒气；给人民危险最大；彻底干净地消灭；给予人民严重危害；秩序尚良好；为人民所击伤；打糊涂仗；故意说漂亮话；以求自身安全；不敢单独行动；未能巩固团结；竭力鼓吹煽动；付出很大伤亡；士气更为低落；只顾自己逃命；被彻底干净全部歼灭；战斗意志大为低落

十、列强

（一）词汇

词性	名词	动词	形容词
褒义词①	盟国；经验；优越；长处；责任心；新气息；阶级斗争；劳动人民；工人运动；外国友人；生花之笔	觉悟；反抗；推崇；赞扬；颂扬；创造；佩服；祝贺	地位重要；携手合作；开辟道路；一帆风顺；因人施教；十分亲密；很和蔼；善于；增进感情；感觉敏锐；一片好意；欣然同意；志同道合；完全支持；推崇备至；积极从事；大力提倡；一马当先；实力雄厚；亲切；友好情意；高度评价；强烈反响

① 有些好词是用于描写中共治下的所谓“外国友人”或距离政治较远的国际体育赛事。

续表

词性	名词	动词	形容词
贬义词	野心；甜言；阴谋；罪行；暴行；罪恶；特权；侮称；幌子；据点；魔道；虚伪；宗派；头目；谎言；美帝；祖师爷；美国鬼；自私计谋；帝国主义；英帝国主义；英帝国主义殖民政府；法国流氓；垄断资本集团；不平等条约；美国帝国主义；侵略手段；帝国主义商人；经济侵略；垄断资本；种族歧视；剥削阶级；社会改良主义；美帝国主义；改良主义；帝国主义的头子；贫穷问题；反面文章；英美资产阶级；殖民地；老牌殖民主义者；殖民政策；敌对地位；资产阶级人类学界；直接统治；统治势力；反动政策；统治人才；工人贵族；宗派主义；新殖民主义；资产阶级社会科学；英国统治阶级；老大帝国主义；殖民经验；文化侵略；帝国主义分子；帝国主义传教士；文化侵略头子；阴谋活动；炮舰政策；狂妄计划；殖民地思想；资产阶级历史家；第二个殖民地；殖民统治；阴谋诡计；侵略本质；欺骗性；侵略机构；殖民主义头目；政治阴谋；反动政治态度；反共活动；反共布道家；反共政治目的；大资本家；侵略罪行；反动课本；美帝分子；罪恶历史；狰狞面貌；威胁手段；美蒋反动势力；美国老板；资产阶级学者；统治阶级；垄断资本家；美国当局；某些势力；西方殖民主义	拉拢；掠夺；阻碍；威胁；勾结；仇视；诬蔑；欺压；纠集；侵入；扼杀；吓跑；垄断；侵凌；战败；操纵；大骂；屠杀；把持；压迫；收买；掩盖；侵略；歪曲；摧残；统治；垄断；恭维；勾当；灌输；夸耀；奴役；骗取；吹嘘；胡说；胡诌；自封；窃取；危害；怂恿；叫嚷；掩饰；侵占；辩护；供认；反共；奴化；夸耀；逃走；偷拆；硬说；侮辱；强奸；玩弄；捧场；扶持；离间；扩张；妄想；打扮成；相威胁	露骨；毒辣；腐朽；完蛋；狂妄；反动；花样多；倒了霉；自顾不暇；畏惧战事；土崩瓦解；无理挑衅；一心扶植；大肆掠夺；明争暗斗；残酷剥削；日益膨胀；粗暴无礼；卷土重来；血腥屠杀；有利可图；横行一时；大举侵入；明目张胆；假冒伪善；充分暴露；有隙可乘；好景不长；百孔千疮；深中下怀；一举成名；偏见极深；迎合老板；托故不去；怒形于色；压迫人民；极端反动；大发雷霆；操纵行情；奴役作家；一文不值；又恨又气；侥幸心理；赔着笑容；大肆侵略；颠倒黑白；昭然若揭；标榜自己；勾结很紧；武装干涉；公然咒骂；列强干预；严重罪行；绝顶荒谬；公然宣传；十分毒辣；暴露无遗；臭名远扬；美蒋勾结；纠缠不休；经济胁迫；阴谋解散；大势已去；多方破坏；横加干涉；卷土重来；大出其名；不良反响；威胁利诱

（二）习惯用语

短语	短句
一定的影响；充分的机会；深深知道；挂在嘴上；根本不同；引为遗恨；郑重声明；反对战争；无耻的欺骗；美其名谓；无耻地捏造；相当广泛；造成的假象；厚颜地宣称；听其差使；控制之严；荒谬的言论；搜集情报；样样都管；特别坚持；表示不满；随便乱送；秘密举行；祈求上帝；探听消息；不得不；英美的势力；转入地下；耗费很大；控制得紧紧；很不愉快；革命的对象；做功夫；侮辱中国；谈谈停停；紧张的对峙；没有……帮助；劝诱中国；借口保护；为借口；大赚其钱；设备恶劣；共同协议；特别尊重；轰成瓦砾；获取利润；不得不；颇为不满；没有成功；深入农村；侮辱华人；开枪射击；缓和风潮；租界秩序；既得权利；更加重视；不加检查；拉他下水；捐些钱；说好话；腰杆子粗；关系深；有势力的教授；个人的势力；残酷的剥削；严重的摧残；资本主义的罪恶；两座大山；越来越重；帝国主义的市场；进一步剥削；不可避免；不可克服；贫富两极化；闹革命的危险；反马克思主义；御用的文人；无所不用其极；新的形势；单靠武力；军费浩大；寻求对策；功能派的头子；受到限制；不好应付；最大的利润；很高的地位；收费极高；限制极严；公开承认；专门培养；封建的残余；不很光彩；发起脾气；严重的竞争；出口锐减；质量太差；毫不激动；新的阴谋；卖一个人情；成见不深；管教颇严；参与其间；负担很重；帝国主义的毒素；社会接触；灵魂勾了去；意识形态的深处；有势力的阶层；口头上；无形的帝国；魔道的奥秘；善于组织；最佩服；资产阶级的学者；严谨刻实的态度；值得学习；放出风声；背后的老板；清一色；不很赞成；没有改变	很受限制；奴化中国人民；被帝国主义看中；算过一笔细账；替日本的军事侵略张目；推行文化侵略；完全是为帝国主义服务的机构；解除我国人民的武装；披着宗教外衣；颂扬欺压中国人民遭到反击而死的传教士为“殉道”；大肆反对革命；极端反苏反共；极尽吹捧之能事；对付共产主义；崇美、亲美、反苏、反共的思想毒素；企图麻痹农民的革命意识；对共产党的诬蔑；披着宗教外衣；帝国主义分子就是这样不把中国人放在眼里；反对彻底联合；感到形势不妙；被日本帝国主义压倒下去；表面看问题；纽约华尔街的老板们；做事确能负责；尽保护之责；干涉中国内政；歧视中国乘客；置盟国利益于不顾；危害之大，不堪设想；剥削中国人民；昭昭在人耳目；缓和阶级矛盾；麻痹无产阶级的意识；歪曲阶级矛盾；对当地人民的剥削；为殖民主义服务；完全和事实不符；富于资本主义性质；别扭得发慌；跟着英帝国主义走的；摄了魂的人；受着巫师的调遣；出版自由或是著作自由是骗人的；为它服务的工具；把西藏从祖国领土中分离出去

十一、日本

（一）词汇

词性	名词	动词	形容词
褒义词			摩拳擦掌
贬义词	日本主子；伪化；圈套；阴谋；疯狂面目；气焰；毙命；侵略野心；魔爪；日寇；寇兵；寇军；日本军阀；军部走狗；日本帝国主义	侵占；侵略；拼凑；挑衅；窥伺；乘机；垄断；压迫；进逼；逃窜；暴露；指使；溃退；伪造；勾结；侵入；进窥；诱降；挑起；逃走；威胁；侵侮；分肥；愚弄；诽谤；借口	分裂破坏；企图未逞；悍然不顾；傲慢；垂涎已久；气势凶恶；处心积虑；得寸进尺；气势汹汹；猖獗；乘虚而入；如狼似虎；挑拨离间；造谣生事；肆意破坏；假作殷勤；竭力拉拢

（二）习惯用语

短语	短句
可耻的失败；无所不用其极；仇视中国；讲好价钱；极为重视；不给提供；不友好	欺弄中国人；故意挑拨离间；独占中国权利；分化中国的阴谋毒计

十二、亲共派系

（一）词汇

词性	名词	动词	形容词
褒义词	革命军队；革命干部；国民革命军；辉煌胜利；革命根据地；工农群众；新型军队；广大人民；工农政策；使命；革命形势；革命精神；革命活动；革命高潮；胜利；重要意义；革命政府；革命情绪；战斗精神；革命势力；孙大元帅；革命派；国民革命；革命政权；大元帅；革命气魄；革命事业；革命领袖；革命利益；最高统帅孙中山先生；战士；人民群众；革命意志；必胜之心；牺牲精神；大元帅孙公；大元帅遗志；革命工作；进步力量；革命意义；进步团体；最后胜利；重大作用；进步群众；和平；革命大祭；革命公园；勇气；革命先行者；爱国精神；爱国思想；功劳；爱国人士；爱国立场；祖国大家庭；谢意；重要作用	成功；贯彻；培养；深得；拥护；鼓舞；贡献；感动；踊跃；号召；说服；抗议；反攻；反击；击溃；歼灭；打垮；牺牲；讨贼；薨逝；抵抗；震撼；揭露；揭发；创办；起义；拥护；赞扬；崇敬；统一；感召；畅谈；热爱	积极；鲜明；旺盛；严肃；深刻；伟大；坦诚；纯朴；热心；诚恳；庄严；雄壮；温暖；毅然；恳切；愤怒；热情；坚决；打成一片；精神焕发；军容极盛；转危为安；悲愤万分；团结统一；顺利前进；乘势猛追；坚毅沉着；盛大欢迎；热烈支援；以逸待劳；充分把握；奋勇反攻；以少胜多；日益壮大；挽救危局；乘势猛攻；前赴后继；英勇壮烈；号召和平；为国忧劳；满腔悲愤；迎头痛击；热情支持；发动群众；热烈活跃；坚决抵抗；坚决反击；鼓舞人心；欢欣鼓舞；义正词严；至死不渝；充分体现；积极作战；高兴异常；殷切希望；深深感念；认真准备；妙语连珠；诙谐横生；提高认识；深入实际；反帝爱国；肃然起敬；谈笑风生；大加赞赏；由衷敬仰；无限感慨；溘然长逝
贬义词	错误；败军之将；动摇分子；首要战犯	投机；勾结；投降；诱惑；诱降；疯狂	混乱；惨重；一筹莫展；鞭长莫及；坐失良机；惊魂未定；军民争食；饥寒交迫；幻想破灭；百无聊赖

（二）习惯用语

短语	短句
仿效苏联；旺盛的战斗精神；革命骨干作用；为革命服务；不够坚定；广大人民的支持；巨大的作用；很大的作用；纯洁化；两条道路的斗争；迅雷不及掩耳；亲临前线；加入战斗；国民党的革命派；战斗进展；惊天地泣鬼神；人民的愿望；革命的热情；谦虚与团结的精神；指挥不统一；打倒帝国主义；打倒封建军阀；一定程度的不满；受到威胁；参加革命；一定的功勋；犯有罪行；交换意见；搞什么；不得不；绝不希望；归心愈烈；直接投书；难耐的孤独；甚为感念；下决心；存有幻想；很满意；一一答应；全部接受；参观访问；明确的态度；表示谢忱；特别兴奋；深深地鼓舞；应邀出席；很有感触；参观学习；有所进步；主动提出；印象很深；一再称赞；一再坚持；很想了解；注意观察；情绪很高；不愿意；很是满意；一再表示；很难过；很深情；很受感动；大有不胜今昔之感；出席国宴；公开露面；最高的礼遇；弥留之际；做好……工作；一再提醒；唯恐……讲错话	中国历史上从来没有见过；真正革命武装队伍；革命的武力与民众相结合；反对帝国主义、反对封建军阀的革命纲领；挽救革命危局；巩固革命根据地；富有战斗能力；同共产党和群众站在同一立场；速战速决，各个击破；发挥战斗威力；得到人民群众的帮助很大；双方伤亡惨重；表示反共决心；和中国共产党合作；坚持反共立场；显得很兴奋；互相鼓励进步

十三、进步势力

（一）词汇

词性	名词	动词	形容词
褒义词	信仰；成果；先烈；烈士；战士精神；民主自由；武昌首义；辛亥起义；革命志士；正义之战；革命亡友；爱国青年学生；爱国运动	捐献；真诚；敬服；爱护；尊敬；感动；反击；击退；战胜；独立；起义；痛击；牺牲；殉难；坦率；希望	深厚；奋勇；慨然；温暖；欢喜；殷切；光荣；热烈；至诚；大势所趋；人心所向；条理清晰；简洁明畅；词意诚恳；态度坚定；反对帝制；必获全胜；沉着开进；严密警戒；大举猛攻；乘胜直取；镇静指挥；抗击敌人；整齐如生；肃然起敬；情绪激荡；同仇敌忾；热烈支持；士气昂扬；军纪严明；秋毫无犯；爱护民主；反对帝制；鼓舞士气；振奋人心；迎击敌人；欢欣鼓舞；笑逐颜开；身先士卒；勇猛异常；与敌肉搏；临危不乱；镇静指挥；皆获大胜；坚决主张；精神振奋；勇气倍增；欢喜若狂；异常激烈；盛情可感；诚挚亲切；和蔼可敬；惊心动魄；久经激战；夜以继日；无有暇晷；奋力抗击；迎头痛击；诱敌深入；聚而歼之；诚恳谦和；勇气倍增；明辨是非；躬冒锋矢；鏖战数月；废寝忘餐；不曾言苦；运筹决策；昼夜不遑；甘心情愿；体贴周到；心向往之；创造民国；推翻满清；流血奋斗；誓死反对；慷慨帮助；当面赞扬；秉性耿介；不随流俗；兴高采烈；再接再厉；继承遗志；壮烈牺牲；痛愤国事；意志坚决；虚心接纳；郑重其事；求治求贤；谨慎持重；态度和蔼；朝气蓬勃；豪迈气概；顽强抵抗；举止洒脱；令人难忘；豪迈英武；负有盛名；难能可贵；放声高呼；高举红旗；敲锣打鼓；大力支援；积极支援；热情支援；关怀帮助；不能忘怀；弃暗投明；力主革新；任用青年；影响很大；投向人民；追求进步；反对腐化

续表

词性	名词	动词	形容词
贬义词	招牌;康圣人	吞没;盗经;威迫;杀害;谣传;破坏;挑拨;交恶;怂恿;逢迎;蛮丁;收买;鄙视	粗暴;得意;非法;恶感;专横;盲目乱奔;麻痹大意;惊溃逃逸;置若罔闻;掩人耳目;造谣兴谤;独揽政权;一意孤行;外失人心;自负才力;肆意攻击;蓄意攻击;冷嘲热讽;吹毛求疵;涂脂抹粉;奸佞巧诈;骄恣贪戾;争权夺利;喋血亲友

（二）习惯用语

短语	短句
疾风扫落叶;犒劳我军;民爱军;军爱民;军民互爱;亲如一家人;欢迎我军;人民的大力帮助;严正的反驳;政治上的矛盾;私人的仇恨;革命惊涛骇浪;英勇的精神;闪着泪花;很不高兴	攀登峭壁悬岩;官兵个个发抖;压制敌人火力;难以说尽的深厚情谊,刻在每一个战士的心灵里,永铭不忘;令人感动得流泪;胜利的信心更为坚强;积极准备战斗;霎时间冲锋号角与喊杀之声震撼山岳;顺应人心所向;与顽敌拼搏;合乎人民愿望的正义事业;广大人民群众的支援;大处绝不糊涂;独裁被打倒;坚持拥护中共;坚决和蒋介石形成势不两立的局面;发动抗日运动;反对帝国主义;反对军阀;自毁万里长城;政治威信空前提高;互相勾结利用

十四、中间人物

（一）词汇

词性	名词	动词	形容词
褒义词	中坚人物		豪言壮语;抗击日寇;欣然受命;郑重其事
贬义词	封建关系;野心;内讧;政客	拉拢;敷衍;不敢;投降;吓得;恭顺;愚弄;勾结;攀附	挟以自重;拖延搪塞;攫取地盘;独断专行;目空一切;趋炎附势

（二）习惯用语

短语	短句
不甘心;没有勇气;为父报仇;替父报仇	把问题看得很简单;制造缓和的气氛;表面上都甚为尊敬;不敢贸然从事;迷失革命方向

十五、共产党

(一) 词汇

词性	名词	动词	形容词
褒义词	真理;核心;骨干;威望;好评;勇气;高潮;民族大义;全国抗日民族统一战线;广大群众;抗日救亡运动;重要意义;全国人民;民族义愤;人民武装力量;工农红军;农工运动;无产阶级;革命任务;革命阵营;革命形势;革命根据地;革命军队;革命军;优秀党员;领导骨干;革命事业;革命政府;进步力量;革命运动;青年运动;青年学生运动;著名共产党人;解放军;工农红军第四方面军;南昌起义;广州公社;广州公社起义;农民游击队;新社会;革命领导权;英明领袖;统帅;无产阶级专政;无产阶级革命事业;我党;领导工作;首要任务;大革命;积极性;领导权;革命洪流;党组织;独立领导地位;革命大旗;两条路线斗争;战斗历程;英雄事迹;革命意志;斗争经验;重要贡献;正确路线;伟大成就;伟大意义;英明决定;武装暴动;革命景象;精华;伟大教育;马克思列宁主义;毛泽东思想;人民大众;革命利益;伟大目的;思想改造;学习改造;积极性;恩情;第一次国内革命战争;革命;思想战线;阶级斗争;马克思主义;红军;解放后;控诉会;解放军;三自爱国运动	领导;发动;组织;掀起;宣传鼓动;高呼;鼓励;增强;号召;创办;支持;帮助;倡议;打垮;苦战;牺牲;死难;改造;揭露;反抗;揭发;斗争;联合;解放;进取;出击;攻克;穷追;突破;起义;热爱;回击;指引;纠正;继承;发扬;开创;合作;推动;团结;巩固;推翻;消灭;抵抗;严惩;肃清;殉难;援助;教育;战胜;高举;加强;镇压;坚持;率领;勉励;智取;感谢;传扬;微笑;开辟;创建;深入;提高;指明;反击;批判;打倒;促进;启发;献身;拯救;报答;论战;战斗动员;领导整顿	从容;深刻;坚强;充分;英明;伟大;响亮;热情;激发;激烈;活跃;光明;正确;著名;高涨;愤怒;勇猛;卓越;宝贵;成熟;坚定;严肃;严峻;丰富;光荣;坚决;沉着;机智;决心;感动;振奋;敬佩;镇定;安详;和蔼;慈祥;新生;优秀;抗日救亡;积极进行;积极抗战;轰轰烈烈;英勇抗战;生动感人;号召抗战;敌忾同仇;一致要求;坚决抵抗;支援抗战;发动群众;继续革命;真正革命;迫切需要;顺利实现;身先士卒;以少胜多;每攻必克;英勇顽强;英勇作战;毅然决然;英勇牺牲;壮烈牺牲;坚持革命;丝毫不苟;打成一片;国势富强;万民康阜;欢欣鼓舞;自动放弃;挽救革命;独立领导;武装革命;严厉斥责;绝对领导;进行到底;革命高涨;积极支持;迅速发展;独立自主;英明决策;激烈斗争;危急关头;激烈反对;屡建奇功;毅然抛弃;一心革命;不屈不挠;万里迢迢;观察敌情;打得很苦;全局为重;不慌不忙;豪言壮语;大敌当前;伟大气魄;一字千钧;力挽狂澜;双目如电;饶有风趣;坚定顽强;令人叹服;反复强调;特别强调;谆谆告诫;兴致勃勃;密切配合;亲临前线;冒着弹雨;语重心长;坚定信仰;无限忠诚;千辛万苦;明确交代;朗朗笑声;坚定乐观;转战千里;老当益壮;锦囊妙计;彻底抛弃;划清界限;旗帜鲜明;集中力量;反复讨论;高度赞扬;完全赞同;统一认识;组织群众;访贫问苦;改造人类;改造世界;耐心教育;无微不至;光芒万丈;靠拢人民;再生之德;宽大为怀;万分感激;言行一致;热烈展开;针锋相对;主持公道;解决困难;广泛开展;反帝爱国;领导有方
贬义词	不彻底性		严重摧残

（二）习惯用语

短语	短句
大力的支持；大大地激励；大革命失败；善意的批评；真正革命精神；团结革命力量；威信很高；得人心；为了革命；党性太强；东进抗日；新生的曙光；新的贡献；不能依赖；同志式的尊敬；没有经验；不妥协；特殊的使命；武装了……头脑；非常高兴；不朽的功绩；闹革命；爽朗的笑声；激烈的争论；很受感动；远大的理想；轻于鸿毛；重于泰山；党和毛主席；祖国社会主义建设；跟着党；革命的力量；大革命失败；革命的道路；阶级的局限；马列主义的真理；自觉的阶级；中国人民革命的伟大压力；党和人民的优秀儿女	寻求革命的真理；领导工农群众；坚持革命斗争；保护社会革命；很受同学们的欢迎；在中国共产党倡议和支持之下；在中国共产党倡议之下；在中国共产党和国民党左派的领导下；标志着中国人民革命力量的成长和壮大；随着革命运动的发展和阶级斗争的尖锐化；坚定地站稳立场；中国革命在中国共产党的领导下走上了新的阶段；哪里有共产党，哪里就有光明，有力量；离开了共产党，就会失去灵魂，就会迷失方向；建立了根据地，得到广大劳动人民的拥护，声势日益浩大；旧中国的重重阴霾一扫而空；万里晴空、光辉灿烂的新时代；领导中国革命；从事革命活动；讲解革命道理；指出革命的前途；发表重要讲话；听从共产党的领导；绝对服从共产党的命令；冒着生命危险；沉重地打击；尖锐地揭露；不怕牺牲的精神；永远听毛主席的话；走社会主义共产主义的道路；听毛主席的话；跟共产党走；为社会主义建设服务；坚决与帝国主义割断关系；在党的正确领导下；接受党的领导

十六、毛泽东

（一）词汇

词性	名词	动词	形容词
褒义词	伟大旗帜；重要讲话；正确意见；光辉著作；英明领导；革命韬略；正确道路；重大发展；光辉思想；优良作风；光辉榜样；不朽功勋；伟大功勋；著名论断；我党；正确路线；正确主张；伟大真理；重要指示；英明指示；真理；伟大转折；重要措施；绝对领导；伟大创举；正确政策；正确领导；伟大胜利；英明论断；重要报告；功勋；战略思想；重要意义	预见；揭露；反击；指引；激励；祝贺；教育；培养；培育；创建；点燃；照亮；开辟；粉碎；树立；倡导；教导；批判；阐明；教育；告诫；号召；坚持；指导；肩负；指挥；宣传；鼓舞；部署；挽救；指明；挥手；反抗；接见；鼓励；带领；表扬；批评；打垮；战胜；带头；节约；抵制；斗争	正确；照亮；光芒；明确；透辟；深刻；机智；亲切；坚决；丰富；发动群众；高大魁梧；亲切会见；热情；乐观；运筹谋划；亲自领导；伟大；深入发动；明确指出；艰苦奋斗；精心策划；同甘共苦；严肃批评；极为重要；热烈赞扬；着重批判；强调指出；颠扑不破；排除万难；历尽艰险；直接指挥；振奋人心；亲自率领；当机立断；身材魁梧；满面笑容；斗争到底；满怀信心；通俗易懂；阔步前进；鼓舞人心；积极帮助；亲自主持；认真总结；亲自指挥；艰苦斗争；坚定不移；巨星陨落；高大身影；深切怀念；极其沉痛；极其悲痛
贬义词			

（二）习惯用语

短语	短句
矫健的步伐；科学地分析；新的道路；伟大的意义；胜利的源泉；科学地总结；制定……战略战术；彻底革命的精神；坚强的毅力；尖锐地批判；深刻地阐述；伟大战略部署；不顾……劳累；严肃的批评；亲自做……工作；亲切的谈话；得到……热烈拥护；明显衰老；最高规格；寄托哀思；全世界震惊；特大新闻；象征大团结；歌颂毛主席；歌颂党；歌颂社会主义祖国；党和国家主要领导人	亲自听取汇报；指明了方向；开展革命斗争；亲临前线指挥；作了非常重要的指示；倾诉悲痛之情

十七、周恩来

（一）词汇

词性	名词	动词	形容词
褒义词	我党；旗帜；贡献；胆略；亲密战友；革命活动；重要贡献；共产主义战士；无产阶级革命家	创立；创建；爱戴；尊敬；起义；指挥；献身；推翻；粉碎；闪耀	明达；光辉；伟大；杰出；卓越；坚定；洪亮；朴素；坚毅；和蔼；衷心的；夜以继日；运筹决策；雄才大略；英姿勃发；格外亲切；临难不苟；负重践危；炯炯有神；有条不紊；不可磨灭；语重心长；久经考验；挽救革命；乘风破浪
贬义词			

（二）习惯用语

短语	短句
敬爱的周总理；党和国家领导人；不朽的功勋；武装起义；亲手创建；亲自指挥；亲自担任；积极参加；坚决反对；坚决斗争；服从纪律；关心他人；崇高的共产主义精神；坚毅的光芒；锐利的词锋；钢铁般的革命意志；带着重病；复杂细致；非常高兴；新的征途；再三叮嘱；亲密的战友；秘密抵达	不畏艰难险阻；不顾旅途疲劳；立刻紧张地工作起来；沧海横流，方显英雄本色

十八、共产党军队

（一）词汇

词性	名词	动词	形容词
褒义词	人民军队；重大贡献；武装斗争；旗帜；起义军；革命游击战争；红色区域；缔造者；政治工作；生命线；革命情绪；战斗任务；政治觉悟；军事素养；战斗岗位；有利条件；伟大历史意义；政治宣传；我军；政治动员；革命声威；先锋；人民战争；起义群众；胜利；烈士；无产阶级军队；北伐；革命热忱；春雷；根据地；转折点；摇篮；政治本色；优良作风；光荣传统；重要保证；光荣历史；战士；灿烂篇章；光辉篇章；正确建议；决心；信心；热泪；英雄行为；心潮；笑容；威信；斗志；战斗堡垒；征途；很大胜利；新气象；正确措施；乐观主义精神；大捷；奇迹；解放军；人民解放军；共产党政策；政治攻势；刘邓大军；中原野战军；光辉战斗；革命精神；陈粟大军；指挥员；宽大政策；阶级觉悟；解放区；声威；战略战术；战略决战；阻击战艺术；首长；红军；胜利；声誉	打响；创建；批判；树立；壮大；打败；加强；保卫；解放；猛攻；苦战；揭露；宣传；动员；考验；打垮；歼灭；击败；击溃；歼敌；激战；出击；毙敌；挺进；粉碎；追击；牺牲；抵抗；充实；改造；进军；遇难；警惕；迎接；打退；全歼；猛攻；打破；思念；猛扑；杀退；夺回；攻克；直取；踊跃；支援；警告；救出；怒吼；高举；坚持；开展；会师；活捉；赢得；夺取；巩固；开创；消灭；发展；牢记；强攻；主攻；高唱；鼓舞；歌颂；激励；鏖战；拥护；爱戴；倾听；激荡；跟随；献出；营救；打击；攻克；解救；踏上；提高；信服；参战；迎来；启发；痛击；帮助；围歼；远飏；号召；发扬；指出；质问；深入；争取；反击；抗击；沉着；焕发	伟大；光辉；光荣；鲜明；全盛；深刻；关切；亲切；亲热；气愤；正确；震撼；忠诚；严峻；喜悦；奋勇；勇敢；勇猛；兴奋；激动；顽强；坚定；有力；充实；坚强；坚决；宝贵；欢乐；急切；悲愤；密切；和气；优秀；出色；巧妙；洪亮；有幸；豪迈；响亮；强大；庄严；艰巨；艰苦；雄赳赳；继往开来；彪炳史册；千里转战；高举义旗；从小到大；从弱到强；战无不胜；光荣传统；秋毫无犯；作战勇敢；不怕牺牲；连战连捷；丰功伟绩；战功卓著；壮烈牺牲；指点江山；激动万分；振臂高呼；举行起义；精神振奋；一致拥护；令人兴奋；坚持下来；精神抖擞；斗志昂扬；奋不顾身；纪律严明；宝贵财富；攻城夺隘；打得英勇；守得坚强；英勇顽强；英勇抗击；跋山涉水；历尽艰险；一举攻占；英勇奋战；义愤填膺；英勇牺牲；残酷搏斗；雄伟壮烈；冒火猛扑；威名日著；速战速决；夺取胜利；发起冲锋；迎头痛击；英勇阻击；一举歼灭；迎着朝阳；威武雄健；同心一致；全面改造；完全新型；模范作用；行动起来；枪林弹雨；勇猛冲杀；士气高昂；军威大振；意气风发；救死扶伤；热情很高；坚守阵地；昼夜苦战；洒泪而别；思想开朗；聚精会神；有力配合；浩浩荡荡；迂回敌后；一举消灭；如火如荼；披荆斩棘；艰苦创业；欢欣鼓舞；信心倍增；振臂高呼；深深敬服；满腔热情；旗开得胜；意气风发；热烈紧张；奔走相告；大显威风；挺起胸膛；猛烈进攻；义正词严；气势磅礴；威武雄壮；引吭高歌；气壮山河；鼓舞人心；热情歌颂；昂首前进；激烈战斗；惊天动地；伟大开端；走向胜利；鲜艳红旗；解救出来；感激万分；积极帮助；眼界开阔；心里亮堂；热情欢迎；艰苦转战；星星之火；依法处决；坚定不移；胜利前进；艰苦奋斗；群情激昂；迷惑敌人；又惊又喜；震天动地；主动撤出；出敌不意；兴高采烈；热烈欢迎；鲜血直流；首战告捷；旗开得胜；马到成功；乘胜前进；十分感激；婉言谢绝；含着热泪；反复讲明；猛烈还击；身先士卒；勇猛顽强；发起冲锋；壮烈献身；弹尽援绝；宁死不屈；如饥似渴；高举红旗；挺身而出；不幸牺牲；灵活机动；信心提高；英勇反击；日益增强；勇敢顽强；乘胜占领；蓬勃发展；日益繁荣；红旗招展；蒸蒸日上；欣欣向荣；动员民众；策反瓦解；强有力；力量强大；鼓励人民；坚强阻击；诱敌深入；坚强抵抗；愈战愈强；横渡长江；军威所播；前赴后继；猛勇冲击；鼓舞动员；天罗地网；严阵以待；沉重打击；勇猛坚强；更加猛烈；昂首前进；屹然不动；铜墙铁壁；不断壮大；大仁大义；声势浩大；很大威力；优待俘虏；群情愤怒；机动灵活；捕捉战机；运用极妙；统一中国；迷惑蒋军；行动神速；勇猛狙击；远远优于；大胆深入；更加顽强；屹然未动；战力坚强；阵地森严；以智取胜；不断加强；纪律严明；及时发现；以礼相待；广泛接触；终生难忘；熟练；井然有序；勃勃生机；鼓舞士气；焕然一新；风餐露宿；昼夜奋战；汗流浃背

续表

词性	名词	动词	形容词
贬义词	失败；错误意见；错误	挫败	主力失败；骄傲自满；麻痹轻敌；仓促应战；虚张声势；劣于

（二）习惯用语

短语	短句
内心的怒火；激烈的斗争；激动而严肃；伟大的斗争；尖锐的斗争；战斗的残酷；严峻的考验；主动……撤退；党的教育；倾向革命；紧张的工作；激动的心情；胜利的微笑；革命的敬礼；整齐的队伍；激动的泪花；整齐的步伐；政治性很强；顽强的斗争；打着红旗；像一把利剑；胜利地占领；充满了力量；干革命；坚定的信念；严峻的考验；雄伟的步伐；战斗的春天；猛烈的痛击；神圣战斗任务；坚强的抵抗；党的宽大；雷霆万钧的威力；政治宣传攻势；雷霆万钧之势；无比英勇的斗志；越大越强大；迅雷不及掩耳；极其英勇的姿态；更有力地打击；政治觉悟高；战斗意志坚定；严密的检查；态度真好；结束长征；精神很好；除了大害	坚决不下火线；受到人民群众的热烈拥护和支持；张灯结彩，一派节日气氛；定睛注视着；顽强搏斗厮杀；思想是混乱的；提高了勇气；树立了信心；看到了光明；大长了革命人民的志气，大灭了敌人的威风；像接待亲人一样；冒着敌人的弹雨；乘敌人不备；打得敌人措手不及；斗争浪潮滚滚；不幸胸部中弹；敌我力量悬殊；流尽了最后一滴血；一不怕苦，二不怕死；配合得很好；有意识地放弃；狠狠地捶打；千千万万人民群众支援解放军作战的伟大场面；发挥高度坚强的战斗意志；瓦解蒋军士气

十九、亲共群众

（一）词汇

词性	名词	动词	形容词
褒义词	革命声势；反帝爱国思想；人民力量；中国共产党；工人阶级；反帝统一战线；爱国人士	献给；寄托；热爱；支持；盼望；传颂；拥护；欢迎；教育；鼓舞；感动；解放；歌唱；抵制；斗争；惩凶；反帝	欢乐；热切；坚决；殷切希望；愤怒声讨；流血牺牲；热烈欢迎；锣鼓喧天；一片欢腾；争先恐后；互相传颂；秩序井然；欢声雷动；扬眉吐气；夹道欢迎；欢欣鼓舞；喜笑颜开；热烈欢送；热烈拥护；热烈响应；喜气洋洋；鱼水情谊；纷纷响应；深受感动；热情歌颂；反帝爱国；深入人心；波澜壮阔
贬义词	不平等条约；大血案	伤害；反感	

（二）习惯用语

短语	短句
不顾疲劳；忘了疲劳；高呼口号；节日的气氛；极大的鼓舞；为之称快；发动起来；抓起来；反帝、反封建；响遍全国；死伤多人；全民性；大游行；通过决议；经济绝交；严重抗议；发表宣言	冒着生命危险；富有革命传统；作进一步的斗争；反对帝国主义的斗争；推翻帝国主义

二十、新社会

（一）词汇

词性	名词	动词	形容词
褒义词	新生；大跃进；光明大道；公私合营；民主改革；技术革新；技术革命；奇迹；经验；社会主义改造；高度积极性；劳动效率；新气象；积极性；新中国；热情；五星红旗；精神风貌；重大突破；喜事；中央领导；国家尊严；严正立场；台湾同胞；爱国主义旗帜；我党；我党中央；党中央；祖国建设；大好形势；中央领导人	解放；创造；改进；提高；崛起；决心；赞扬；抗议；勉励；战胜；凯旋；关怀；鞭策；维护；号召；奋斗；改造；特赦；诞生；爱护；关心；帮助；鼓励；增强；坚定；深思	亲切；出色；光荣；富强；统一；隆重；热烈；精彩；深刻；一日千里；旭日东升；前所未有；欢欣鼓舞；统一领导；蓬勃发展；兴奋；终生难忘；最为辉煌；记忆犹新；令人瞩目；顽强拼搏；为国争光；义正词严；眼含热泪；全力以赴；拼搏到底；再接再厉；全力拼搏；猛烈攻势；遥遥领先；保持领先；必胜无疑；助威呐喊；关怀备至；亲切接见；充分体现；深切关爱；热情鼓励；奔走相告；加油助威；关心备至；依依惜别；热爱和平；前所未有；迅猛发展；百废俱举；史无前例；繁荣昌盛；飞跃发展；积极建议；崭露头角；呕心沥血；积极筹划；坦诚通气；妥善安排；兴致很高；盛况空前；翻天覆地；格外亲切；沉着冷静
贬义词	中共敌对势力；恶果；严重事故；动乱		心惊肉跳

（二）习惯用语

短语	短句
特别愉快；旧的生产关系；新的生产力；党的正确领导；学习苏联；超额完成；党和政府；十分重视；十分活跃；对外开放；缺乏……比赛经验；相当落后；相当艰苦；十分刻苦；大幅度提高；好成绩；进入……强国行列；十分恼火；勿忘国耻；很大鼓舞；互相鼓励；值得纪念；特别出色；各方好评；挥动双手；热烈的掌声；热烈欢迎；组织群众；党和人民；极大的鼓舞；尽情地欢呼；激动的热泪；至今难忘；极为高兴；国内外瞩目；统一战线政策的胜利；规模之大；成就之速；正式建交；标志着；新的局面；完全统一；原则基础上；党和政府；极为鲜明；党的统一战线政策；进一步增强；我与台湾关系；无数精力；非常必要；设宴欢迎；亲切友好的交谈；党和国家领导人；很重视；很不满意；郑重地答应；强烈要求；责任心不强；沉痛的代价	摆脱了落后局面；使出全身力气；激动得哭了起来；在中国共产党的领导下；和平解放台湾；认真分析研究；用事实去影响教育他；祖国建设突飞猛进

二十一、社会主义阵营

(一) 词汇

词性	名词	动词	形容词
褒义词	苏联红军;作战经验;国共合作;重要标志;革命事业;苏联革命;十月革命;古巴人民	帮助;指导;敬仰;感谢;援助;批判;痛斥;打垮	好意;崭新;伟大;优秀;不虚此行;不可磨灭
贬义词			

(二) 习惯用语

短语	短句
不绕圈子;助我抗日;新建设;无条件;印象很深;最优秀之红军;替我们出力;在……领导下	苏联援助中国革命;接济中国革命;不但在精神上大力地支持中国,在军事上、物资上也给予很大的帮助;没有上晏阳初的当;走上马克思列宁主义的道路

第六章 史料格式表

一、解题

史料格式不是话语和概念的随便搭配和任意组合，而是一系列词语和概念或成组成组的词语和概念的精心编织。这种话语编织过程伴随着政治需要而风云易色，不停变化，呈现出令人诧异甚至怪异的前后对比。

由于政治环境的变化，有些人经历了由坏变好的身份改变，但这并不意味着书写格式本身的取消。书写格式依然存在。当某个人被定性为坏人时，就按照坏人的书写格式来写他；当这个人又被定性为好人时，就按照好人的书写格式来写他。这种面孔的迥异变化，既不勉强，也不突兀。没人为此感觉不安，也没人为此感到为难，一切都是那么自然而然。在某种意义上，《文史资料选辑》的书写格式具有一种程式化功能，所有人物和事件都按照被官方规定的不同性质，而自动对号入座，在被赋予不同政治形象的同时，也被附加了各自不同的道德评语。

按历史时代划分，《文史资料选辑》中的所有事件、人物、党派、制度、经济、文化等，可以分为新、旧两个时期，通常表述是“新社会”“旧社会”或“解放前”“解放后”。它意味着，解放前必须有解放前的一套写法，解放后必须有解放后的一套写法。前者以坏词为主，一大堆坏词中掺杂着个别好词；后者以好词为主，一大堆好词中掺杂着个别坏词。前者乌云满天，只是乌云中偶有光明；后者阳光灿烂，只是阳光中偶有阴影。前者骂声不绝，讨伐加控诉；后者颂声连连，歌唱加抒情。前者的情感特征是义愤，后者的情感特征是激动。有的史料将前后加以对比，更增加了“两重社会两重天”的教化效果。

当然，《文史资料选辑》中有关“旧社会”或“解放前”的文章，无论数量还是比例都更大些。按照当时的历史观念体系，可分为“好坏”两类。一类是“好的”事件、人物、党派、制度等，它们当然是“进步的”“革命的”，故而全用褒义词和美名描述。比如，不吝笔墨地强调其“重大意义”“深远影响”“正确领导”“伟大贡献”。一类是“坏的”事件、人物、党派、制度等，它们几乎没有任何进步性可言，故而其习惯用语一律使用贬义词和诬称，而且恶贬无极限，不管用词是否粗鄙下流，也不管普通用语是否有悖起码的史料书写规范。当然，事情并不如此简单。因为不论“好人好事”还是“坏人坏事”，如果其中涉及“正反”双方，则必须恪守“褒贬”笔法。不仅如此，所谓肯定即是全盘肯定，所谓否定即是全盘否定。换言之，被肯定一方永远真诚、善意、民主，被否定一方始终虚伪、邪恶、独裁。一旦文本和话语同时交织着“红与黑”两条颜色不同的线索时，其呈现出来的基本特征却不是模糊，而是更加鲜明。它往往引起强烈的阅读心理反应，即无选择地赞成一方而憎恨一方。它似乎有意追求一种“大批判”风格。显然，这种文本和话语常常不能使人保持和培养出一种自觉寻求感情平衡的理性意识。而这点也正是我们需要深入体察和仔细辨析的。

总体看，除了少量所谓具有进步意义的事件、人物、党派、制度、经济、文化现象外，无论在北洋政府还是国民政府时期，期间发生的大小所有事情大都属“反动”之列。而当事人无一例外皆被视作“反动派”。同时，凡是与这类“反动”政府来往密切或者关系友好或者利益相关或者立场相同的盟友，也都被视作“凶恶”敌人而一律予以谴责和贬斥。这就要求人们在叙述这类事件时必须采取一种鲜明而典型的“善恶”对比。如果涉及国共两方的事件、人物、党派、文化等现象，标准的叙述模式是将国共两方完全对立起来，国民党代表“恶的”一方，起到的都是损害国家民族利益的反动作用；共产党代表“善的”一方，起到的全是维护国家民族利益的进步作用。如果其他国家支持民国政府，那么也被一同打入“反动”国家之列，被一律恶谥为“帝国主义”。如果出场者只有反动一方，那么通常的做法就是一概否定。这使得文本话语风格极为单一，缺乏变化，给人一种单调和生硬的印象。基本都是黑白分明，誓不两立。虽然立场鲜明，但态度粗鲁，话语粗俗。只有极为有限的史料能够保持相对平衡的叙述风格。① 但就连这极为有限的史料也是写于文史委成立近五十年后。由此可见，文史资料的格式化实在具有一以贯之的僵化特征。

文史资料格式化的结果是，史料写作混同于文学创作。所谓文学创作是说，在政治驱动下，可以用虚构代替史实，用立场阉割真实。人物脸谱化，评价单一化，观点极端化，语言八股化，以致史料格式近似于诗词格律。于是，形式和修辞具有了空前的实质性意义。史料格式对文本话语公然发挥着某种强大的规范功

① 比如，李觉《何键改编湖南保安团队的经过》一文如此写道：“湖南保安团的整编，无疑是巩固了何键当时对湖南的统治地位，加强了他反共反人民的战斗力。严重阻碍和破坏了人民革命事业。就当时的时代背景来说，为抑制各地地主恶霸势力，减轻人民的赋税和名目繁多的苛捐杂税、敲诈勒索的沉重负担，也有其一定的作用。后来 1937 年上海抗日战役中，第四路军的十五、十六、十九师都伤亡惨重，战绩卓著。湖南曾拨出整团的保安团补充各师，使能在短期内迅速恢复战斗力。所以在武汉会战的赣北战场上，各师仍能坚持一个多月的战斗，有较好的战绩。后来中央军部队也纷纷要求湖南拨补保安团，认为较师管区的补充团要强得多。因为它训练有素，所以当时的湖南保安团成了后备补充部队，拨补了长江南北各战场，对抗日战争也起了一定作用。”（《文史资料选辑》第 152 辑，中国文史出版社，2007 年）

能和约束作用。它要求人们只能把史料写成规定的这种样子。其中包括词语的褒贬选择和修辞的政治运用。史料格式把各种庞杂的史料都硬塞在这种高度偏执的书写框架里,使其成为一种极端畸形的变态史料。一方面,史料格式化排斥了历史丰富性;另一方面,史料格式化还赋予了叙述话语更多的官话功能。它们的话语一般都具有多重效应和意义,既是对过程的描述,又是对原因的解释,还是对事件的定性,甚至还是政治论断和道德抒情。

史料格式特别是对一些格外敏感的政治制度、政治活动以及政治党派,都有着一系列敌我识别的规范性表述。比如用"春秋笔法"把民国政府、政府元首、宪法、国民大会选举描述和指称为"半封建半殖民地的反动政权"①"伪政府"②"伪国大选举""所谓选举'总统'"③。有时,其用语或语气与官方正史或教科书已毫无二致。比如,刘云瀚在天津被俘,"被我释放后逃台";④康泽战败,"为我人民解放军所活捉",⑤均已当仁不让地自居于官方行列。

二、历史事件的惯用性描述格式

(一)"好的"历史事件

文章	格式	辑数
许德珩《五四运动六十周年》	五四运动是在俄国十月社会主义革命影响下发生,而在第一次世界大战中孕育起来的。五四运动的最大特点,就是中国人民革命从此成为无产阶级世界革命的同盟军,不再是资产阶级世界革命的同盟军,这就是说中国革命的性质从此由旧民主主义革命发展成为新民主主义革命。…… 但是五四运动反帝反封建的革命精神,五四运动高举的"爱国""团结"旗帜,"民主与科学"的口号,却一直闪耀着革命的光辉,仍然具有重大的现实意义。	61
韩新之《"五卅"反帝运动》	五卅运动因国民党所代表的资产阶级软弱退却而失败,没有在最重要关头与帝国主义者坚决斗争下去,但由于共产党的推动,在全国扩大了反帝运动,如有名的省港大罢工及其他各地的反帝运动,迅速掀起了中国革命的高潮,为大革命奠定了基础。	144

---

① 裘孟涵:《CC渗透的国民党司法界》,《文史资料选辑》第78辑,文史资料出版社,1982年。
② 唐生明:《我奉蒋介石命参加汪伪政权的经过》,《文史资料选辑》第40辑,文史资料出版社,1963年。
③ 唐生智:《一九三一至一九四九年概括回忆的几件事》,《文史资料选辑》第15辑,中华书局,1961年。
④ 宋瑞珂:《陈诚及其军事集团的兴起和没落》,《文史资料选辑》第81辑,文史资料出版社,1982年。
⑤ 王柔德:《国民党军委会别动队罪恶史》,《文史资料选辑》第18辑,中华书局,1961年。

续表

文章	格式	辑数
邵力子《西安事变追忆》	张学良、杨虎城对蒋介石实行“兵谏”，把蒋从临潼华清池强制到西安新城大楼，要求停止内战，抵抗日本，经过十四天，始恢复蒋的自由。这就是所谓“西安事变”……其结果导致了国共第二次合作，实行全面抗击日本侵略的战争。	109
王柔德《国民党军委会别动队罪恶史》	蒋介石的长期对日寇投降妥协、积极反共反人民的所谓“攘外必先安内”的反革命政策，不但激怒了全国人民，而且也引起了国民党军队内部具有爱国思想官兵的严重不满。一九三六年十二月二十五日，张学良、杨虎城两将军发动西安事变，扣留了蒋介石。在伟大的中国共产党的“团结抗日，一致对外”的号召下，蒋介石受到了十分宽大的处理，被迫停止反共反人民的罪恶战争。	18
陈长捷《1939年晋西事变的前后》	1939年冬，山西吕梁山上，原来由进步青年建立起来的青年抗日决死队，奋起反抗阎锡山顽固派的压迫，宣告起义。这一次起义就是在国民党反动派反动的第一次反共高潮中受到人民反击的“晋西事变”。…… 事变虽在晋西的汾西、隰县地区发动，立时全晋各地的牺盟、新军都一致揭穿阎锡山制造事变的阴谋，为起义军声援，截断阎锡山、梁化之的特务魔爪，明确宣告脱离阎锡山的一切关系，更坚定接受共产党的领导。…… 牺盟、新军经过一场大斗争，从此益加进步，在共产党的正确领导下，为抗日民族革命和人民民主革命贡献了力量。	40

（二）“坏的”历史事件

文章	格式	辑数
何基沣等《“七七”事变纪实》	【日本】利用国民党反动政府的屈辱外交，先后签订了《塘沽协定》和《何梅协定》，以攫得我国政治、军事和经济等各方面的主权。…… 事变发生后，中国共产党中央委员会立即向全国发表了号召抗战的宣言。……接着，七月十三日在延安召开了有全市共产党员和革命机关工作人员参加的紧急会议。毛泽东主席号召：“每个共产党员与抗日革命者，应沉着地完成一切必需准备，随时出动到抗战前线。” 中共中央和毛主席的这些号召，大大地激励了全国军民敌忾同仇、坚决抗战的信心，全国人民一致要求坚决抵抗日本的进攻。…… 这时，一贯执行不抵抗政策和妥协投降政策的蒋介石，由于看到中国共产党代表全国人民意志的团结救国的主张受到全国人民的拥护，由于在西安事变时被迫接受了联共抗日的条件，又由于日寇对中国的不断进攻日益威胁着英、美帝国主义在中国的利益，因而英、美帝国主义也希望中国对日作战，感到在这内外形势的逼迫下，如果再公然地反对抗战，就不能继续维持自己的统治地位。所以在七月十五日中共派代表与国民党当局举行庐山会议之后，蒋介石即于十七日发表了对日态度比较强硬的谈话。但是他仍然是动摇的，不坚定的，仍然表示“希望由和平的外交方法求得卢沟桥事件的解决”，并没有真正的抗战决心。……他依然抱着屈辱求和的幻想，一直到了非应战不可的时候，才被迫抗战。	1

续表

文章	格式	辑数
包惠僧《中山舰事件前后》	中山舰事件，是蒋介石叛变革命的第一个阴谋政变。一九二六年三月二十日，蒋介石诬蔑共产党阴谋暴动，逮捕了中山舰舰长李之龙等共产党员五十余人，并扣捕了黄埔军校和国民革命军第一军中的绝大多数共产党员，强迫共产党人退出第一军，从而窃取了第一军的军权。	2
楚溪春《三一八惨案亲历记》	我今天追忆这一段历史事实，目的就是为了暴露当时北洋军阀统治的黑暗、残酷与无耻。从这一段事实中，人们可以清楚地看到反动统治政权是怎样地在迫害、残杀爱国青年学生；人们也可以清楚地看到当时青年学生们在党领导下所进行的反对帝国主义、反对军阀的爱国运动，正如星火燎原，不管反动统治政权怎样残酷迫害和血腥镇压，是始终扑灭不掉的，终于最后和党领导的全国人民革命力量汇在一起，将反动统治阶级埋葬。	3
梅汝璈《关于谷寿夫、松井石根和南京大屠杀事件》	由于蒋政权的腐化无能，缺乏斗志，以及守土有责者的贪生怕死、颟顸糊涂，致使我数十万军民尽作日寇刀下之鬼。痛定思痛，怎不叫人万分悲愤！…… 为了开脱被告的罪责和拖延审判的进行，这些被告律师对于盘问、攻击检方提供的证人证件，以及辩驳、非难检方的论证主张等等，都是无孔不入、无隙不乘、无所不用其极的。美国律师的气焰尤为嚣张，时常信口雌黄，节外生枝。…… 美国政府既已决心要复活日本军国主义，庇护战犯乃是当然之举。同时，仰赖美国鼻息的蒋介石反动政权又正忙于内战，对引渡日本战犯自然无暇也不敢向总部再有什么要求。……（东京盟军总部法务处处长）卡本德的这篇谈话一方面为的是要讨好日本反动派，另一方面却是对我伟大的人民解放军要进行恶毒的诬蔑。	22
韩定山《马仲英与河湟事变》	在事变的过程中，汉回人民反抗国民军的起义，遍及全省。……至其结局，陇东养成了陈珪璋的势力，陇南养成了鲁大昌的势力，河西养成了马步青、马步芳的势力，数年中的混乱状态，暂时形成大小军阀的分割形式，不久，全省又转入国民党统治的黑暗时期。	27
岳星明《有关"皖南事变"反动阴谋的回忆》	"皖南事变"是抗日战争时期国民党反动派在蒋介石"消极抗日、积极反共"的阴谋下，为了削弱共产党力量而发动的对新四军的突然袭击事件，形成了当时第二次的反共高潮。	40

续表

文章	格式	辑数
马文车《中山舰事件的内幕》	当年的蒋介石对于中国共产党的心情是：一则恐惧，二则怀恨。因为蒋自认为“唯一军事家”，深知“有了军权就有了一切”。他在军事上植势之后，就一意孤行，要想实施独裁制度，压制民主，在一切措施上，一贯蒙蔽和欺骗群众。由于中国共产党在群众中的威信日高，他很害怕共产党员会在军队里深得人心，由猜忌而恐惧而怀恨。所以在东征结束后，千方百计寻找机会，企图把黄埔军校和国民革命军中的共产党员排挤出去，特别是在原由国共合作的国民革命军第一军方面，他一定要达到这个目的。…… 蒋既大权在握，就处心积虑地为实现其独裁的政治野心而积极创造条件。及至北伐取得胜利，他就悍然背叛革命了。	45
魏镇《“马日事变”亲历记》	1927年湖南的“马日事变”，是以汪精卫为首的武汉国民党反革命派和以蒋介石为首的南京反革命派公开合流的信号。这个事变的直接幕后组织者何键是当时躲在革命阵营里的野心家之一，是湖南地主阶级当权派的代表人。为了组织这个反革命叛变，他纠合了一批北伐军中的反动将领、国民党的右派分子和湖南一些身据要津的反动官僚政客、大地主，做过长时期的处心积虑的准备，在两湖进行了一系列的阴谋活动。	45
岳星明《顾祝同的反共军事阴谋》	顾祝同等早已蓄谋制造反共的“皖南事变”。一方面，他们虚伪地对外表示“用人格担保”，“保证尽力掩护新四军北撤”。但另一方面，他们又在“掩护北撤”的美名下，早已调兵遣将，重重包围，并且有计划地制造和散播新四军将要“南窜”、实行“三山计划”的谣言，以欺骗蒋军官兵，推卸事变责任。最后，他们把新四军按照规定路线（先向南经旌德再转东）北撤，说成是“南窜”；把早已蓄谋的围攻说成是“自卫还击”，制造了这一血腥事变。	57
李世军《“三一八”惨案纪实》	一九二六年，北洋军阀段祺瑞制造“三一八”惨案，杀害无辜青年学生。我当时曾参与学生示威游行的组织工作；惨案发生时，我也身在现场。这个惨案是段祺瑞及其帮凶蓄意策划的一场血腥大屠杀，绝不是如《文史资料选辑》第三辑上楚溪春先生所写的那样，是什么偶然发生的“意外不幸事件”。…… 惨案发生后，刽子手段祺瑞为了开脱责任，掩饰其血腥罪行，竟然在大屠杀的当天发表了一通颠倒黑白的公告。…… 但是，谁能相信段祺瑞这种骗人的鬼话呢！这正如鲁迅先生所指出的：“墨写的谎话，决掩不住血写的事实。”	66
何柱国《“九一八”沈阳事变前后》	“九一八”之前，蒋介石正热衷于所谓“第三次围剿”，集中兵力向解放区进攻，顽固地执行“攘外必先安内”的反动政策，置日本帝国主义必欲吞并中国的罪恶阴谋于不顾，这是导致“九一八”事变的主要原因。	76

续表

文章	格式	辑数
叶维民、范振声《"较场口血案"中的劳协》	抗日战争结束，中国人民民主革命的历史进入了新的时期。蒋介石妄图窃取人民的胜利果实，以巩固其独裁统治。全国人民要求和平、民主的愿望是迫切的，这是时代的潮流。以蒋介石为首的国民党反动派却逆流而动。日本刚宣布投降，他便借助美国的势力进行军事部署，积极准备内战，企图用武力消灭解放区。但是，全国人民不允许他这样做。蒋介石在全国人民要求和平、民主的强大压力下，不得不与中国共产党、各民主党派谈判，制造以和平协商解决国是的假象。蒋介石是丝毫没有诚意的。尽管他勉强同意召开政治协商会议，而他在召开政协的同时却千方百计地加以破坏。…… 这是抗日战争结束后，在国民党统治区第一次发生的规模巨大的争取人民民主的群众性政治斗争。 在中国共产党的领导和人民的支持下，劳协在这次斗争中不是失败而是胜利了。	150
汪廉《我参与审理"较场口血案"》	【较场口事件距旧政协会议闭幕时间不过十天。】从这一事实充分地看出蒋介石对旧政协玩的不过是一个政治骗局，而"较场口事件"就是揭开这一骗局的幕布。此后他就一幕幕地把旧政协的协议撕毁，终于大规模发动了内战。	150

三、政治制度和政治活动的惯用性描述格式

（一）歌颂

文章	格式	辑数
覃异之《黄埔建军》	黄埔军校是按照苏联红军的建军原则和作战经验来训练干部的新型军事学校。它是国共合作的产物，也是苏联援助中国革命的第一个重要标志。…… 哪里有共产党，哪里就有光明，有力量；离开了共产党，就会失去灵魂，就会迷失方向——我们今天回忆黄埔军校这一段历史的时候，历史本身又向我们再一次地展示了这一条真理。	2
陶峙岳《导致新疆和平解放的历程》	各族人民见到自己的军队，欢迎之热烈，真是盛况空前，载歌载舞，夹道欢呼，"共产党万岁！毛主席万岁！"之声响彻云霄，亦可见其期待之殷切。由于解放军的迅速到达，革命秩序建立起来了，于是新社会的建设也就从此开始了。 十一年来，这支起义部队在党的领导下，受到无微不至的关怀，通过教育培养和彻底改造，现已成长为新疆军区生产建设兵团的组成部分之一。他们正和各族人民一道，高举总路线、大跃进、人民公社三面红旗，为建设新新疆而奋勇前进。在祖国社会主义建设高潮中，新疆也和全国一样，突飞猛进，成就辉煌。	23

续表

文章	格式	辑数
裴昌会《从撤出陕西到川北起义》	这些起义部队从此结束了反动的罪恶历史，一般官兵在学习、改造的过程中走向光明的前途。	23
沈醉《云南解放前夕军统在昆明的特务活动》	昆明人民在强大的敌人面前得到了最后的胜利。整个云南已得到解放了，这是云南人民的力量，更是共产党和毛主席英明政策的胜利，也是卢汉先生对祖国和对云南人民作出的一个贡献！	23
刘祖靖《广州起义中的教导团》	广州起义，是我党继南昌起义和秋收起义之后，再一次反击了国民党反动派的叛卖和屠杀，极大地鼓舞了共产党员和革命人民。…… 广州起义尽管只有短短的三天，但很快震撼了全世界。当时不少进步的外国报刊，把广州起义与一八七一年的巴黎公社相媲美，称颂为广州公社，对广州起义的重大意义，作出很高的评价。而国民党反动派对革命人民的大屠杀，也丝毫没有吓倒革命的人民，相反，更坚定了对国民党反动派斗争的意志，并从广州起义中总结了武装斗争的经验教训，找到了在农村建立革命根据地、以农村包围城市、最后夺取城市的毛主席的革命道路。…… 广州起义像我党领导的许多伟大斗争一样，是无产阶级革命运动史上极其光辉的一页。参加这次斗争的以张太雷、叶挺、叶剑英、恽代英、徐向前、聂荣臻、周文雍等同志为代表的许多中国共产党人和革命者，在国民党反动派的残酷屠杀和白色恐怖下，高举革命的大旗，前仆后继，流血牺牲，英勇战斗，视死如归，对革命作出了卓越贡献。他们不愧是无产阶级的优秀儿女，不愧是中华民族的精英！“四人帮”丧心病狂地妄图一笔抹杀我党和中国无产阶级几十年英勇奋斗的历史，把参加这些英勇斗争的老同志打成“民主派”“走资派”，但这是徒劳的。谎话绝对掩盖不住血写的事实，掩盖不住无数先烈抛头颅、洒热血写成的革命史诗的灿烂光辉。人们将永远从这些伟大斗争中汲取无穷无尽的力量，踏着先烈的血迹，把无产阶级革命事业进行到底。	59
徐宗尧《组织军统北平站和平起义的前前后后》	伟大的解放战争进行到一九四八年冬季平津解放时，实际上结束了蒋家王朝在黄河以北的反动统治。从此以后，北平的鸽子与橄榄枝式的和平解放和天津的火与剑式的武力解放，对以后全国各大城市的解放发生了示范作用，大大加快了国民党政权的瓦解和解放战争在全国范围内的胜利。 然而，以蒋介石为首的国民党反动派对保有华北，特别是北平市这个政治中心和文化故都，确实是想尽了办法，不仅计划负隅顽抗、背城一战，并曾积极组织力量，企图以此为据点，逐步渗透到解放区，为其防守和反攻作战创造条件。如果没有毛泽东同志的军事思想和战略部署，平津的解放势必付出更大的牺牲，耗费更多的代价。	68

续表

文章	格式	辑数
李林《回忆在监狱里的斗争》	自从第一次国共合作破裂，北伐战争功败垂成之后，山东和全国一样，长期处于极端残酷的白色恐怖之下。……但勇敢无畏的共产党人，在最困难的条件下，仍然前仆后继，不屈不挠，始终坚持斗争，不断扩大了党的影响。一些被捕失去自由的优秀共产党员，在敌人暗无天日的监狱里，在法庭和刑场上，也利用一切可能的机会，进行了艰苦卓绝的斗争，创造了可歌可泣的事迹。…… 我们这些人经过在监狱中几年的斗争锻炼，终于冲破了反动派的枷锁牢笼，得到了自由，在党中央、毛主席的英明领导下，投身于新的伟大的革命斗争。	70
秦柳方《回忆救国会的活动》	救国会的活动，自始至终，是在中共领导下进行的，到了上海接近解放前的几个月，国民党反动派垂死挣扎，实行白色恐怖，大家只得荫蔽起来，在极其困难的条件下，开展工作，迎接即将到来的黎明。	89
张启宗《争民主、反独裁、救中国——救国会后期斗争札记》	中国人民解放军一定要把革命进行到底，已成为人们一致的信念。救国会坚持人民民主的统一战线团结反蒋。在中国共产党的领导下，团结工农、团结小资产阶级、民族资产阶级、少数民族、海外华侨和其他爱国分子，反帝反封建，为建设新中国而斗争。…… 一九四九年十二月九日，由中国人民救国会向中国共产党毛泽东主席写了致敬信，表示："从今天起，中国人民救国会正式结束了。"致敬信回顾过去的工作说："过去十四年来，中国人民救国会在抗日救亡运动中，在抗日战争中，在人民解放战争中，都做了一些工作，并且贯彻了我们的工作目标。十四年中间，由于您和中国共产党在思想上、在行动上，正确地领导了我们，不断地帮助我们，我们才能够给中国人民做了一些事，没犯严重错误。"信中还说："现在全中国最大部分地区已经解放，人民已经翻身，一个独立自由的中华人民共和国已经建立起来。我们到达了这样一种圆满的境地，以至于我们中国人民救国会这个组织，已经没有继续存在的必要了。""这一切的光荣，应当属于您，应当属于中国共产党。"致敬信最后说："我们向您保证：我们要永远在毛泽东旗帜之下，跟着共产党走！"	89
唐君照《江阴要塞起义的前前后后》	这次军事行动是中国共产党有计划、有步骤、有组织的一次起义。起义的成功，是我党深谋远虑的重大成果。…… 江阴要塞起义是党做了长期的准备，在思想上、组织上、力量积蓄上，都为起义打下了良好的基础。原江阴要塞官兵热烈响应地下党起义号召，说明党的方针政策深得人心。党的领导一定会得到那些具有民族感、爱国心的国民党的广大官兵的拥护。我经常和秉琳谈论："只有共产党才能救中国，没有共产党就没有新中国；党所以有力量，是因为受到人民的拥护。这就是蒋介石必败、我们必胜的原因，任何时候都不能忘掉党，忘掉人民。"	91

续表

文章	格式	辑数
舒靖南《抚顺战犯管理所见闻》	当我听到毛主席代表中共中央向人大常委会建议，对在押战犯进行特赦的消息，我真不敢相信自己的耳朵。……当时心情激动得无法抑制。真想不到中国共产党的光辉改造政策犹如春风化雨，竟使我们这些死有余辜的战犯，枯木逢春，有了新生之日…… 由于中国共产党执行了史无前例的伟大改造政策，不仅使成千的战犯走向新生，并有很多担任了各级人大代表和各级政协委员，与全国人民一道，共商国家大事。而且也使日本战犯回国以后，为反对日本军国主义复活和拥护世界和平，而自动组织起来进行斗争。…… 所有这些，既不是政治压力所能奏效，也不是虚伪宣传所能欺骗世人。它是中国共产党改造世界、改造人类的崇高理想与执行这一光辉的改造政策的伟大成就。世界上任何一个资产阶级的政党，都是望尘莫及和无法仿效的。 中国共产党的伟大改造政策，将通过对国内外战犯改造成功的范例，而永远载入改造人类的光辉史册！	104
姚惠泉《跟着党冲破黑暗走向光明》	回顾我的一生，先后经历了资产阶级旧民主主义革命、新民主主义革命和社会主义革命三个阶段。我有幸参加每一阶段的革命工作，感到十分自豪，又从中得到莫大的教益。我庆幸自己能跟着党走过这一光荣的历程。	104
马万里《果洛解放与民族区域自治政权建立的经过》	果洛藏族地区的解放和民族区域自治政权的建立，是我党在继和平解放西藏之后，实行正确的民族政策，从实际出发解决民族问题的又一范例。……时至今日已相隔30余年，每回忆这一段经历，都历历在目，倍感亲切、激奋。……果洛实现民族区域自治，结束了千百年来部落割据、分裂的封建制度，把果洛引向了祖国各民族团结和睦的大家庭之中。果洛藏族人民开始走上了进步、繁荣、幸福之路。这是果洛地区历史性的重大转折。	128
方人熙《第一五〇师的组建和起义始末》	从部队酝酿直到起义、胜利合编，历经十多个月，均在党的领导下和各级政治工作人员教育及具体帮助下，没有发生大小事故，善始善终，完成了历史使命，堪可告慰。	151

（二）揭露

文章	格式	辑数
王柔德《国民党军委会别动队罪恶史》	这个运动【新生活运动】实质上是蒋帮提倡封建道德的复古运动，目的是叫人民驯服地接受他的反动统治。他要求人民衣食住行都要遵守封建道德——礼义廉耻的规范。凡是别动队人员所到之处，都要大力整顿当地的“新生活运动促进会”，结合组训民众，举行升降旗，做早操，到处闹得乌烟瘴气。…… 这时的蒋介石集团阳假抗日之名，阴谋巩固其反动统治之实，因此，对特务头子康泽予以重用。	18
杨蔚云《抗战末期蒋军勾结敌伪一例》	抗日战争到了一九四三年间，由于中共领导下的抗日武装力量不断壮大，抗日根据地不断扩大，使得日本帝国主义的兵力分散，疲于应付，战争已呈胶着状态。蒋介石集团仅能苟安于西南、西北一隅，不独谈不上反攻、收复失土，而且顽固地继续执行其反共反人民的反动政策。因此，不惜出卖民族利益，与汪伪、敌寇暗中勾结，进行“物资交流”活动，并进而协同“剿共”，阴谋妥协求和。日寇和汪伪方面亦预感前途不妙，亟欲与重庆方面勾结，在反共的问题上合流。	18
沈醉《云南解放前夕军统在昆明的特务活动》	虽然在抗战胜利后蒋介石解决了龙云，而把整个云南置于他的恐怖统治之下，并用最野蛮最残酷的血腥屠杀政策，多次镇压过昆明学生的爱国运动，暗杀过坚强的民主战士李公朴、闻一多两先生，但云南人民却并没有被吓倒，而反蒋的进步力量却一天天在增长不已。	23
沈醉《国防部保密局内幕》	国民党国防部保密局是解放前蒋介石集团中规模最大的一个特务机关，它是继承了中国人民最凶狠的敌人蒋介石最忠实的走狗特务头子戴笠的衣钵……现就个人亲身经历和所见所闻，分别写出。……俾使这一臭名昭彰的特务组织的全部罪恶活动真实地暴露在全国人民面前。从这一个单位的种种活动情况中，更可看出蒋介石王朝对中国人民所犯下的滔天罪行和对中国人民所采用的残暴血腥统治的手段。…… 戴笠摔死以后，正值抗日战争胜利不久，全国人民都希望能真正走向全国团结一致、和平建设的阶段，各方面对这个一向为全国人民所痛恨的庞大特务机关，都希望能按照中国共产党提出的主张早日撤销。但蒋介石仍旧要坚持走他反共反人民的老路，认定这个一贯忠实执行他反共政策最力的庞大特务集团能更好更凶地发挥它的鹰犬作用，因此他对如何完整地保留这一组织，可说真费过不少苦心。	24

续表

文章	格式	辑数
沈醉《杨虎城将军被囚禁和被惨杀的经过》	“西安事变”以后，蒋介石被释放回到南京，立刻翻脸不肯承认在西安时所作的一切诺言；并对张学良、杨虎城恨入骨髓，将张公开扣押，逼杨辞去职务，遣往欧洲考察。……到“七七事变”发生，中共和全国人民一致主张团结抗日，救亡图存，坚决反对蒋介石的屈辱求和、丧权辱国的卖国投降政策。杨在欧洲听到这一消息，认为蒋介石可能会履行过去诺言，便不顾个人安危，毅然携眷返国，以响应中共和全国人民“共赴国难”的号召。可是蒋介石却念念不忘过去西安被扣的仇恨，仍把个人恩怨放在第一位。…… 事后毛人凤向我谈到此事时说：“老头子(蒋介石)对于这件事干得如此干净利落，很感满意。”这个全国人民的公敌，世界上少有的暴君，在他被人民赶走以前，他还念念不忘报西安半月之仇，而满足了他十多年来杀杨的宿愿之后，才带着满腔悲喜交集的心情离开了重庆。他高兴的是宿仇已报，悲的是从此一去永不能再回来了！	28
王耀武《蒋介石指示我在山东破坏和谈和调处的真相》	蒋介石处心积虑地与人民为敌，竭力维护旧中国半殖民地半封建的社会制度与反动统治。在抗日战争胜利后，以和谈掩饰其缓兵的阴谋，进一步勾结美帝国主义，借外援增强反人民的力量，企图绞杀革命、消灭共产党。…… 蒋介石集团在抗战胜利后，一面丧心病狂地掠夺人民的胜利果实，一面积极备战，曾于一九四五年十一月十一日，在重庆召开军事会议，名义上虽系整军会议，实质上是积极备战、准备全面进犯解放区的军事会议。…… 蒋介石听了我那些建议以后说：“为了国家的统一，不容许再有割据。你要知道，共产党不会给我们整顿的时间，你不打他，他要打你。他不容许我们休息。老百姓不得过太平日子，官兵不得休息，这都是共产党给予的。要随时对各界及你们所带部队的官兵说明，使他们有所认识。”从蒋介石所说的话里可以充分看出他肆意颠倒黑白，妄想把战争的责任推到共产党的身上。而事实粉碎了他对共产党的诬蔑。…… 我规定夹道欢迎的群众见马歇尔经过时，由领队的带头高呼欢迎马歇尔的口号，说马歇尔是为和平而来、给人民带来了幸福。实际上马歇尔不是为谋求和平而来，是为策划战争而来；他带来的不是幸福，而是灾难。	28
廖耀湘、杜建时《我们所知道的关于美蒋勾结的内幕情况》	美帝的目的，不是真正为了援助中国人民抗日，而是拿来作为支持蒋介石的反动统治，进而为它自已取得英法帝国主义在东方殖民的统治地位。蒋介石这个大流氓对美国则用不支持则拆伙的流氓手段，索取大量军火和金钱，扩充自己的实力，准备用来消极抗日、积极反共。因此，构成美蒋勾结复杂矛盾的关系。	29

续表

文章	格式	辑数
侯镜如等《蒋介石王朝在京沪杭最后的挣扎》	李宗仁为配合他的“和谈”主张，也玩弄过一些假民主的花招。…… 蒋介石即以“全面和平”作幌子来破坏“和谈”。汤恩伯的谈话就是针对“局部和平”主张者而发的，同时也是暗示抵制李宗仁的一些所谓民主措施。	32
胡次威《蒋介石做总统的一个片断》	“处处老鸦一般黑”，全国其他各省各区选举第一届国大代表的手法，和我差不了多少，可能有些地区比我还要搞得糟糕。可以肯定地说，如不违法舞弊的话，那一千多名的第一届国大代表谁也当不了选。 可是国民党政府的宪法，便是这些代表老爷们隔了十多年之后在南京开会制定的。谁能说这不是“滑天下之大稽”的奇文呢！	32
梅含章《江阴要塞解放的片断》	中国人民解放军在淮海战役中取得伟大胜利后，国民党部队的精锐部分都已被歼灭，但蒋介石并不甘心失败，妄想保持长江以南的反动统治。为了谋取时间达到重建反动部队的目的，蒋介石又演出“下野”与“和平谈判”的阴谋把戏；同时积极部署江防，企图凭借长江天险，构成长江防御，阻止解放军南进。	32
沈醉《中美特种技术合作所内幕》	以协助中国抗日为名而来到中国的美帝特务头子梅乐斯，这个双手沾满了中国人民鲜血的刽子手，中国人民是不会忘记对他的仇恨的。他在中国的几年当中，不但尽心竭力地帮助军统培养大量美式特务和选送军统大特务赴美国学习，以加强军统对中国人民革命的镇压，并供应大量各种杀人武器来屠杀中国人民，为军统训练和装备了数以万计的武装特务部队，企图加强反动派阻碍中国人民的解放事业。解放以后所破获的许多潜伏特务组织，都与梅乐斯过去在华的罪恶活动有密切关系。他是一个非常阴险狡诈的人，也是一个中国通。他在和戴笠“合作”的几年时间中，主奴关系是处得非常之好。主子对奴才是宠爱倍至，使得奴才们也恭顺异常。	32
萧觉天《蒋介石禁烟的内幕》	1933—1934年期间，正是南昌行营对中共领导的工农红军大举“围剿”、坚决与人民为敌的时期，成立了“豫、鄂、皖三省剿匪总司令部”，又把南昌行营迁到武昌，这就直接控制了汉口禁烟督察处，兼办豫、鄂、皖、赣、闽、湘、苏、浙、陕、甘十省“禁烟”，逐步推广到全国。并且提出“两年禁毒、六年禁烟”的口号，表面上似乎是为了实行禁烟，哪知道实际上是为了“剿共”，一切措施都环绕着这个中心问题。	34

续表

文章	格式	辑数
唐生明《我奉蒋介石命参加汪伪政权的经过》	当时在江南地区活动的新四军，虽被蒋介石一度围攻，主力不但未被消灭，而且很快地越来越壮大，活动范围更广。他们经常在日寇军队控制封锁异常严密的京沪线袭击敌人，常常威胁着汪伪的首都南京。这不仅使汪精卫认为是心腹大患，连日本人也时常弄得焦头烂额，穷于应付。因此，他们三方面都是时时处心积虑，决心要想彻底消灭这一部分坚持在敌后活动的强大抗日力量。…… 他们是绝口不谈新四军是真正的抗日部队，而把这支他们所畏惧的强大的人民武装抗日力量，总是说成“与国民党抢地盘，争天下”。…… 南京政府中的大汉奸们，可说绝大多数是与重庆政府有着密切关系的。 蒋介石这样重视去拉拢这些国人皆曰可杀的巨奸，他是随时准备公开合流，投降日本，共同反共。要是没有共产党和全国人民坚决反对，他早就公开与日寇进行谈判了。我奉令投敌的任务之一，便是替蒋介石拉拢这些汉奸。	40
张庆第《蒋军在豫皖边区勾结敌伪积极反共的罪行》	【国军第十战区和第一战区】这些军队依黄泛为险阻本应采取主动，乘隙进击日寇，可是他们并不出此，竟苟安于一地，勾结敌伪，阴谋消灭共产党。…… 黄泛地区是一片广阔沃野平原，物产丰富，而日伪军与蒋军的各种地方部队，充塞其间，掠夺民众物资粮食，以致民不堪命。共产党为拯救人民，在这个地区组织地方政权，武装群众，为建立抗日根据地准备条件，因此引起了蒋军的嫉视。 第十战区临泉指挥所，对日寇采取妥协态度，而对共产党则视如寇仇，不达消灭目的不止。…… 陷于中国大陆的日军，认为共产党组织领导的人民力量日益强大，为了继续维持其侵略势力，不得不加强与蒋介石反动集团进行勾结，求得喘息。	40
饶少伟《方先觉衡阳投敌经过》	方先觉投敌这件事发生在抗日战争末期的衡阳战役，当时曾引起全国人民的注目。蒋介石集团为了在人民面前掩饰自己的罪责，曾竭力隐瞒事实，颠倒是非，进行欺骗。最后连蒋介石本人也不得不亲自出面，公开包庇，硬把一个厚颜无耻贪生怕死的方先觉，说成是“中国军人之模范”，并给以“授勋晋爵”的奖励。…… 蒋介石集团对日寇进攻的政策是：避开正面，屯兵山区，借以保存实力，作为继续反共、反人民和投降日寇的资本。…… 蒋介石集团虽然不顾国家民族利益，不打算守住衡阳，但衡阳为湘西重镇，为了混淆视听，欺骗人民，又不得不打出要第十军“死守衡阳”的幌子。…… 蒋介石不惜亲自出马袒护一个叛变投敌的民族罪人，是有他的“道理”的。中国有句古话“物以类聚，人以群分”，蒋介石在统治中国的几十年中，他的一切措施，无一不是认贼作父，卖国求荣的勾当，比起他的部下方先觉的所为，有过之无不及，还有什么奇怪的呢？	40

续表

文章	格式	辑数
曹福谦《湘桂黔大溃退目睹记》	1944年5月间，九十三军由四川綦江出发，7月间到达全州后，不积极做阻止敌人的作战准备，有些军官们竟用汽车载上物品运到重庆去做生意，图利赚钱。这些物资不是盗取国家的，就是从湖南、广东的商人和难民手中便宜买来的；也有强行扣留的，明夺暗抢来的。在大敌当前还不图谋杀敌之计，竟然大做生意赚钱，这种部队怎能打胜仗呢？…… 日本人在南丹、金城江、六寨、独山等地屠杀的难民及本地的居民，总数在十万人以上。这是蒋介石消极抗战给中国人民造下的最大灾难！	40
黄彤光《我所经历的蒋特三个集中营的内幕》	反动的蒋介石王朝特务统治的血腥罪恶，真是罄竹难书。…… 以上的种种情况，仅仅是我被囚的数年中亲身经历和听到的一部分，仅能揭露其残酷情形于万一，也仅是全国范围内无数集中营的一部分。由此可知反动统治的黑幕重重，被囚禁迫害的共产党员、爱国民主人士、工人、农民、学生、知识分子以及各阶层的人民，真是不计其数，不知多少家庭妻离子散，横遭飞祸，寻无踪，觅无迹，尸骨不得收！真是人间活地狱！	40
杜聿明《蒋介石破坏和平进攻东北始末》	抗日战争胜利后，蒋介石的对内政策是假和平真备战，勾结美帝国主义劫收人民的胜利果实。他的方针是，集中全力，先劫收关内，再劫收关外。…… 蒋介石在执行上述政策方针的时候，幻想在苏军完全消灭日本关东军后，从苏军手中毫不费力地把东北接收过来；以后看到人民解放军已到东北恢复秩序，即进一步勾结美帝，采取以武力劫收东北的办法；最后，因东北的人民解放军声势日大，遂在马歇尔的大力撑腰下，集中精锐部队向东北大举进攻。	42
曹福谦《对〈我们所知道的关于美蒋勾结的内幕情况〉的补充》	这三个地方被美国飞机轰炸所损失的物资包括公私财产和死伤的人数（难民、居民、军人），真是无法统计。这是中国抗战史中的一大惨痛事件，国民党政府始终没有宣布过这件事情。这也是我亲眼见到的情形。不过六寨因为有张发奎这名大官几乎被炸死，故国民党政府中人员才了解到六寨被美机轰炸过，殊不知独山、都匀被美国空军炸得比六寨更惨。…… 当时国民党军人皆迷信美国，不管美国什么好坏东西，一来到中国就误认为是好东西；对于真正的好坏是非，分别不清。另外，国民党部队的官长们都认为得了美械装备，就成为蒋介石的亲信部队，在中央军中就有了名气。他们在这种卑劣思想支配之下，认为美械装备是件天下不得了的大事，其实装备中国的美械比捷克式武器还差得太远，连本国出品的中正式步枪也不如。	43

续表

文章	格式	辑数
梅原《朱培德对政治工作的“欢迎欢送”》	1927年4月，蒋介石叛变革命，大举屠杀共产党员。各地军阀也纷纷用各种各样的残酷手段，发动反革命大屠杀。5月1日，朱培德在南昌宣布“欢送共产党”，响应蒋介石的叛变革命。	45
张俊声《蒋介石派萧振瀛破坏抗战的内幕》	七七事变后，原驻华北的宋哲元所部二十九军。在蒋介石的不抵抗政策下，且战且退，撤至保定一带。……此时冯玉祥任军事委员会副委员长，请缨北上抗日，蒋介石乃划华北为第六战区，任冯为第六战区司令长官，拨宋哲元、韩复榘等旧西北军归其节制。但是蒋介石抗日是假，借此消灭杂牌军队是真；特别是对冯玉祥防之甚于防贼，决不任其有所发展。所以蒋介石又派萧振瀛担任冯的总参议，从内部进行破坏。	54
杜建时《抗日战争时期蒋美勾结与矛盾》	【魏德迈】一反史迪威的做法，对蒋表示顺从，把自己谦称为“参谋”而不称参谋长。帝国主义者为了达到他们的目的，可以使出各种不同的嘴脸。 魏德迈到达后，把租借物资分配权交给了蒋介石。在蒋介石与陈诚的图谋下，装备了蒋军嫡系部队，作为尔后反共的资本。蒋美矛盾，得到暂时的统一。	57
余湛邦《由新疆护送中共人员回延安的经过》	这篇稿子，不但为现代史提供一段史料，同时也是对林彪勾结“四人帮”犯下滔天罪行的一个控诉。 一九六七年初，林彪和“四人帮”掀起了一阵抓“叛徒”的妖风。一天，我在王府井南口看到天津一个“战斗队”的整整两大版报道，绘影绘声，煞有介事地说一九四六年被释由新疆回延安的中共人员，都是“叛徒”，有的点了姓名，有的点姓不点名。我详细地看了，既惊讶又迷惑。……直到一九七四年批林批孔，我才意识到问题的复杂性。到一九七五年中央文件下达，为这一百三十一人做出了结论，彻底昭雪，我才完全明白过来。这是林贼和“四人帮”搞的一个阴谋，矛头是直接指向伟大的领袖毛主席和敬爱的周总理的。因为释放政治犯是毛主席在重庆谈判中向蒋介石提出来的，而释放护送这些同志回延安，是周总理遵照毛主席的指示向张治中提出的。	60
金沛仁《略谈谢冠生与国民党司法界》	中国共产党领导人民大众抗战八年，取得胜利后，国民党反动派在美帝支持下，经过密谋策划，调兵遣将后，竟悍然撕毁“双十协定”，发动了大规模内战。一九四七年，与谢冠生气味相投的甘肃高等法院院长叶在畴突然提出“通缉”毛主席的建议。按国民党法制，最高法院检察长是受司法行政部监督的，部长有指挥权，所以叶在畴就此向谢冠生上了正式呈文。谢冠生收到呈文后，认为这是他向蒋介石献媚效忠的机会，就立即转饬最高检察长郑烈，于是年六月二十八日发布了“通缉令”。当时蒋管区的各地报纸，都登出该令的全文。识者见之，莫不齿冷。	78

续表

文章	格式	辑数
金沛仁《国民党法官的训练、使用与司法党化》	蒋介石窃取国家政权后，为了迎合帝国主义巩固反动统治的需要，他们把司法鼓吹成超政治的，说要在全国普设法院，推行"法治"。……"司法独立"从来就是蒋政权的骗人鬼话，蒋介石在"四·一二"反革命政变得逞后，就成立了血腥镇压革命志上的所谓军事法庭，后又改称特种刑事法庭。特刑庭裁撤后，又变本加厉地建立了一系列的特务组织，以各种方式渗透进司法界，步步严格控制，使之成为蒋介石独裁统治的得力工具。	78
朱国南《奇形怪状的旧司法》	上自司法院、部，下及地方法院和审判、检查、监狱以及律师业务等等，真是弊端丛生，一片黑暗，旧司法界的情况就是如此。	78
黄瀛《竹舍轶闻——国民党利用战犯建立国防部第三研究组的始末》	从第三研究组组成到覆灭的整个过程可以看出：国民党在反苏反共反人民这一点上，是多么不惜血本！利用战犯和特务来干这些罪恶勾当，是多么卑鄙无耻！	79
千家驹《忆抗战生活片断》	其实"国社党"与"中国青年党"是思想非常反动的政客集团，与国民党顽固派本是一丘之貉，其所以要于国民党之外另成立一个小党派，不外是想分润国民党政权的残羹余沥，获得一官半职而已。以后这两个小党派在政治斗争中逐渐暴露其与国民党同流合污的反动本质，被民主政团同盟清除出去。…… 《大公报》是政学系的报纸；《大公报》三巨头吴鼎昌、胡政之、张季鸾均与蒋介石有密切的关系，他们对国民党反动派小骂大帮忙。《大公报》执蒋管区舆论界之牛耳，貌为"大公"，有时起《中央日报》(蒋党机关报)所不能起的欺骗作用。但另一方面，《大公报》所代表的政学系与四大家族的宋、孔、陈之间是有矛盾的，张群、吴鼎昌、张公权等代表中国的一部分资产阶级，不满意四大家族的胡作非为，他们之间的斗争有时是很尖锐的，可以利用这种矛盾来暴露一些国民党政权贪污腐化的内幕。	98
杜聿明、覃异之《塘沽协定签订后"中央军"在华北的几件事》	这时中央军不但不抗日，反而与日伪联合起来消灭坚决抗日的部队，这是多么可耻！	99
胡次威《国民党反动统治时期的"新县制"》	抗战期间，蒋介石在后方各省，主要是在四川实施过"新县制"，这是一种反动的政治措施。抗战胜利后，又在国民党反动统治区域内普遍推行，使广大人民遭受无穷的损害。	129

续表

文章	格式	辑数
胡忠民《国民党军政头目对湖北堤工费的八次掠夺》	1926年大革命时期所建立的湖北统筹江汉干堤修防有关制度在仅五年期间，就被破坏殆尽，湖北人民在蒋政权反动统治期中所受水灾惨祸，令人回忆犹有余痛。 从以上所记八次掠夺罪行中，就可以充分看到反动统治时期军政头目们灭绝天良、掠夺湖北人民无所不用其极的真相，也就可以充分说明反动统治必然崩溃的原因。	135
汪振国《国民党统治时期文官考试与文官制度》	浙江的县长考试如此，其他各省的县长考试也同样是装点门面，所谓澄清吏治，慎选"亲民"之官，仅仅是标榜而已。 国民党统治时期，各级政权机关及行政部门的腐败黑暗，官气之重，效率之低，是人所皆知的，但从规章制度来说，却又有完整的一套，其中有些规定并不是不合理，为什么不能挽救其稗政于万一呢？道理很简单，"庶政之坏，由官邪也"，"徒法不能自行"。当然，这与国民党政权的反动本质是分不开的。	136
张潜华《国民党行宪立法初期二三事》	国民党行宪立法院……是国民党政府的一个主要组成部分，是为反动统治阶级利益服务的。但国民党派系的矛盾和对立，又不可避免地要反映到立法院方面来，而且还在那里展开了尖锐的摩擦和互相攻击。所以它的成立，不但没有为蒋介石政权带来多大好处，反而加深了它在政治方面的严重危机。	138
黄淑《广州"四一五"大屠杀亲历记》	广州"四一五"惨案是以蒋介石为首的国民党反动派彻底暴露其反革命罪恶阴谋计划的一部分。当时被迫害的主要是革命干部(共产党人)、进步人士和革命武装——工人纠察队(包括财政部缉私总队)。……兹就目睹工人武装惨遭屠杀的片断情况，揭露蒋介石及其凶手们欠下人民的一笔血债。	138
李隆《庐山见闻》	可能是贺【衷寒】不得志，因此他大发牢骚，大骂国民党军政人员贪污腐化，发国难财，发接收财，投机倒把，敲诈勒索等等行为，并大声疾呼地要革命。他认为如果不对这种行为来一场革命，中华民国的前途是不堪设想的。贺衷寒的这番议论，虽然是牢骚，而实际则是国民党反动集团头子们的自我暴露，也更是这位大人物已预感到国民党政府灭亡的日子已为时不远。…… 在夏令营训练还未结束时，美国的那位臭名远扬的马歇尔去了庐山。……马歇尔窜到庐山去搞什么鬼，当然蒋介石是最清楚的。……因为马歇尔来到中国美其名曰是进行调处，实际上是"天知道"，而且以后的无数事实证明，他的所谓调处，不过是要和蒋介石以缓兵之计，来调动兵马，消灭共产党和八路军。但美蒋的如意算盘，最后还是枉费心机，以失败而告终。	142
秦筝《庐山高级政工会议纪实》	1946年6月，美蒋以为内战兵力业已布置就绪，一切都准备停当。蒋介石就扯下他的和平面纱，向共产党提出荒谬的五项条件。在遭到拒绝后，悍然撕毁停战协定，于7月下旬向解放区发动全面进攻。	148

（三）对比

文章	格式	辑数
刘骥《南行使命》	在武汉方面，对于蒋介石的破坏国共合作，分裂国民政府，群情早已极为愤慨，而蒋介石变本加厉，竟敢公开背叛革命，发动四·一二事变，大规模地残杀在一条战线上共同北伐的共产党人。武汉的人民群众无法再事容忍，一致要求对蒋严厉制裁。	4
张治中《北平和谈前的几个片断》	和平虽然是绝大多数人民的渴望，但是近视盲目、自私自利的顽固分子，依然多次从中阻梗，给我们很大的压力。…… 从这些电文中，显然已看出了顽固派的组织行动，也充分说明了国民党内部绝大多数人不知己、不知彼的昏聩糊涂情形。	13
龙云《抗战前后我的几点回忆》	七七事变爆发后，蒋介石在中国共产党的督促和全国人民的压力下，不得不宣布抗战。…… 蒋介石根本就没有抗日的决心，完全想依赖于国际的干涉，他的所谓"全面抗战"，只不过是欺骗国人的幌子而已。	17
李任夫《军统特务机关息烽集中营黑幕》	不管反动派如何穷凶极恶来镇压人民，想巩固其统治。但人民的力量是不可战胜的。历史发展的规律，也是无法抗拒的。在党的英明领导下，中国人民对反动派作了长期的艰苦斗争之后，终于推翻了这个万恶的反动王朝，胜利最后属于人民！我们今天已过着光明幸福的日子了，然而回忆过去，每一想到那些为中国革命而献身流血的先烈们时，便不觉热血沸腾！	28
张丰胄《1949年国共和谈的有关史料》	抗日战争胜利后，1945 年 10 月，国民党和共产党进行和谈，于 1946 年 1 月签订停战协定，又在政治协商会议上作出了决议。但是 1946 年 7 月蒋介石在美帝帮助下，违背人民意志，撕毁停战协定和政治协商会议的决议，发动全国规模的反革命的国内战争。在这两年半的战争中，国民党的主要军事力量及精锐师团多被歼灭，已至众叛亲离、不能维持的境地。蒋介石还想保持残余力量，取得喘息时间，以便卷土重来，于 1949 年 1 月 1 日提出愿与共产党进行和平谈判的建议。…… 1 月 14 日，中国共产党广播电台正式发表了毛主席关于时局的声明，揭露了国民党所提的建议是虚伪的和平，而明确地提出，中共愿意和南京国民党政府及其他任何国民党地方政府和军事集团，在八大条件的基础上进行和平谈判。…… 毛主席这个声明发表后，全国振奋，南京和谈气氛高涨，反动政府也做出了伪装和平的姿态。…… 张治中的这个声明，表达了他对当时国内形势的看法，也可看作南京政府和谈代表团的共同意见，确实想忠告当时国民党内稍有爱国心、是非心的人们，应与美帝和蒋介石、李宗仁一伙决裂，转到人民民主阵营方面来，才是唯一光明的出路，也才有新生。 但是李宗仁、何应钦集团，却还在幻想美帝国主义的支持和援助，仍然服从反革命到底的蒋介石的命令，决心与国家民族和全国人民为敌，最后还是拒绝和平，不恃使所派赴北平的代表团前功尽弃，还指挥残余的陆海空军和特务匪徒继续从事疯狂的、绝望的破坏和顽抗。但这种抗拒，当然决不能阻碍中国革命的胜利和全国人民的解放，总逃不了彻底的失败和要受到人民的制裁。	32

续表

文章	格式	辑数
伍培英《蒋介石假征藏以图康的经过》	蒋介石压榨人民，许多血汗拿来兴修的康青公路，自从骆美仑贿邀新闻记者的两部汽车通过以后，这条公路就宣告不通了，直至解放时始终没有再通过一部汽车。……特别是康北成千成万的老百姓参加过筑路工程，为修这条路，流了多少血汗，受尽了多少折磨，满想路修成好走些，而今却变成“康青道上行路难”，更使他们倾出无限的酸辛泪。…… 蒋介石兴修康青公路的始末，就是康北人民受灾受难的过程。解放以后“康青公路”的痕迹是逐渐消失了。代替它的是共产党、毛主席给人民带来的幸福的“五彩路”。哪怕康青公路的痕迹完全消失掉了，但是留在人民心中的蒋介石兴修康青公路的痛苦，是同受蒋介石反动统治二十余年的痛苦一样地永远不会消失的。	33
米庆云《蒋政权在川西边区禁烟的真相》	十六区各县种烟的最大积累，就是用烟土换来成千上万的枪弹，这些武器又成为大小恶霸互相残杀和蹂躏人民的工具。而他们攘夺的目的物，仍然是烟土。奴役的对象，总归是老百姓。…… 在这毒气迷天、烽火铺地的黑地狱里，他们像密林中的枯草一样，看不见一线天光。 幸而伟大的解放日期到了，1949 年底，这个区域升起了五星红旗，吃人的毒蛇猛兽，从专员何本初起，所有各级反动官吏，大小恶霸，烟帮土匪，都在共产党领导的人民铁帚下一扫而空。他们有的逃了，有的伏诛，有的关押改造。少数民族首领，在党的教育团结之下，绝大多数归附了革命，走上新的道路。全区烟毒，也在解放后三年内全部彻底肃清。川西松理茂边区的历史，从此才换上崭新的篇页。	33
黄绍竑《新桂系与鸦片烟》	前清道光年间，两广总督林则徐倡言禁烟，广东禁烟最力，因而引起英帝国主义者发动“鸦片战争”。清廷外慑于英帝国主义者的武力，内惧人民的革命反抗，于是割地赔款，屈膝求和。…… 鸦片战争是中英两国的国际战争，而中国数十年的军阀混战也可以说是鸦片战争在国内的继续和扩大。…… 在中国共产党和毛主席领导之下，短短几年内，就把流毒中国人民百多年的鸦片烟毒扫除净尽。人们看不见什么冠冕堂皇禁烟的严厉法令，也不见有人受到极刑处死或禁锢处分，而现在的都市乡村里闻不到一点鸦片烟的气息，在边荒野岭上也看不见一朵罂粟花儿，真是一个奇迹。为什么能出现这个奇迹呢？简单的答案就是党的领导和社会主义制度的优越性。	34
余湛邦《一九四九年国共北平和谈始末记》	由于处境的不同，国共双方对待这次和谈的态度亦有所不同。由于三大战役都已经取得决定性的胜利，全国的解放已经是水到渠成、瓜熟蒂落，对中共来说，正是“引而不发，跃如也”，沉着稳定，不慌不忙。而国民党方面则相反，由于是败战求和，山穷水亦尽，只有希望早日开始和谈，才能希冀于万一，所以日夕谈和，梦寐求和，总觉得和谈时刻，姗姗来迟，有如蚂蚁上热锅，末日扑腾。	67

续表

文章	格式	辑数
孙晓村《回忆冯玉祥将军对救国会的支持》	三十年代，日本军国主义加紧对我国侵略，妄图把我国沦为殖民地，把中华民族沦为亡国奴。蒋介石采取不抵抗政策，对日本侵略节节退让，而调集大军进攻苏区。蒋介石的倒行逆施，激起全国人民无比愤怒，要求抗日救国的怒吼响彻全国各地。冯将军站在人民一边，坚持抗战御侮，得到全国人民的敬仰和拥护。一九三五年九月，蒋介石为了装饰门面，一再电请为反对蒋介石的反动政策而隐居泰山、奋发读书的冯将军出山，"共商国是"。冯将军为了团结抗战，不计前嫌，乃于十一月一日到南京，十二月接受了军事委员会副委员长的空衔。…… 他的探索真理、不断进取的精神，他热爱祖国、同中国共产党真诚合作、坚决反对蒋介石的反动政策、积极支持抗日救亡运动等的光辉业绩将永垂青史。	89
谢居三《救国会七君子被捕案轶闻》	正像清末戊戌变法中的"六君子"因爱国被害那样，反动政府诬为罪犯，而人民称之为君子，这是对反动政府的斥责，也是对被害者的赞扬。	89
高秉坊《冤狱回忆》	陈果夫利用CC系掌握的中统特务，捏造假证据，诬控贪污，伺机进谗于蒋介石，谓我植党营私，遂得径由侍从室密令财政部将我撤职查办。然后挟制法官，煽动舆论，先置我于狱，初判极刑，复判无期徒刑。要不是解放，即令不死于狱中，迄今当亦得不到自由。…… 我所遭冤案至此乃得大白于天下。这只有在伟大的中国共产党领导下，才有正义是非，冤屈才得昭雪。…… 回忆旧日在反动统治下的一段工作，我总抱着天下兴亡匹夫有责之志，故为国驰驱，不遗余力，没想到盲目的鞠躬尽瘁，给反动派作了牺牲的工具，并无益于国计民生。…… 近日踏上了光明的工作岗位，更悟到当时黑暗政治的腐朽无能。	94
过家芳《贾汪起义与一三二师行动经过》	我在会上向干部讲话，大意是：我们原是西北军廿九军，在卢沟桥挺身抗击日军的侵略，而蒋介石则媚日求和，消极抵抗，节节后退，别有用心地歧视非嫡系部队，纵使抗日有功，也不给补充，还对其摧残削弱，恶毒至极。经过八年的艰苦抗战，全国人民好不容易盼到了胜利。可是，人民的创伤还未得医治，离散的骨肉亲友还没得到信息和团聚，蒋介石就阴谋挑起了反人民的内战。我部将士自一九三八年春以来，就曾受到共产党的教育，坚持了共产党提出的抗日统一战线，抗战中曾与新四军配合，取得不少胜利。而蒋介石却把我们当成眼中钉。他反共、反人民，也胁持我们反共，决非我们的意愿。多年来国民党反动派争权夺利、欺压百姓、消灭异己、卖国求荣，搞得民不聊生，朝不保夕。我们大家都是亲身经历、亲眼所见，真是忍无可忍。蒋介石丧尽民心，已到了穷途末路，必遭灭亡。共产党自抗战以来，深得人民的拥戴，人民解放军的力量日益壮大，也是大家所共见的。我们要辨明是非，不能再受骗了，决不能再给蒋介石当炮灰、走死路了。我们要起义反蒋，跟着共产党走光明大道，这是大好时机。大家说好不好？参加开会的全体官佐，同声说"好"。我当即宣布："从今天起，我们拥护共产党，参加人民解放军。我们新生了！"	98

续表

文章	格式	辑数
舒靖南《抚顺战犯管理所见闻》	到达鞍钢，听陪同参观人员介绍，当时日本人将鞍钢移交给国民党军队时，曾轻蔑地说："给你们中国人去种高粱吧！"不幸而言中，国民党接收后，倒卖机器，拆毁厂房，蒿草丛生，一片荒凉。解放后短短七年，呈现在我们面前的，不仅全部恢复，而且……产量超过历史最高水平。……岂止鞍钢如此，胜利后，我任整编一七四旅旅长，驻防铜官山，就将机器拆到芜湖出售，厂房改为马厩。联想到中统汉室接收武汉报的往事，室主任杨虔洲将日人移交清册焚毁，仓库物资盗卖一空。想起来我们这批人，实在是没有一个好的。 在长春参观由伪满皇宫改建的地质学院时，伪满大臣们，如数家珍，指出每座建筑物在伪满时是哪个机关。我的感触很深，共产党真是伟大，不但将过去压榨人民的皇宫，改造成为祖国建设服务的地质宫（当时人民称长春地质学院为地质宫），而且还正在将皇帝大臣改造为自食其力的劳动者，这是多么伟大的胸襟和气魄啊！ 在长春第一汽车制造厂，我们参观了全部生产过程的流水作业线，最后在总装配车间逗留很久，当每九分钟（以后提高到三分钟）就开出一辆解放牌汽车时，心中感到一阵喜悦。回忆解放前，我为了监视工人言行，常到汉口硚口汽车修理厂去，看到过世界各国的汽车，就是找不到一辆有中国字的汽车。当时，由于我的自卑感，认为中国就落后。今天亲眼看到我国能自产汽车，作为一个中国人，我怎能不感到扬眉吐气呢！中国并不落后，只是坏在我们这些人的手里。 通过这次参观，每个人都受到一次极深刻的教育。尤其胜利后参加劫收东北的蒋军将军们，眼看被他们破坏无遗的烂摊子，在新中国成立短短数年间，便百废俱兴。虽然还只是开端，但已看出中国共产党是诚心诚意，为国为民的。对照我们这批旧中国的统治骨干，二十多年来，把一个锦绣河山的国家，弄得百孔千疮，民不聊生。新旧对比，能不羞愧！	104
毛翼虎《在国民党立法院内外》	整个大陆解放后，立法委员也起了极大的分化，有的靠拢人民，在党的领导下，参加社会主义建设事业，有不少人就在北平；有的在香港、澳门徘徊；有的逃到台湾继续充当蒋介石的御用工具与人民为敌。	138
尚丁《拼将热血争民主——旧政治协商会议会场外面的斗争》	"惨胜"的欢乐是很短暂的。我们终于看到，国民党当局正在篡夺人民的胜利果实，并且为了使中国仍旧成为大地主大资产阶级专政的半殖民地半封建的国家，在美国帝国主义的支持下，正积极部署反人民的内战。中国共产党洞察这一切，立刻领导人民与蒋介石进行针锋相对的斗争，保卫人民的胜利果实。由于全国人民的斗争和世界民主舆论的谴责，也由于蒋介石发动内战还需要时间作部署，因此他伪装和平，三次电邀毛泽东主席到重庆举行谈判。党为了争取和平，揭露美蒋的真面目，并有利于团结教育广大人民，毛主席由周恩来、王若飞陪同，于 8 月 28 日亲自从延安飞到重庆，同国民党进行谈判。	142

四、政治组织和党派的惯用性描述格式

（一）"进步"组织和党派

文章	格式	辑数
阎宝航《流亡关内东北民众的抗日复土斗争》	东北民众抗日救国会，进行了多方面的抗日活动，对于推动东北民众的抗日斗争起了积极的作用。但是国民党反动派是不许人民抗日的，同时也不喜欢一个与张学良有关系的政治团体继续活动下去，为此，他们就千方百计地对东北民众抗日救国会进行破坏活动，首先是利用一些东北籍CC派反动分子，戴上抗日的假面具，挂出抗日工作的假招牌，借为不抵抗政策放烟幕，并妄图以此收揽东北人心，打击东北人民真正的抗日救亡活动。…… 当时，我们和国民党反动派的斗争，在言论主张上，主要表现在"是谁不抵抗？"和"不抵抗政策"的问题上：他们拼命为蒋介石的不抵抗政策打掩护，把丧失东北的责任推到张学良一个人的身上，说是由于张学良不抵抗；而我们则正面予以揭穿，以事实说明东北丧失是由于蒋介石命令不准抵抗。他们拥护蒋介石的"安内攘外"的反动政策，为蒋介石反共反人民的内战进行辩护，而我们则主张全国团结抗日。我们旗帜鲜明地高呼"打回老家、收复失地"的口号，而他们遮遮掩掩，只提"收复失地"而不提"打回老家"的口号。他们的反动宣传，曾使一部分东北人士和一些青年学生受到一时的欺骗蒙蔽。…… "东总"负责同志及少数工作人员，在共产党的领导下，正在倾全力于地下工作，并且积极参加支持许多民主团体的活动，工作更为紧张而繁重。	6
李默庵《忆南岳游击干部训练班》	南岳游击干部训练班（简称游干班），是专门训练用游击作战方法，到敌后去打击入侵我国的日本侵略军的组织；同时也是国共两大政党第二次合作，团结抗战的重要而具体的产物。	126

（二）"反动"组织和党派

文章	格式	辑数
周振强《四川綦江战干团惨案回忆——记抗战期间一件蒋帮特务屠杀爱国青年的罪行》	卢沟桥事变后，在伟大的共产党领导下，全国人民一致要求抗日。当时国民党反动派深怕爱国青年学生跑到延安抗大，增加抗日力量，对他们不利，因而于一九三八年春在武昌南湖成立了干训团（全称为"军事委员会战时工作干部训练团"），以抗日救国的假面目，大量诱骗爱国青年学生入团，加以法西斯的训练，企图作为他们反共、反人民的工具。该团由蒋介石自任团长，陈诚兼任副团长，并任命桂永清（留德学生，特务组织"力行社"的组织者）为该团教育长。	5

续表

文章	格式	辑数
李根源《我与政学会》	政学会是旧中国议会中的一个政团，本质上是资产阶级性质的，有组织形式而无组织实际，对会员也没有任何纪律约束，目标不一致，步调多分歧，所以当面临历次重大历史事件之际，不能全体一致贯彻自己提出的纲领，为人民多做几件好事，发挥一个政团应有的作用。……但有部分动机不纯的会员，只想做官发财，不顾全局。这类人，我当日对之颇愤慨，即如曹锟贿选名单中，亦杂有政学会会员，真可耻也。…… 政学会于一九二五年接受胡景翼的提议，取消组织，回到国民党老家，但没有能进一步为革命事业尽到一份力量。	3
王又庸《关于"新政学系"》	杨永泰和熊式辉在南昌行营为了实现个人的政治野心，达到升官发财的目的，开始紧密地勾结起来，不惜为蒋介石疯狂地进行反人民、反革命的第五次"围剿"出尽主意，卖尽气力，从而两人都博得了蒋介石更深的信任。…… 至于在蒋家王朝之内，始终是派系林立，蒋介石不仅不反对而且亲手加工制造。有许多事实可以证明蒋介石是要自己的内部各立门户，互相克制，互相倾轧，以更便利于他个人的操纵与奴役。…… 以上就是新政学系这个反动集团从它发生到消灭的大致情况，它是蒋介石反人民、反革命的整个历史当中的一个组成部分。…… 总之，新政学系这个集团，在它跟着蒋介石反人民、反革命的十五年全部罪恶历史当中，南昌行营这一阶段的活动无疑是最严重的一页！	4
黄雍《黄埔学生的政治组织及其演变》	随着革命形势的发展，斗争也日益尖锐。黄埔左派学生中最初出现进步政治组织——火星社，在与校内的西山会议派及孙文主义学会分子斗争中发挥了极大的作用。随后，在一九二五年底，青年军人联合会在共产党领导下成立以后，同孙文主义学会的斗争更加剧烈。蒋介石发动三二〇反革命政变前不久，即借故迫令青年军人联合会解散，孙文主义学会亦同时取消，另行组成一个完全由蒋介石自己控制的黄埔同学会。一九二七年大革命失败以后，黄埔同学会就完全被反革命力量所控制，成为蒋介石镇压人民和革命势力的工具。	11
周一志《关于西山会议派的一鳞半爪》	国民党的西山会议派是首先公开反对孙中山先生的革命三大政策的反革命派系，可以说是一个极右的政治集团。一九二五到一九二七年大革命前后，凡是提到邹鲁、谢持或者说某人是西山派，那是最臭的名词。后来蒋介石勾结帝国主义反共，汪精卫也跟着反共。经过若干年时势的演变，尤其是到了重庆时期，西山派的林森、张继、邹鲁、居正、覃振等人反都成为国民党内元老阶层的人物了。	12

续表

文章	格式	辑数
曾扩情《何梅协定前复兴社在华北的活动》	复兴社在华北的有关部门，如政训处、宪兵三团及各学校的训育主任和军训教官等等，都对人民犯了滔天的罪行。而宪兵第三团的罪行尤为突出，因为它是复兴社所掌握的首要特务机关。诚如阎宝航先生所写《流亡关内东北民众的抗日复土斗争》一文中所说："这时专以镇压抗日人民为任务的中央宪兵第三团，已经开驻北平。抗日有罪，成为公开执行的法令，被捕和失踪者日有所闻。"直言之，也就是共产党人和爱国青年，及一切进步人士之被捕和失踪者日有所闻。当时我对宪兵团这些滔天罪行，认为是分所当为，既满足了复兴社的要求，也表达了我个人的意愿，见惯不惊，习以为常。只听见他们随时随地，都在对共产党人和一切进步人士采取镇压和迫害的行动，尤以镇压和迫害进步的青年学生为多。	14
何汉文《改组派回忆录》	改组派是从一九二八年至一九三二年间由于国民党内部分裂而形成的一个反动政治集团。这个集团曾经打着改良主义的旗帜，戴上国民党"左派"的假面具，迷惑了一部分青年和知识分子，并且被汪精卫集团所利用，作为和蒋介石争权夺利的政治资本。	17
刘恭《我所知道的"中统"》	【中统与】中央政治学校部分自命为反共策反的冒牌学者串通一气，在出版界印行大量小册子，扰乱视听，污蔑共产党，麻醉青年，使其迷失方向。这类小册子都是以无党无派的"中间"笔调写成，诉苦诉怨，骗取幼稚读者的廉价同情，列举完全捏造的假事实，丑化人民革命的神圣事业。…… "中统"这个万恶的特务机关，从 1938 年成立，到 1948 年开始迁逃台湾，十年岁月，不算太短；这罪恶的十年，在中国大陆土地上为蒋介石反动统治造孽害人的罪行，罄竹难书。"中统"组织和人事演变反映了蒋政权的没落过程，同时也反映了人民推翻残暴统治的革命力量蓬勃发展。……牛鬼蛇神的反动渣子，吸吮人血的特务匪徒，随着蒋介石的卖国政权在中国大陆上烟消云散，"中统"这个名称已成为反动统治的历史陈迹，遗臭万年！	36

续表

文章	格式	辑数
曲云章《国民党军委会西北青年劳动营的真相》	它的目的和任务是劫击、扣留北上抗日的青年知识分子，逮捕、扣押、审讯抗大毕业生和其他革命学校毕业生以及革命战士和干部，并以招收失学失业青年为幌子，诱骗、收留各地来往的爱国青年。…… 这一批特聘教官，多是托派分子，每周有一次到两次政治讲话，全营集合讲授，其内容都是针对抗大所讲的革命真理进行歪曲诬蔑。…… 这个《青年劳动半月刊》是对内的刊物，其内容多是利用或迫使抗大出来的学生撰写的对革命歪曲漫骂的文章。…… 对于已肯定是共产党人和其他革命组织的坚决反抗到底的学生，捆绑押送西安陆军监狱，送去者多是死刑。以上这些就是劳动营摧残革命青年抗日志士的主要法门。…… 劳动营从1941年扩大，至1944年以后又改编为“西北青训总队”，变本加厉地对青年进行罪恶活动。	36
张潜华《政学系在东北接收问题上的如意算盘》	当苏联红军在欧洲战场上取得巨大进展和胜利的时候，当英美军队在太平洋方面发动对日越岛进攻的时候，特别是当八路军已经成为配合同盟国作战、驱逐日本侵略者的主要力量的时候，蒋介石及其反动集团尽管始终没有认真进行过抗战，但他们却意识到中国抗战已经接近全面的胜利。因而如何抢夺人民胜利的果实，就成为他们所考虑和计划的中心问题了。在这方面，政学系扮演了一个极其重要的角色。	42
屈凌汉《蒋经国的小组织“燕廉”的活动》	“燕廉”是1947年国民党反动派在北平的一个反动组织，是一个在内部以反贪污为招牌……为期仅有半年的秘密组织。…… 社会处在进行福利救济、民众组训和创立合作社等经常工作时，同样也依据燕廉座谈会的精神，随时进行反共宣传与反共行动。在救济“难民”时，硬说他们苦难的根源，在于共产党破坏停战协定，到处掀起战火，以致城乡生产萎缩，交通困难，商业凋敝，使人人不能安居乐业。发放救济品时，还指出这主要是美国送来的物资，企图使中国人民感激美帝国主义，仇视共产党。	42
张严佛《抗战前后军统特务在西北的活动》	在这个杀气腾腾的紧要关头上，军统局为了配合蒋介石“三分军事、七分政治”的剿共、灭共政策，于一九三五年十月“西北剿总”成立之同时，立即在西安设立了军统局西北区，以统一指挥陕西、甘肃、宁夏、青海四个省区的特务活动。对四省原有的特务组织，以西安为中心，陕西、甘肃两省为主要环节，针对着陕甘宁边区，以十倍的人力物力，加强特务布置，以所谓“看不见的力量”，一面搜集红军军事情报，供应“剿总”作“进剿”决策的参考，并对“进剿”部队的军官进行监督检举，鞭策着彻底执行“见人就杀”“见屋就烧”“见东西就抢”的三光反动政策。同时，在后方各地侦捕共产党地下工作人员、进步人士、青年学生，并对广大人民群众暴力镇压，以特务恐怖手段来维护蒋管区的秩序治安。	64

续表

文章	格式	辑数
刘瑶章《国民党中训会和中训团的来龙去脉》	蒋对合作、对抗战无诚意，当然也无决心。虽然在一九三八年制定了“抗战建国纲领”，但在他思想上占主导地位的却是利用抗战的口号，消灭他实行法西斯独裁的障碍——中国共产党。因此，共产党主张抗战、民主、团结，蒋介石则搞他的妥协、独裁、分裂，所谓“消极抗日，积极反共”，一点也不错，制造“皖南事变”，消灭英勇抗日的新四军，就是最突出的一例。名曰“统一政令、军令”，实际是“限制共党”“处置共党”。他错误地估计形势，认为抗战的胜利果实要由他一手抢占，所以需要及早培养一大批得心应手、听他指挥的反共骨干分子。这就是中训会和中训团整个反动工作的总目标。…… （一）蒋介石举办各种干部训练的目的，集中到一点，就是推行他的法西斯主义。具体地说，他要在抗战的幌子下，压迫以至消灭共产党和八路军。为了实现这一阴谋，他需要先培养一批听他指挥的干部，统一反共思想，同时缓和国民党的内部矛盾。 （二）蒋搞的各种训练（可以上溯到三十年代），在当时可以说炙手可热，无孔不入，不但在国内发生一定的政治影响，流毒很广，而且还引起了国际上的密切注意（特别是美国）。 （三）在训练各个方面，蒋最后以失败而告终，主要由于他违背历史发展规律，倒行逆施，自欺欺人，势力越来越缩小，群众反感越来越大，他个人就越来越孤立，以致最后逃奔台湾。虽说设立了庞大的训练机构，也难支持他的反动统治。	74
赵普炬《中央训练团梗概》	这个训练团，表面上是为了贯彻所谓“抗战建国”，实际上是为了向蒋管区的党政军人员灌输法西斯思想，拥护个人独裁，排除异己，对抗民主，积蓄反动力量，妄图解救蒋家王朝的危机。	74
陈开国《青干班和青干校始末记》	国民党在大陆统治时期，青干校校友助蒋为恶，仅八年时间，就使三青团成为上百万青年的反革命组织，并为开展“十万知识青年从军”积蓄反共力量充当急先锋。大陆解放后，蒋家父子逃往台湾，蒋经国即以原青干校校友作其支柱，控制部分党政军实权，继续从事法西斯独裁。	74
秋宗鼎《蒋介石的侍从室纪实》	蒋介石的侍从室的出现，不是偶然的。它是为了蒋个人的政治目的和需要，组织起来的一个独裁统治的御用工具。而且它的组织，也是随着蒋的独裁统治的加深和发展，逐步发展扩大起来的。…… 濒临蒋政府在南京总崩溃的前夕，无论蒋介石如何挣扎，他本人的反动独裁、蒋军的美械装备和“复兴”的特工组织，所有这一切都挽救不了反动政权注定灭亡之命运。	81

续表

文章	格式	辑数
周一志《全国大陆解放后台湾国民党内派系斗争之一瞥》	扩大和制造部属之间的矛盾,利用这种矛盾实行分而治之,这是蒋介石的一贯统治办法。在国民党统治全国的二十余年中,在财政上曾有孔祥熙与宋子文之间的对立;在军事上曾有何应钦与陈诚之间的对立;在党务方面更是派系林立,不仅陈氏兄弟(立夫、果夫)与朱家骅之间,CC系与复兴社之间,而且军统与中统,亦即戴笠与徐恩曾之间,均在不同时期存在着相互倾轧的对立与争斗。就是在军统这一特务系统之内,蒋介石也蓄意让李士珍在警察系统内另搞一个小系统。全国大陆解放后,国民党蒋介石虽然退守台湾等海岛之一隅,然其内部的派系斗争,非但没有止息,且有愈演愈烈之势。	81
李中舒《三青团和青年军政工的合流》	抗日战争时期,国民党反动派消极抗战,积极反共,唯恐青年进入延安,参加抗日,对陕甘宁边区周围严密封锁,对爱国青年残酷迫害。同时通过三青团等组织,以抗日的招牌,欺骗大后方和沦陷区的青年,进入他的军事学校(如西安国民党军校七分校)或训练机构(如战时干部训练团第四团)接受训练,培养军队的下级干部或特务人员。三青团等组织把这一诱骗青年的勾当,称之为"和共产党争夺青年的工作"。	96
方暾《国民党军政部点验委员会的真相》	抗日战争到了1942年前后……蒋介石为了充实自己军事力量,作为反共反人民的本钱,从整编军队着手,采取所谓点验部队的办法,这就是国民党军政部成立点验委员会的起因。但推行的结果,"点验"只是徒具虚名,无补实际,反而增加了大量点验费用,使各部队弄虚作假合法化。	136
方靖《抗战前夕庐山训练团简况》	蒋介石在当时所创办的庐山训练团,其目的是维护其反动统治,在全国人民要求抗日、情绪极度高涨的压力下,被迫不得已而在表面上作出准备抗日政治思想总动员,但其实质是假借准备抗日之名,行统一全国军政大权之实,以图推行他的反共政策。为此,蒋介石召集当时的党、政、军、学的干部集训。…… 所有受训的人员,经过两星期训练,对当时蒋介石政府标榜"决心抗日",在党、政、军、学各方面都受到一定的鼓舞。但是,所谓"统一意志、团结精神、拥护领袖、复兴民族",最后消极抗日、积极反共,就起了反动的效果和欺骗人民的作用。	138
欧阳秉瑱《我所了解的国防部概况》	日本投降后,美国帮助国民党劫收人民的抗战胜利果实,准备反革命内战,曾打起"协助中国接收遣俘"的旗号,为其罪恶活动作掩护。1946年春,所谓接收遣俘已经结束,原先借用反法西斯战争盟国的名义所设置的控制蒋介石并帮助他准备内战的军事机关不能不改头换面,故于1946年3月在南京成立了一个"美国军事顾问团",名义上是国民党政府聘请的美国军事"专家",实质上却是美国五角大楼的化身。	141

续表

文章	格式	辑数
李冠洋《关于中山主义大同盟》	大同盟对共产党的态度是“又斗争又团结”。就我所知，大同盟的人和改组派的人，基本上相同；而与西山会议派和CC团，却有根本性的分歧。今天看来，这是中国民主革命阶段资产阶级调和派的一种反动思潮，在革命实践过程中，也充分暴露了它的软弱性、动摇性。	142
郑庭笈《国民党军事委员会驻滇干部训练团的回忆》	美国是披着盟友共同对日作战的外衣，大力宣传中美传统友谊，实质上是从经济、文化方面加紧侵略，进一步对蒋军军队进行训练、装备，派顾问团到蒋军里去以便掌握军队，作为侵略和奴役中国人民的工具。首先是在蒋军官兵中灌输亲美、崇美的思想，然后才开始装备蒋军和派顾问人员到蒋军里去。…… 蒋介石为了屈膝美国，结果完全照美国顾问的计划和方法训练蒋军受训人员。但受训人员毕业的时候，干训团用蒋介石的署名发一张证书，美国训练班也发一张证明，从这里也可以看出蒋美之间的矛盾了。	142
段慎修《中国青年党的真相》	青年党自成立以来，打着国家主义的幌子，进行反共、祸国、卖国的勾当。它的整个历史，就是一部罪恶史。…… 我见到的青年党八个创始人，都是封建阶级意识浓厚、统治欲强烈者…… 青年党的政治主张及其对内对外政策，已有它的维护帝国主义在中国的统治和维护蒋介石法西斯政权的行动作了说明，不过只是不能写在纸上罢了。…… 1936年西安事变之后，一方面，蒋介石仍然是对外采取投降主义，对内采取残酷的镇压手段；另一方面，日本帝国主义的侵华一步紧似一步。这种形势，使得全国人民对蒋介石感到绝望，把救亡图存的企望转向延安，要求共产党起来领导抗战。但是青年党却不愿意朝这样的方向发展，认为共产党领导抗战，就是蒋介石统治的崩溃与灭亡，这与青年党利害攸关，要设法使抗战领导权不落到共党手里。	144
王柔德《国民党军委会政治部见闻》	1948年，国民党军队在各个战场受到人民解放军的沉重打击。蒋介石为了挽回颓势，又将新闻局改名为政工局，各部队新闻处也改为政工处。名称虽改，但由于国民党从事的是反共反人民的战争，违背全国人民的意愿，因此无论换上什么牌子，都不能挽救其彻底灭亡的命运。	145
李日基《回忆中正铁血团》	这个组织属于特务性质，其目的是想以此来利用一些干部监视部队，以便加强法西斯统治，维持部队纪律，提高士气，挽救日益涣散的军心，梦想战胜人民解放军，阻止革命向前发展。	145

五、军事方面的惯用性描述格式

(一) 中共军事力量

文章	格式	辑数
王化一《东北义勇军的兴起和失败》	九一八事变后东北义勇军的抗日事迹应当本着实事求是的精神分别加以整理，既要肯定他们的成绩，也要指出他们的缺点，作为信史存入我们伟大祖国的史册。	9
宋瑞珂《鲁西南羊山集战役蒋军被歼记》	刘邓大军强渡黄河，旗开得胜，首先攻克郓城，歼灭整编五十五师。继又分别包围整编三十二师和整编七十师而迅速歼灭之。最后歼灭了整编六十六师。运用了集中兵力各个歼灭的原则，进行这次战役的时间还不到一个月，就歼灭蒋军九个半旅。这一战役的胜利，给了蒋军以严重的打击。	18
唐永良《羊山集战役侧记》	由于解放军刘邓大军渡过黄河，国民党军事当局急忙拼凑了三个整编师摆在鲁西南金乡、巨野一带。……当时鲁西南是老解放区，村与村都有地道，人民政治觉悟很高。国民党军队来到这里，想搜集一点情报那是根本做不到，因此国民党军队完全变成了瞎子。反之，国民党军队的一举一动，在解放军则了如指掌。	18
杜聿明《辽沈战役概述》	当一九四六年下半年起到一九四七年上半年止，人民解放军已经击退了蒋介石数百万反动军队的疯狂进攻，并消灭了蒋军一百多万，迫使蒋介石转入全面防御的时候，蒋介石集团的内部矛盾也日益加深。…… 当一九四八年九月十二日东北人民解放军遵照毛主席“关于辽沈战役的作战方针”，发动声势浩大的辽沈战役时，攻势首先由北宁路榆、锦段开始。这时，蒋介石一方面对人民解放军这一决战性的战略估计不到，未料到人民解放军将榆、锦路截断就可以“关门打狗”歼灭全东北蒋军，起初并未注意。而另一方面则因人民解放军已于九月十六日向济南发动攻击，同时东北人民解放军亦向锦州外围义县发动攻击，打得蒋介石头晕脑涨，顾了救济南，就顾不了援东北。	20
杜聿明《淮海战役始末》	自一九四六年蒋介石撕毁停战协定，向解放区疯狂进攻以来，经过一年的战争，人民解放军即打垮蒋介石的攻势，迫使蒋军采取“全面防御”。经过第二年的战争，人民解放军又打破蒋军的“全面防御”，到处深入蒋管区作战，迫使蒋军采取所谓“重点防御”，即将兵力集结于各战略重要点线，加强工事，持久固守。	21

续表

文章	格式	辑数
任子勋《蒋军进犯陕甘宁边区初期的一些回忆》	解放军在数量上只不过是两万余人，装备上是小米加步枪，没有坦克，没有大炮，处于绝对劣势。但是在毛主席的正确领导和亲自指挥下，在边区广大人民的密切配合下，接连不断地给予胡军以沉重的打击。	36
张伯言等《二十四军在川康边区阻截红军的实况》	一九三五年一月，中共中央政治局在遵义召开扩大会议后，中央红军继续北上抗日，四月经云南，五月渡金沙江，攻会理城；再沿西昌、冕宁前进，由十七勇士抢渡天险的大渡河；复沿大渡河两岸夹江而上，夺取泸定县的铁索桥，过荥经、天全、芦山、宝兴，直达四川西北部的懋功，与红四方面军会合。	62
吴西《忆龙州起义和红八军的建立》	在党的领导下，这支在龙州起义后保存下来的队伍，历时六个月，行程六七千里，打破了敌人的围追堵截，战胜了种种困难，剩下二百余人，终于在一九三〇年九月间，到达广西天峨县境与红七军胜利会师。会师后，到河池整编，编入红七军建制，北上江西苏区与中央红军汇合。 龙州起义在我党的历史上写下了光辉的篇章，表现出中国人民敢于斗争、英勇牺牲、坚贞不屈的英雄气概。在当时敌强我弱的情况下，龙州起义虽然失败了，但是可歌可泣的英雄事迹，仍然鼓舞我们前进。	65
赵新《首飞空中禁区西藏》	这些“老飞行员”(原国军飞行员)大部原是抗日青年，他们自幼对帝国主义瓜分中国深恶痛绝。长年盼望着有一个独立富强统一的新中国。他们在抗日时期怀着对日本帝国主义的深仇大恨和民族义愤，才投笔从戎考入了空军飞行学校。当时由于日军的狂轰滥炸又被迫去美国受训，回国后参加抗战。报国之心无时不忘。全国解放前夕，国民党逃离大陆时，这批老飞行员又因不满国民党的腐败和独裁统治，在民不聊生的情况下弃暗投明，投奔革命队伍参加人民空军。他们热爱祖国、报效祖国的爱国主义行动，是有目共睹的。后来他们虽然在一段时间内遭到极“左”思潮的打击迫害，但始终站稳立场，无怨无悔。他们在培养新飞行员、在建设人民空军保卫祖国领空的功绩不可磨灭。…… 原国民党空军的老飞行员们在“飞越天险”进军西藏的艰苦奋斗中，建立了不可磨灭的功勋，他们的爱国主义精神和“飞越天险”的英勇事迹，人民是不会忘记的。我坚信在共产党的领导下，这批老飞行员为建设人民空军艰苦创业的英勇事迹，终究会被载入史册的。	152

（二）国民政府军事力量

文章	格式	辑数
朱崇廉《阎锡山的铁军内幕》	铁军组织对延缓阎锡山集团的死亡是起过很大作用的。因为这个组织的份子，都能和阎锡山发生直接联系，作为他在军队中的耳目和化身，发挥了警察、宪兵的特务效用，所谓“大家和会长一条心，条条电话线通向会长”，以故在军队中造成了恐怖、对立和互相监视的局面。因之，官兵中虽有对阎锡山的统治心怀不满，也都慑于淫威，未敢有所举动。再则，它对官兵不断进行反共的欺骗宣传，灌输反动主张和言论，挑动反共反人民的浪潮，在毒化官兵思想上，也起了极大的作用。一九三九年以后，阎锡山在军事上所采取的一切反动措施，正是铁军组织的全部工作和它反共反人民的真实写照。	7
宋希濂《南京守城战役亲历记》	南京的失陷和同胞死难的惨重，是中国近代史上一大悲剧。除日军那种极端残暴的行为外，在我国方面，参加保卫南京战役的高级干部，都是有责任的。尤以像孙元良那种卑鄙可耻的行为（孙元良于十二日下午五时到长官部开会出来后，就没有回部队，脱去军服，换上便衣，跑到一家妓院拜鸨母做干妈，迁到难民区躲藏了一个月，后以日军疏散难民，才混出来），更是罪不容诛。但主要的责任应该谁负？我的结论是，蒋介石。	12
郑洞国《从猖狂进攻到放下武器》	在第三次国内革命战争中，东北战场的蒋军，和国内其他战场一样，为了争夺人民抗战胜利的果实，发动反革命的内战。最初，他们到处猖狂进攻，但由于中共中央和毛主席正确的战略方针指导和人民解放军的英勇善战，使蒋军不断遭到严重打击，仅仅一年左右的时间，就被迫采取“重点防御”的战略方针，龟缩在几个大城市内困守孤城。最后在解放军全面攻势之下，终于逃避不了全部被歼灭的命运。…… 在攻击热河的过程中，并未发生主力战，但由于解放军不事强攻、不事死守、不争一城一地的得失、避强击弱、兵力集散灵活，蒋军虽占领了许多城镇，处处分兵把守，反而陷于被动局面。…… 攻占长春、永吉以后，杜聿明的气焰更加高涨。虽然在全国舆论压迫下，不得不于一九四六年七月签订东北地区的停战协定，但仍不肯改变他抢夺整个东北的狂妄野心。…… 四平街之围虽解，蒋军的损失是很大的，正如一九四七年七月一日东北人民解放军宣布夏季攻势结束所说的，共歼灭蒋军八万二千余人，攻克县以上城市四十三座。从此以后，蒋军的士气更加低落，越来越深地陷于人民武装包围之中。七月八日，曾经嚣张一时的杜聿明，不得不垂头丧气地离开东北战场。	20

续表

文章	格式	辑数
王柔德《国民党军队中的美军顾问》	抗日战争时期,美帝为了控制国民党军队,使其作为侵略奴役中国人民的工具,披着盟友的外衣,假借共同对日作战之名,派遣大量军事人员充当国民党军队顾问,训练国民党官兵。…… 军事技术的训练,对蒋军人员虽有影响,但还不十分重大。影响最大的是在政治方面的欺骗麻醉。美军顾问人员一贯以伪善的面孔,盟友的姿态出现,大肆宣扬所谓中美传统友谊,灌输亲美思想。同时通过各种形式竭力宣传美国的富强,美军在太平洋上逐岛、越岛进攻日军,诺曼底登陆战的规模和击败德寇的决定性意义;美国是同盟国的兵工厂,原子弹的威力等等,灌输恐美思想。…… 美军顾问人员和蒋军人员一样,都是银样腊枪头。在打通滇缅路的对日作战中,就是在美国顾问的策划下,在美国空军的支援下,以数十倍于日寇的兵力,经过旷日持久的战斗,惨重的牺牲,才勉强把滇缅路打通的。 美军人员虽然嘴里唱着中美亲善的调子,而实际上不但不把中国人民放在眼里,而且还公然进行令人难以容忍的侮辱。如有的人对小脚花鞋很感兴趣,把它带回国去作为到过中国的纪念品。更令人发指的是美国侵略军在我国各地以征服者自居,不断制造奸污中国妇女的事件。这类兽行,凡在美军所到之处都层出不穷。……不仅如此,美军人员还大量进行走私活动,他们和蒋介石军政人员、不法商人互相勾结,盗卖军用物品。当时在云南昆明一带,美军物资充斥市场。昆明附近的云南驿是中印空运基地,也是美军盗卖军用物资的中心。该地虽然有美蒋军队严密警戒,但在储藏物资的仓库中,却仍然时常发生盗案,并且还常常发生因盗案而产生的枪杀案件。美军军纪的败坏,并不比腐败透顶的蒋介石军队相差多少。…… 由于国民党政府卖国求荣,认贼作父,对广大官兵也通过电影、广播、报章杂志,以及各种集会讲演、训话,大量散布亲美、崇美、恐美思想毒素。由于有这样的思想影响,不少蒋军人员为了达到升官发财的目的,走所谓美国路线。……有些人甚至以穿美军衣服,说美国方式的英语,吃美国残羹剩饭(剩余物资),过美军的生活方式为荣,这在反动集团中成为一种时髦的风气。在这些人的身上,充满了买办奴才气息,没有丝毫骨气,简直失去了作为一个中国人的起码的民族自尊心。…… 一九四五年,苏联出兵东北,迫使日寇投降。美帝为了进一步控制蒋介石军队,进行反苏、反共,实行所谓"中美国防体制一元化",由魏德迈提出军委会改组为国防部的方案。……国防部于一九四六年夏改组成立,一切仿行美制,也就是"中美国防体制一元化"的产物,是美帝直接控制蒋介石集团的最高统帅部的结果。…… 蒋介石既然倒在美帝怀抱,因此,国防部人员把美国军事顾问团当成最高决策机关、太上政府,把顾问当成太上皇,一切听命于美国顾问,形成了喧宾夺主的形势。这对于美国侵略者来说,自然是"得其所哉"了。…… 按照军队的官阶,国防部人员总比同级美军顾问高得多,而实际上美军顾问的一个少校或上尉,可以驱使国防部的上校乃至少将级的单位主管官。美帝国主义分子的趾高气扬、颐指气使,和蒋帮人员的俯仰由人、卑躬屈膝成了鲜明的对照。…… 由于蒋介石集团引狼入室,实行亲美反苏反共反人民的反动政策,锐意推行"中美国防体制一元化",对美帝彻头彻尾地做到了亲如一家。当时国防部对美军顾问,保密问题是不存在的。如上所述,各种重要措施都经过事先协商。而在文书方面,不但对下达全军的复制文书,如一般命令、人事命令、公报、通告等须分送美军顾问团各单位,而且对其它有关单行文件也送副本。在一九四七年至一九四八年间,曾由美军顾问团用航空测量我国军用地图,此项纸版后来竟送到美国去了。美帝侵略的无孔不入,蒋介石集团的出卖国防机密的无耻行为,实在令人发指。…… 在形式方面,连服装式样、官阶标志等等,都仿行美制,彻头彻尾地模仿美军,从里到外都是一个奴才样子。 在淮海战役快要结束时,中国人民革命的胜利已成定局。美蒋自知大势已去,蒋政权向广东逃窜,美军顾问团人员则前往台湾、日本等地,继续进行反对中国人民的活动。	13

续表

文章	格式	辑数
范汉杰《锦州战役回忆》	卫立煌和李贤到锦州、沈阳视察后很满意。卫说："在江西和共军作战的时候，哪里有这样的水泥工事呢？那时都能打胜仗，现在有这样工事，更没有问题了。"这是国民党军队一贯夸大自己、轻视敌人、自欺欺人的作风。水泥工事在防御配备图上是非常美观，由坚固的工事设备和周密的火网编成，其实只是一张空纸，经不起风雨，一吹就破了。锦州的所谓现代化钢筋水泥工事，只在人民解放军的三十一小时的激烈战斗后，就全部毁灭了。	20
侯镜如等《平津战役蒋军被歼纪要》	随着紧张形势的发展，蒋傅之间、嫡系和杂牌部队之间的矛盾也愈来愈表面化了。平津战役开始前后，在作战方针问题上之始终不能取得一致，就是这种矛盾的集中表现。…… 华北国民党重兵侵占了张家口后，曾被这暂时的表面的胜利冲昏头脑，兴高采烈，但是随着时间的推移，优势迅速地转到人民方面。在已经完全陷于孤立的情况下，他们还认为大有可为，幻想别开局面；继而被分割包围之后，还企图做最后挣扎，摆脱困境，但是华北国民党重兵集团在军事上也存在着无法克服的矛盾和弱点，其中最主要是国民党反动派的战略意图和它的兵力不足的矛盾，国民党嫡系部队和杂牌部队之间的矛盾。在强大人民解放军严重打击下，国民党军队的活动只能局限在几个点线上；正因为活动的范围愈来愈小，嫡系和杂牌部队之间原来互相倾轧、互相猜忌的矛盾，就愈来愈严重。除了他们本身被消灭这个结果之外，反动派内部的矛盾是永远不会得到解决的。	20
林伟俦《天津战役亲历记》	所有北平、天津、塘沽三个防守区约有五十余万人，都在北平"剿总"傅作义统一指挥下做垂死挣扎，积极地从事反人民解放战争的罪恶活动。…… 国民党反动派在天津战役中，不顾人民的死活，不计人民的财产损失，蛮横地强迫征用人民的物资和劳力，一次又一次构筑碉堡工事，一次又一次拆毁人民房子，一次又一次修建市区内飞机场，使天津市一百八十万的居民，遭受到历史上空前所未有的重大灾难。	20
裴昌会《蒋军胡宗南部进犯延安纪略》	厚颜无耻、阴险虚伪的胡宗南，幻想以假战绩来混淆听闻，骗取美帝国主义的更多的"援助"，挽救蒋介石的灭亡，只是枉费心机而已。	36
陈子干《蒋军胡宗南部撤出延安的经过》	一年多的工事构筑，给革命圣地延安以很大的破坏，四望碉堡林立，沟壕纵横，把一带锦绣山川挖得千疮百孔，很多有名的建筑都遭到严重的破坏。	36

续表

文章	格式	辑数
李以劻《关于淞沪抗战的片断》	“一二八”淞沪抗日战争是十九路军首先起来抵抗的……但这次抗日却触犯了国民党反动集团的“先安内而后攘外”的政策，惹起了蒋介石的疑忌，后来十九路军竟遭到消灭的厄运。…… 当时皖、赣、浙等地区“剿共”部队将近百万，蒋介石不肯调兵，才使十九路军孤战无援。蒋、何谈和的目的是昭然若揭的。…… 蒋介石为了反共，不惜牺牲国家主权和日寇和谈。1932年4月1日蒋介石就任军事委员会委员长职，5月5日签订淞沪停战协定，将上海变为自由市，不设防，不驻军，不抵制日货等，无异出卖了上海。	37
宋瑞珂《对中央苏区第四次围攻纪略》	“九一八”事变后，蒋介石不顾全国人民要求一致对外的愿望，采取对日不抵抗、对内继续用兵的反动政策。1933年1月初，日寇继续进攻山海关，并向热河进犯。蒋介石除作消极防御并谋妥协外，仍然把大批军队用在江西，积极进攻红军；企图一举迅速占领广昌，以便在国际上宣传，也就是向英美帝国主义表示，他还有力量在华中、华南保护其主子的利益，以博取英美两国的支持。…… 蒋介石亲到崇仁，在我看来，是想以他独裁者的影响，来压制蒋军中的抗日情绪；同时，由畏共而厌倦“剿共”的情绪也普遍存在。蒋介石懂得心理战的重要，用欺骗麻醉手法，为士气消沉打气。我们这般喽啰们，从此，又在准备做五次围攻的打算。	45
张汶杰《我所知道的美国“盟军”与陆军总部》	1944年，美国以“盟国”的名义，派来不少军事人员，分别渗入国民党军队各级指挥机构和各部队中，说是来帮助我们抗战的。实际上，他们对我们从来没有合作商量的态度，也无真正协助之举，不是颐指气使，便是处处威胁，公然以主子自居。	50
张金照《台儿庄会战的片断回忆》	一天中午，敌人出动飞机百余架，并升起气球四个，指挥炮兵猛烈射击。敌军的大部队也一再向我退却部队猛烈追击，打得我掩护部队溃不成军。撤退的各军也乱成一团，官兵各自逃命，弄得连找不着营、团找不着师。有的士兵这部分的跑到那部分去了，所有建制全部打乱。南北三十多里的区域里，全是退却的部队，快要收割的麦田都被踏毁。溃兵所经村镇，捉鸡捕鸭，到处抢劫，弄得百姓叫苦连天，四处逃亡。	54

续表

文章	格式	辑数
杨伯涛《陈诚军事集团发展史纪要》	一九四八年秋，人民解放军掌握了战局的全面绝对优势，对国民党反动军队发动全面进攻。国民党人员莫不惊恐万分，都感到有死亡迫在眉睫的危险。有的人做远走高飞、苟延残喘的打算……而另有一些野心不死的分子，则试图行险侥幸，趁此混乱之际抓取兵权，做垂死的挣扎。他们主要的手段，是利用旧社会各种封建落后关系，成立军队，拥兵自重。…… 一九四九年国民党已濒全面崩溃之势，这般不轨之徒还打算割据一块地盘恢复北洋军阀土皇帝时代的老样。他们还梦想，人民解放军即使解放了全国，对于这样辽阔的土地也将无法控制，他们还可以上山打游击。……但是这些牛鬼蛇神都没有达到他们预期的目的，在广大人民群众热烈欢迎人民解放军，积极协助解放军进剿之下，他们都被彻底干净地消灭掉。陈诚系军事集团在大陆的力量至此连根铲除，它在大陆上所作的滔天罪恶就此告终。	57
杨安铭《糊里糊涂的热河战役和长城战役》	那么"中央军"也罢，东北军、西北军、山西军也罢，也都有一个共同的目的：一则是保存实力，以为"中原逐鹿"的"资本"；二则是"剿灭"共产党，妄冀永远进行资产阶级的反动统治。 翌年(1934)何柱国率第五十七军，王以哲率第六十七军，杨正治率第一〇八师一起窜进鄂、豫、皖三省边区破坏革命根据地，屠杀人民。推源祸始，是这次所谓"抗日"战役中以所保存的实力，都用在反共反人民的罪恶勾当方面，成了民族的罪人。	135
邹继衍《参加军事督导组的活动见闻》	1948 年 7 月，正当人民解放战争取得节节胜利、国民党政权已呈摇摇欲坠的形势下，蒋介石在南京召集绥靖区司令官以上的高级将领(有少数几个重要军长参加)开会研讨对策，妄图挽回颓势。会后，为贯彻所谓大会精神，又于 8 月下旬，由国防部组成 16 个军事督导组，分赴国统区所辖军队督导，这也是国民党军撤离南京以前，在军事上进行最后挣扎所采取的重要措施之一。	151

（三）对比

文章	格式	辑数
王耀武《南京保卫战的回忆》	在南京保卫战中，苏联的空军志愿大队表现得异常英勇，对保卫南京尽了极大的努力。官兵对苏联空军志愿大队为维护正义而奋斗的精神，甚为钦佩。五一师一五一旅旅长周志道在电话里对王耀武说："苏联的空军真勇敢，使我万分钦佩。"三〇一团的团长程智也在电话里说："只见苏联的飞机来帮助我们抵抗侵略，没有看到其他国家的飞机来帮助我们。我看到苏联空军人员这样的英勇，感到兴奋和愉快，巴不得把日寇的飞机多打下几架来解我的恨。"但这时日寇的飞机仍占有优势，常有敌机向我轰炸及扫射，据三〇五团团长张灵甫报告，日机投下的炸弹，查有美国制造的字样，这充分证明美国唯利是图，把炸弹卖给日本，来屠杀我们中国人，真不是东西。他们能卖炸弹给日本，那么飞机汽油也会卖给日本使用的。	12
周振强《蒋介石的铁卫队——教导总队》	以上南京守卫战的历史事实，证明当时国民党政府的抗日是随时准备投降敌人的；而国民党的高级将领的抗日则是为了升官发财，到了稍有危险时，就抛弃部下不顾，各自抢先逃命。真正抗日的是大多数的中下级干部和全体士兵。他们英勇作战，不怕牺牲；他们才是真正抗日的无名英雄。	12
王耀武《济南战役的回忆》	解放军对济南守备部队从多方面进行瓦解工作。他们不断地把俘去的中下级军官释放回来，并且对在潍县、兖州战役中失散的国民党军官眷属很优待，还发给路费派车送回济南。这些回来的军官眷属都说解放军纪律严明，秋毫无犯。由潍县等地跑到济南来的商人，也到处说解放军的纪律好，不拿老百姓的一针一线，解放潍县后，派人挨家挨户进行慰问，并帮助老百姓解除困难，使人心很快地安定下来，社会秩序也随之恢复，工商业照常营业。这些情况都说明解放军正在积极进行攻城先攻心的瓦解工作，为解放济南准备条件。…… 我那时除了在军事上积极布置以外，还执行了蒋介石的一项破坏解放区金融的罪恶密令。蒋介石妄想以改革币制的手法来挽救他在财政经济上的危机，在一九四八年八月十九日发行了金圆券。在这以前不久，约在八月十日，他派了四架运输机，满载法币，由南京飞送济南，交给当地的中央银行，并密令我立即在解放区的边缘或派部队突入解放区，用这批即将作废的法币抢购粮食，以作军用。我当即督促各部执行了这个命令，派部队及兵站人员持法币四处抢粮，将济南百里左右村镇人民手里的粮食抢夺殆尽。 我根据蒋介石的命令和意旨所作的一系列的备战措施，给人民带来了更大的灾难。他们愤怒地说："蒋介石不打倒，我们百姓活不了。"全省人民在"打下济南府，活捉王耀武"的口号下，纷纷地动员起来，支援解放军攻打济南，只是鲁中南一带地区就来了二十万人参加各项支前工作。	18

续表

文章	格式	辑数
王耀武《阻截方志敏北上抗日先遣队战役的经过》	在一九三三年十月间，蒋介石发动了所谓第五次“围剿”，指挥反动大军进犯中央苏区，同时也大规模地进犯赣东北苏区。蒋介石宁肯丧失东北及华北，却丧心病狂地实行其绞杀人民革命的所谓“攘外必先安内”的反动政策。共产党坚决反对蒋介石丧权辱国的卖国行为，为了挽救中国的危亡，一再主张停止内战，一致抵抗日本的侵略，派方志敏率领北上抗日先遣队北上抗日。蒋介石得到消息后焦虑不安，唯恐方志敏所率领的北上抗日先遣队渡过长江，深入北方到达抗日目的地，打破他的不抵抗政策。…… 一九三四年十月间，共产党为了挽救国家的危亡，决定率红军主力北上抗日，中共中央机关及红军主力由瑞金向湖南边境开拔，开始了历史上空前未有的二万五千里长征。因而反动派的人们大肆宣传，蒋介石大吹大擂地说共军主力消灭在即。	24
陈修和《奉张时期和日伪时期的东北兵工厂》	我国东北地区的沈阳兵工厂……九一八事变以后，日本帝国主义把它据为武力侵略中国的重要资产。美蒋发动内战，又成为屠杀我国人民的工具。这是半封建半殖民地中国的兵工厂历史上最惨痛的一页。…… 苏军为了防止美帝国主义和蒋介石反动派利用东北物资，反苏反共，将东北占领区的一部分工厂设备迁走。兵工厂里的机器也被搬去二千四百余部。孤家子药厂的主要设备，不便迁移，大部分被炸毁了。苏军占领时期，厂外的职工宿舍和医院等，被当地坏分子盗窃破坏，损失很大。 中国人民解放军的军工部门，在苏军撤退后，曾进驻兵工厂，实行接收。但是国民党反动政权抢夺胜利果实，在美帝的支援下，进兵东北，发动反人民的内战，窃据了东北的南部。解放军的军工部门退却时，在困难的条件下，运出机器约一百部和工具、材料等少数物资，为解放战争服务。	25

续表

文章	格式	辑数
许长林《蒋军对鲁南解放区的进攻》	我当时任第七十七军副军长，对于几次进犯峄县解放区的作战，均参与策划。兹就第七十七军的反人民作战情况，和其他有关蒋军部队概况，回忆写述如下。从具体事实证明，真正撕毁双十协定、破坏和平的，正是蒋介石反动派和它所指挥的反动部队。…… 据当时所了解的，鲁南地区的人民武装是张光中将军所指挥的鲁南军区解放军部队和地方部队。在抗日战争中，他们就在敌后进行坚决英勇的斗争；日寇投降后仍在鲁南集结，保卫沂蒙革命根据地和峄县、枣庄、台儿庄等一些城市以及乡村广大群众的安全。…… 在一九四五年九月日寇投降后，蒋介石为了抢夺人民胜利的果实和准备发动反人民革命的内战，就以假和平谈判来欺骗人民，而对反动军队扬言说抗日战争胜利了，军队要实行复员、休整。…… 一九四六年七月，蒋介石和他的美国主子认为对于发动反人民内战已经有了充分的准备，从七月起，国民党军队即先后向苏皖晋冀鲁豫绥等解放区全面大举进攻。…… 解放军彻底执行毛主席的作战指导方针，以集中兵力、各个歼灭敌人为原则；以歼灭敌军有生力量为主要目标，不以保守或夺取城市为主要目标。因此在峄枣方面，即以一部人民力量分布在峄县西面和南面地区，阻击蒋军的进犯。其主力自动放弃峄枣撤入枣庄以北抱犊岗山区根据地。这是当时双方的态势情况。	28
何煜荣《田颂尧、刘文辉成都巷战记》	田刘的成都巷战是成都人民一场空前的浩劫。事后成都人民心有余悸而且积愤难消，当有公正人士倡议成立“铲平城内高地委员会”的时候，许多人民自动地荷锄携筐，不数日即将煤山、武担山两处削为平地，使它从此变为历史上的陈迹，虽系“恨屋及乌”的举措，而愤慨的情绪由此可见一斑。 成都巷战的劫难教育了广大的人民群众，使他们对红军解放川西北的事业抱着希望，大有“徯我后，后来其苏”之感。 成都巷战也教育了广大的下级官兵。当田军回师应援通、南、巴等地时，下级官兵在红军“穷人不打穷人”的口号影响之下，相率逃亡，甚至有一个团而逃亡连长达十名之多者，士兵则更不待论，因此而大大地削弱了对红军的抵抗力量。	33
王应尊《蒋军整编二十九军瓦子街战役就歼记》	宜川战事结束不久，解放军电台广播叫胡宗南和死伤者家属注意收听。大意是说，你们负伤官兵我们已给治疗，阵亡官兵我们已替你们掩埋，刘戡和严明的尸体已经装殓，特给你们送至某地（地名记不清），你们即派人前往接运等语。胡宗南收听到这一宽仁厚德的广播后，既羞惭，又惊恐，手足失措。	36

续表

文章	格式	辑数
蒋光鼐等《十九路军淞沪抗战回忆》	1931年"九一八"事变爆发后，国民党政府采取不抵抗政策，助长了日本帝国主义得寸进尺、吞并整个中国的野心。……就在此时，日本领事村井向国民党上海市政府提出了封闭上海市各界抗日救国会和封闭上海《民国日报》等的无理要求。……国民党上海市市长吴铁城秉承蒋介石的屈膝投降政策，无耻地接受了这个最后通牒，在限期前封闭了抗日救国会，以打击爱国力量的手法来谋求对日寇的妥协。…… "九一八"事变后，在中国共产党的号召和影响下，抗战呼声响遍全国。十九路军驻扎江西时，在中国共产党和红军"中国人不打中国人""枪口一致对外"的正义号召的推动下，全体官兵三万余人，曾在赣州宣誓反对内战和团结抗日；调防淞沪一带后，在上海人民抗日宣传的影响下，更下定了为中华民族图生存、为中国军人争人格的决心。……我军官兵故意每天在日军面前举行野外演习，让日军知道，屈服退让的是国民党政府，十九路军是不怕日本帝国主义的！ 我军广大官兵虽然早有抗战的决心，但我们在组织上的准备工作，是不够充分的，特别是跟处心积虑要侵略中国的日军比较，更相差很远。敌人在发动"九一八"、"一·二八"战争以前，是经过长时期的动员工作的。而我们呢，政府既坚持不抵抗主义，当然谈不到准备；十九路军本身从"九一八"起，连官兵军饷都领不到，要做准备工作，也是心有余而力不足。…… 淞沪抗战爆发后，中国共产党在上海的地下组织，通过工会、学生会及其他群众组织，展开了对十九路军的热烈支前工作。他们策动各界人民组织义勇军、敢死队、情报队、救护队、担架队、通信队、运输队等等，有的在前线配合作战，有的担任后方勤务的任务，对作战、供应各方面，起了积极有效的作用。…… 蒋介石在宁粤和议后被迫下野，"一二八"事件发生时，他正住在溪口，表面上不问政事，实际上仍然操纵南京政府一应重大政策。他在我军开始行动后，不断策划对日投降阴谋。…… 驻留在上海的国民党海军，不但不给抗日军以任何援助，而且还与日本海军当局达成如下协议："此次行动，并非交战，如中国海军不攻击日舰，日本舰队也不攻击中国舰队，以维友谊。" 海军的这种卖国行为当然出于蒋介石的授意，蒋介石从来就是认贼作父、反敌为友的。	37

续表

文章	格式	辑数
金汉鼎《1944年天河口民变纪实》	抗战已经到第五个年头，第五战区司令长官部在桐柏山区设立一个豫鄂边区游击总指挥部，派孙连仲的第二集团军第三十军参谋长鲁崇义为总指挥，设指挥部于随县天河口。 设立这机构的目的，并不像八路军、新四军那样，随时在给日伪军沉重有力的致命打击；相反的，是旨在防止共产党在那里建立革命抗日根据地。	40
段培德《蒋军第二十五师在宽甸、桓仁地区被歼经过》	从1945年11月至1946年5月，是蒋军杜聿明部在东北疯狂进攻时期，先后侵占了辽西全部及沈阳外围铁岭、抚顺、本溪、辽阳、鞍山、海城、营口等重点城市。…… 当蒋军向东北疯狂进攻的时候，人民解放军为保全有生力量，有计划地放弃了一些大中城市，给蒋军背上了大小不等的包袱。…… 从这时起，东北地区的人民解放军，已由战略防御逐渐转入以大量歼灭蒋军为主的运动战时期了。1946年11月2日，蒋军二十五师在宽甸西北地区的全部被歼，正是标志着解放军在东北地区转入运动战的一个胜利的开端。	42
李日基《胡宗南部在毛儿盖被歼记》	大约在九月末，胡宗南带着残兵败将抛弃五六千名伤病士兵，离开松潘，经南坪回到陇南。川甘边的堵截战至此告一段落。是役胡部除四十九师、补二团及补一团一营被歼大部外，其他各部损失都在半数以上。这些损失，一半是被红军消灭的，一半是因饥寒交迫生病致死的。红军处在更加困难的条件下，而且装备很差，还有这么强大的战斗力，实在是出人意料之外的。	62
李介立《芜湖江防第二十军宣城被歼纪实》	从右后方包抄来的解放军雄赳赳地手持红旗，佩戴红袖章前进，并大声地喊："只要放下武器，就会受到宽大优待。"这时左翼枪声也很紧密。时间快到黄昏，部队已经混乱，无路可走，只得放下武器，全部被俘。这就是蒋军二十军被歼经过的实况。……犯有滔天罪行的反人民集团，被人民军队所消灭，这是必然的结果。	65
方知达《一二八淞沪抗战中的上海市民义勇军》	一九三二年一月二十八日，日本侵略军向上海发动进攻。当地驻军十九路军在全国人民抗日高潮推动下，不顾国民党反动派的阻挠，奋起反击。中国共产党号召和动员各界人民大力援助十九路军淞沪抗战。…… 九一八事变后，在中国共产党的号召和推动下，由上海市商会、上海市民联合会等社会团体出面，成立了"上海抗日救国委员会"。	102

续表

文章	格式	辑数
何文鼎《胡宗南部在秦岭堵截三五九旅经过》	王震将军所率领的解放军三五九旅神出鬼没，迂回莫测，在前有严密布置的堵截大军，后有如狼似虎的追兵的情况下，却越过了数道天险防守线——终南山区、川陕公路、渭河、西兰公路等地，胜利返回了陕甘宁边区革命根据地。当胡宗南听到解放军已回到边区后，气得跺脚拍案，大骂追赶和堵截的部队是猪，是无能怕死的庸才，对绥署参谋处长裴某踢了几脚，却不知得民心者昌、失民心者亡的道理。	141
杨玉峰《胡宗南部窜犯延安之后》	曾几何时，陕北人民在共产党毛泽东的领导下，使延安终于在 1948 年 4 月回到人民的怀抱中。当胡宗南窜犯延安时，趾高气扬，不可一世；跟随他的部下们也都猖狂一时，气焰万丈；其结果是在人民的威力打击下，不得不狼狈逃回西安。	141

六、经济方面的惯用性描述格式

(一) 歌颂

文章	格式	辑数
陈调甫《天津永明漆厂简史》	从一九五三年公私合营以来，在党的正确领导之下，永明的事业飞跃发展，直线上升。…… 最使我兴奋和鼓舞的是，新厂中建造了一座研究大厦，总面积二千五百平方米，添购了许多图书、仪器，增聘了研究人员。我为永明奋斗了二三十年，在合营的前夕，只有五间小屋的简单试验室。今昔对比大不相同。可见只有在共产党的英明正确领导之下，科学工作者才能发挥所长，各有用武之地。…… 近年来在总路线、大跃进、人民公社三面红旗的鼓舞下和以技术革新、技术革命为中心的增产节约运动的推动下，新厂职工们发挥了冲天干劲和无穷智慧，不断有发明创造。……产品推销的区域越来越多越广。一九五九年创造了产量最高记录，为合营前最高产量的三十四倍。	19

续表

文章	格式	辑数
陈世英《中国航空公司和中央航空公司爱国员工的起义》	两航起义，正如伟大领袖毛主席指出的：是一个有重大意义的爱国举动。它在当时是震动中外的壮举。它在政治上和军事上，特别在空军运输上，给了国民党反动残余以极大的打击。两航在起义的同一天，便宣布与蒋管区停航。从那以后，蒋介石残余便不能利用两航的飞机在台湾与重庆、昆明间来往，进行反革命战争的运输了。西南解放时，人民政府抓了好多反革命分子，要不是两航起义，他们早坐飞机跑了。起义为人民解放军添翼，在解放西南、西北和人民解放军进军西藏中，两航起义员工做出了重大贡献，为人民立了新功。两航起义，是具有无限前途的中国人民航空事业的起点。中国人民的航空事业就是在两航起义的基础上发展壮大起来的。起义还给一切国民党反动派的官僚资本企业机构指出一条光明的道路，在两航起义的影响下，国民党资源委员会驻香港员工、国民党中国银行驻港办事处，国民党招商局和粤汉铁路相继起义，宣布脱离国民党反动残余，归回人民祖国。	70
陈霁凉《我所知道的宝元通百货公司》	宝元通的职工在解放后才真正找到了光明的出路，为祖国伟大的社会主义建设贡献自己的一份力量。	77
何熙曾《"永久团体"杂忆》	久大、永利、黄海，这个三位一体的化工事业团体，我们称为"永久团体"。这是我国早期由范旭东等创办的化工企业，对奠定我国化学工业基础有一定贡献。范旭东一九四五年去世开追悼会时，毛主席唁电称"工业先导，功在国家"。	80
莫应溎《英商太古洋行在华南的业务活动与莫氏家族》	在党的教育下，【我】获得了改造，有了出路。我的儿女，在党的抚育下，亦陆续成长，在国内当了医生、教师、文工团员等等。还有一子一女，年前分别到了英德的华侨农场和惠州的财贸农场务农或支援农业，成为我们莫氏家族百年五代中的第一批青年农民。对我们这个庞大的买办家族来说，他们的道路，才是真正的出路。	114

续表

文章	格式	辑数
刘惠农《对私营企业改造的第一个航标——忆民生轮船公司的公私合营》	民生公司总经理卢作孚先生，是一位爱国企业家。解放战争后期，他居留香港，与党组织取得了联系，坚决拒绝去台湾。为迎接解放，他十分巧妙地和帝国主义、国民党作斗争，将在台湾和海外的18艘轮船驶回上海和广州，参加新中国的建设事业。这是卢先生为新中国立下的头功。1950年6月，他应周恩来总理的邀请到北京。这年秋天，卢先生从北京返渝，路过武汉，我热情地接待了他。他对我说：很感激党。正当民生公司债台高筑，发不出工资时，中央政府在财政十分吃紧的情况下，还贷款100万港元使民生渡过难关。他表示要在长江上大干一场，使民生起飞，为祖国航运事业做贡献。…… 卢先生要求公私合营的请求涉及了一项重大国策。如何将资本主义企业引导到社会主义道路，马克思、列宁曾设想赎买政策，但没有实现。毛泽东同志根据我国国情，特别是对民族资产阶级两面性做了科学的分析，在七届二中全会上提出了对民族资产阶级实行改造的原则，并提出了国家资本主义的概念。但如何具体进行，当时没有提出。民生公司提出的公私合营，事实上就涉及党通过何种形式对资本主义工商业实行社会主义改造的重大国策。中共中央对此十分重视。经党中央、毛泽东同志决策，同意接受卢先生的请求，并指示我们一定要慎重、稳妥地做好这件事关大局的工作，创造一个好的典型，为全国实行公私合营提供榜样和经验。…… 我们坚决贯彻中央指示。首先在民生公司成立了党组。……国家派出大批干部，在各单位起骨干作用。…… 在国营经济的领导下，民生公司获得了新生，很快扭亏为盈。……职工福利有极大的改善，十多年都没有领到股息的股东分到了红利，高兴异常。他们上书党中央和毛泽东同志，并纷纷将所得红息争购国家公债。	128
《安徽推行责任田的回顾》	从60年代到现在，20多年过去了，在此期间，安徽的责任田饱经沧桑，走过了一条坎坷不平的道路。直到党的十一届三中全会以后，党中央拨乱反正，恢复了实事求是的政治思想路线，根据我国国情进行改革，制定了有利于农业发展的各项方针政策。于是，安徽农村从1979年开始，逐步地普遍实行了家庭承包责任制。经过进一步实践，人们对责任田的是非曲直，也做了公正的评价。	128
沈堃等《上海大中华橡胶厂的坎坷道路》	全国解放以后，大中华厂1954年改成公私合营企业，业务不断进展，面貌焕然一新。…… 现在的轮胎生产又有了飞跃，年产量和解放前夕的旧企业产量相比，增加近70倍。	151

（二）控诉

文章	格式	辑数
陈调甫《永利碱厂奋斗回忆录》	当时我国是处在半殖民地的时代，盐税又作为借款的抵押品，而根据善后借款条约所设立之盐务稽核所，主要控制在英国人手中。我国自办碱厂，将直接影响英商卜内门公司的碱业垄断。他们于是千方百计利用英人掌握稽核盐税的特权，阻挠我们免税的成功，还造谣说什么“海水不能制碱”。幸而范旭东有了破除引岸（旧时代盐商销盐有一定的区域，称为引岸）制造精盐的奋斗经验，又得到各方面舆论的支持，免税一事，经过长时期的奋斗，最后总算达到目的，但反复磋商，为时很久，这个过程是相当迂回曲折的。 闻汇丰银行当时曾借我国财政竭蹶的机会，要挟财政总长陈锦涛将用盐制碱特权给予英商，作为借款的条件。陈拒绝不允，反催促范旭东出任艰巨，速办碱厂。帝国主义用尽千方百计阻挠我们的工业建设，手段之卑鄙毒辣，以至于此。	10
祝世康《关于国民党官僚资本的见闻》	在半封建半殖民地社会的土壤中滋生的官僚资产阶级骑在人民头上横征暴敛，巧取豪夺，是无所不用其极的。他们最初还只利用苛捐杂税和摊派公债的方法弥补财政赤字，到了后来因财政赤字愈来愈大，便从膨胀通货上打主意。当孔祥熙任财政部长时，于一九三五年十一月四日宣布所谓“法币政策”，实质上就是没收人民白银的政策，为通货膨胀做好了准备。…… 事实上，所谓“金圆券”只是在印刷厂中印上“金圆”两个字，与黄金根本没有丝毫关系，不过是用来欺骗人民，打算把人民手中所有的金、银和外币，乃至最后一点财富，一网打尽罢了。 政学系实行这个办法的目的显然是在反人民的内战中做垂死的挣扎，因而在发行金圆券后仍继续沿用法币的膨胀办法不断增加发行。……真是变本加厉，吸吮人民血汗的办法愈来愈残酷。贪婪无厌的张嘉璈在搜刮了巨额外汇以后，便逃之夭夭，中央银行总裁由他一手提拔的刘攻芸接任。现在回忆起来，旧中国的通货，虽从孔祥熙时期开始膨胀，但恶性通货膨胀却由政学系分子俞鸿钧、张嘉璈和王云五三个官僚资本家一手造成。从而说明，在蒋宋孔陈四大家族之外，政学系也是一个重要的官僚资本集团。	11

续表

文章	格式	辑数
翁文灏《重庆战时生产局和美国经济援华政策》	同时须知，美国对共产主义政权的发源地苏联，向来憎恨。美国从前以为日本足以阻挡苏联，对日本的侵占大陆暗表同情；现在既决计要打败日本，所以需要控制中国，把中国作为美国在亚洲大陆的基地。这个政策，对苏联当然丝毫不怀好意。…… 我这个局长，既受美国顾问的挟持，更受纳尔逊的监督，名为中国长官，实为美国人监督下的工具。……至今回想当时情况，显见得美国的甘言实是美国的毒计。战时生产局寿命不到一年，工作并不很多；但从其组织的性质来看，实是空前未有的美国政府实行控制中国经济的机构，实是美国对我国十分阴险毒辣的作为。…… 马歇尔想利用蒋政权，在政治和军事上做积极反共的工作。他同时看不起蒋介石，并不想帮助经济建设。可是马歇尔对于欧洲各国想用经济方法来笼络控制，提出了马歇尔计划。美国参议院方面却有人要经由蒋政权来遏止共产党的发展，用经济贷款来阻挡共产党势力的蔓延，孔祥熙、宋子文等都有所活动，因此一九四七年成立了五亿元新借款和经济援助的协定。我在一九四八年春夏间做行政院院长时，就承受了这个协定的美援。所有各项具体文件都详载在孟默闻所编的《美蒋勾结史料》书内。美援的反动性是十分明显的。不久，蒋政权便完全垮台了。	17
何汉文《记上海黄金风潮案》	抗日战争结束后，许多国民党的官僚、军人都在劫收中发了横财。他们除了大肆挥霍外，还握有大量的货币成为游资，寻求出路。在当时通货恶性膨胀的情况下，他们感到：储存银行怕变水，投入工商业又担心时局的不安定，因此，大量游资都集中于市场上的囤积居奇，投机倒把。搞得抢购风潮日甚一日，物价更加狂涨，法币益趋恶性膨胀。这种现象在上海表现得格外突出。	36
毕鸣岐《天津的洋行与买办》	在解放前的百年中，帝国主义对我国进行的侵略，除枪炮以外，经济侵略是愈演愈烈的重要手段。不平等条约，如领事裁判权和租界地等，给这个手段提供了条件。帝国主义的经济侵略，在具体活动上，主要通过洋行而实现。洋行——外国人在华经营的商业机构和它们的买办就成为帝国主义对我国进行经济侵略的工具。 深入内地刺探商情、倾销洋货、搜刮土产，是洋行靠买办而达成的基本业务。……历来封建王朝、军阀、反动政权向帝国主义借款制造战乱也通过外国银行和他们的买办。…… 属于金融性质的外商剥削经营，除上述各项外，还有房屋保险及人寿保险。这类保险公司的买办为了获得高额的回佣，平时用尽手段诱骗华人投保；遇到受保者应享赔偿时却百般刁难；如提出诉讼则受保户十九败诉。人寿保险利用中国货币的不断贬值，从中牟利，更是公开的骗局。此外如万国储蓄会虽然在天津只有一个分会，也吸走了大量中国人民的血汗。	38

续表

文章	格式	辑数
张高级《我在汉口礼和洋行十五年的见闻》	帝国主义洋行事实上并无资本，全凭着欺骗、讹诈、压迫、剥削的非法手段吮吸中国人民血汗以致富。以礼和而言，先是德人加路威治在1845年只身来穗，随身所带除手提皮箱一只以外别无长物。箱内所装仅德国亨达利厂出品缝衣针样品而已，加路威治以此大事宣传，向我国商人进行推销。那时我国工业不发达，缝衣针产量少，质量差，价格高，与德货比较相形见绌。我国商人见此德货大有可为，缝衣针又为家家户户所需要，更趋之若鹜，争相购买；但因无现货不能成交。加路威治就计上心头，立即与亨达利厂订立合同，作为该厂在中国的永远总经销，以便垄断市场。该厂见有利可图，一拍即合，按照该厂出厂价格加上由德国运至中国的费用作为在华交货价，货物起运后四个月付款。而加路威治对我国商人提出交易条件则为定期交货，签订合同后先收定金三成五成不等，货到以后，收清全部货款再行交货。其价格远远超过厂方在华交货价。我国商人一一依从。于是加路威治不仅从中剥削了大量的利润，而且骗取了巨额现金，由光身汉一跃而为富家翁矣。	38
黄师让《裕大华企业四十年》	蒋介石派他的“太子”到上海查禁“投机活动”的时候，孔祥熙经营的扬子公司正在大做其投机生意，当时是尽人皆知的。这种“只准州官放火，不准百姓点灯”的手法，只不过是蒋政权统治大陆时，在经济史上最后演出的一幕丑剧而已。	44
阮渭泾《美商大来洋行在中国的掠夺》	大来洋行的创办人罗伯特・大来(Robert Dollar)，曾与亨利・福特、考尔曼、杜邦、洛克菲勒等人齐名，被列为“创建美国的五十伟人”之一。在他的三百五十页的回忆录里，有百分之八十以上的篇幅都涉及他在中国的活动，这不啻是这个美国垄断资本集团对我国进行榨取和掠夺的自供状。	49
戚镜寰等《略谈汉口比商义品放款银行》	汉口义品放款银行自1911年开设，至1954年结束，历时四十三年。它与其他各帝国主义银行不同之点是，不办存款储蓄和工商贷款，而以经营房地产抵押贷款为主要业务，连带兼营经房产、工程、保险、挂旗等业务。它抓住这些“冷门”业务，既无其他洋商与之竞争，又不易引起国人的反感，因而业务经营千稳万妥，绝无风险，四十余年来真不知掠夺了我国人民多少财富！	49
王世均《孔宋官僚资本是怎样阴谋吞并民生公司的》	民生公司总经理卢作孚在抗战初期，即利用民生担任大后方主要运输任务的机会，采取了几套手段来发财致富。…… 善于“借东风”的卢作孚，由于采取了上述的三项办法，使民生公司在很短的时间内发了一笔不可计量的“国难财”。	49

续表

文章	格式	辑数
耿子祥、王国桢《开滦煤矿的"包工大柜"》	耿庆丰是我（耿子祥）的长兄，在唐山沦陷时期，他是四合公司的副经理。因为开滦矿务局来了一个煤师是中国人，和耿庆丰是旧友，在友情的关照下，给了四合公司七道巷较好的工程。由于同行是冤家，别的"包工大柜"看得眼红，就向日本宪兵队诬告耿庆丰通八路军，结果耿庆丰被日寇抓去严刑拷打，受了重伤，贿赂出来之后，一昼夜即死去。"包工大柜"之间，互相倾轧构陷，时有所闻，上述只是其中一例而已。	63
宗于《漫话末代招商局》	招商局是我国近代唯一的国家经营的航运机构，但终其一生，除了对反动的军运发挥过一些作用外，在航运交通方面，可以说始终没有过正常的发展。这是在它七七高龄终归灭亡以后，可以盖棺论定的。	64
厉积良《外商水线公司的入侵和我国电信职工的反帝斗争》	自一八四〇年外国资本主义入侵我国以后，各帝国主义列强凭借不平等条约所取得的特权，不但操纵着中国的内政，而且控制了中国的经济，对中国进行残酷的剥削和掠夺。 电信是一个主权国家的通信利器，关系极为重要。帝国主义对我国电信主权的掠夺，也是随着其他方面的入侵，一步步加深加剧的。…… 南京国民党政府的腐败状态，与清王朝、北洋军阀政府并无二致，对外崇洋媚外，对内欺压人民。对于过去先后签订的一系列丧权辱国的不平等条约，还是一仍旧贯，照样执行。在电信方面，帝国主义依旧控制了我国的国际通讯，破坏了我国的电信系统，攘夺了我国的报费收入。 在旧社会里，电信职工的工资很微薄，生活困难，加上平日看到国家主权的丧失，报费的外溢，他们既痛恨反动统治，又仇视帝国主义，在漫长的外商水线公司侵略时期内，曾发生过很多次反对帝国主义的斗争。但由于崇洋媚外的反动官僚的阻遏和破坏，这些爱国正义斗争，往往受到挫折。	66
资耀华《北洋时期货币紊乱情况见闻录》	据一九二五年的统计，帝国主义银行在华擅发的钞票数额，竟超过当时我国各银行所有发行的总额。经过五四、五卅两次人民反帝运动，尤其对英、日两帝国主义的斗争，外国银行钞票的流通渐次减少。…… 帝国主义列强在北洋军阀政权统治时期，对中国币制金融的干涉、捣乱和破坏，始终是不放松的。……这些帝国主义银行当时采用的手法虽各不相同，而侵略本质都是一样的，真是随时随地无不尽其扰乱、破坏之能事。	75
沈日新《帝国主义利用上海钱庄进行经济侵略》	帝国主义经济侵略，把中国拖进半殖民地的深渊。…… 侵略者步步进逼，钱庄无能为力。这亦由钱庄经营方式已不能适应经济发展的需要。本文叙述侵略者利用钱庄进行经济侵略的概况，地点仅限于上海，从这个侧面，亦可见侵略者残酷剥削、掠夺的凶狠面目。	75

续表

文章	格式	辑数
杨培新、杨小林《沙皇俄国在中国推行卢布进行掠夺的史实》	一八四〇年，帝国主义用炮火打开了中国的大门，中国从此成为帝国主义冒险家的乐园。帝国主义列强为了瓜分中国，抢夺新的势力范围，巩固其殖民统治，他们在发行货币方面，更是展开了剧烈的争夺战。…… 在外国侵略者瓜分中国的过程中，沙俄是“最先伸出魔掌的”。	75
童昌基《陈光甫与上海银行》	但是，欧战结束，帝国主义又加重了对东方的掠夺，中国民族工商业依然得不到更大的发展。而中国的民族资本银行，本来是一个畸形儿，开设的家数多，扩展业务的地盘有限。上海银行总经理陈光甫，凭借其几度赴美考察业务之机会，与美、英等国金融寡头有一定的联系，极力拉拢英、美帝国主义在华大企业之存款，如美孚、德士古石油公司，英美烟公司（后改称颐中烟草公司），怡和、太古、卜内门洋行，以及外国在华教会之资金，并竭力为其“服务”。吸收外国在华企业存款，是该行业务的一个主要方面。在争取这类存款时，“服务”得真是无微不至，如对英美烟公司，其在各地的经销商，可以以该公司在当地的总经销商制就的交款单，直接将贷款送交该行。该行收款后，以其中一联收入当地该公司账户，一联通知总公司，另一联发还给经销商向总经销商处提货。约定，每到当地公司账户上存有一定的数额（如五万元或十万元）时，即由银行主动汇给其上海总公司，汇费免收。这就使英美烟公司不必在各地都设分公司，即可扩大其销售点，而且货款有了保证。该行同时又对经销商予以贷款支持，使经销商可以数倍于自己的资本，经销外国商品，这实际上给帝国主义经济侵略以方便。	80
韩宏泰《北洋军阀时期的交通银行》	交行成立前后，中国正处在社会大动荡的历史关头。清政权昏庸腐朽，摇摇欲坠；帝国主义虎视眈眈，竞相抢夺中国这块肥肉。…… 一九二七年三月，北伐军占领江浙、上海以后，蒋介石反共反人民面目进一步暴露，并已得到英美帝国主义的直接支持。……自此以后，交通银行即从北洋军阀手中转移到蒋介石四大家族手中，成为国民党政权垄断全国金融、积累官僚资本的重要工具。	88
张章翔《在天津的宁波帮》	宁波帮在天津的历史，由发生、发展以及结束，大约百有余年。其经济背景有二：一为宁波本地资金之输出，一为上海商业资本之支援。中间虽曾一度与军阀、官僚发生过关系，但为时不久，力量不大。至于洋行买办部分，帮同帝国主义进行经济侵略，则为害国家实非浅鲜。	119
李文杰《中法储蓄会内幕点滴》	中法储蓄会是20世纪初，法国人在北京创办的诈骗、聚敛中国人民大众钱财的金融机构，举办有奖储蓄，规模仅次于此前成立的上海万国储蓄会，在旧中国为害甚深。	123

续表

文章	格式	辑数
刘锡珍、安崇峻《帝国主义掠夺的又一方式——记英商四海人寿保险公司》	根据我亲身经历，这种所谓保险，完全是个骗局，是帝国主义掠夺中国人民财富的又一方式。	126
余壮东《记〈军政机关公款存汇办法〉的实施》	抗战胜利以后，国民党政府的通货膨胀政策愈演愈烈，蒋宋孔陈四大家族控制着中央、中国、交通、中国农民四银行以及中央信托局、邮政储金汇业局等“国家金融机构”，垄断着全国的经济命脉，通过大量发行纸币、控制外汇金银、大宗买卖物资、到处倾销美货等等敲骨吸髓的手段，大肆掠夺人民财富，疯狂进行反革命的内战。在这种情况下，其他大小官僚、军阀和不法奸商，也随之以大批游资冲入市场，从事囤积居奇，投机倒把，以致物价飞涨，民不聊生，不仅劳动人民处于水深火热之中，就是正当的民族工商业也遭到排挤、扼杀的命运。 为四大家族利益服务的四行两局，从它们帮同搜刮人民财富这一方面来说，是完全站在一条战线上，狼狈为奸的。但是，从它们各自的利害关系来说，中央、中国掌握在蒋、宋、孔手里，交通、农民则是二陈的势力范围。因此，在官僚资本银行之间，也还是存在着矛盾的。它们的矛盾与斗争经常表现为具体业务上的互相争夺。在这方面，中国银行、交通银行、中国农民银行、邮政储汇局等行局运用代理“国库”的便利，向中央银行拼命套取“国库存款”，以及中央银行所采取的对抗性措施，就是相互之间发生尖锐的矛盾与斗争的一个鲜明例证。 1946年5月间，中央银行提出了《军政机关公款存汇办法》。当时央行的想法，以为有了这一办法，既是对抗三行一局的有力武器，可以加强对军政公款的控制，从而减少市场上游资的来源，有利于缓解经济崩溃，巩固国民党的统治地位。《办法》经行政院会议通过后，国民政府于1946年7月2日公布施行，但由于中国、交通、农民、邮政储汇等行局的阻挠，经过反复协商，直至同年11月1日才正式付诸实施。当然，在国民党通货膨胀极端恶化的局面下，采取任何办法都不可能丝毫有助于缓和反动政权的经济崩溃。而且，贪污腐败的国民党政府，也决不会认真贯彻执行任何法令规定。因此《军政机关公款存汇办法》虽然付诸实施，只不过愈益加深了官僚资本银行之间的明争暗斗。同时，环绕这一办法实施的前前后后，也充分暴露了国民党政府官僚政客敷衍徇情的丑恶形象和军政机关舞弊营私的卑鄙行径。	144

续表

文章	格式	辑数
胡梦华《美国以配售美粉支持蒋介石打内战的一幕》	1948 年，美国在宁沪平津穗五市配售美粉，支持蒋介石打内战，是美帝对中国人民解放事业的重要破坏活动。…… 所有粉袋都印有美国国旗标志。所有代售配粉粮店门前都贴有以美国国旗为标志的广告。这一切都是向购粉居民表示美国假仁假义的"恩赐"，加深他们对美国的依赖和亲美崇美思想。	144
吴稚川《"节约建国储蓄券"的发行和劝储概述》	储蓄券是有着固定的存储期限的，它到期虽能取兑，但在当时那样的恶性通货膨胀的影响下，本息到手，也就越来越变得一文不值。劝储就是变相的横征暴敛，当时的广大人民是看得非常清楚的，故而怨声载道。储蓄券的全部推行过程，就是国民党政府搜刮人民的罪恶过程。	144
许良灏《从事保险业 30 年经历记》	各帝国主义国家的臣民在中国所开设的银行企业等，除搜刮中国人民的财富外，也都怀有侵略中国的阴谋。所以他们在中国总是要从各个方面制造混乱，从而达到他们不可告人的目的。那些"纵火图赔"事件，起了加剧中国地方混乱的作用，因而，像美亚这样的外国公司，对此也就有意不去多问了。…… 这些帝国主义者们，在中国用尽了形形色色的卑鄙手段进行侵略，同时也搜刮了我国人民大量的财富。回想起来，令人不寒而栗。我们华商保险行业在和洋商竞争中，由于洋商具有特殊的条件，使华商无法和它抗衡，以致在业务的维持和发展中困难重重。	149
邹修庵《我国铅笔工业的崛起》	国民党政府在抗战胜利后，又发动内战，为筹措军费，就滥发钞票，引起通货膨胀，物价如脱缰之马，一日数变，飞速上涨，以致法币无法继续维持。1948 年 8 月 19 日发布《财政经济紧急处分令》，实行币制改革，以金圆券代替法币，规定金圆券 1 元兑换法币 300 万元。同时又限期收兑民间所有黄金、白银、外币及外国证券，巧取豪夺，以图挽回其即将灭顶的命运，宣布冻结物价，实行限价，这一手法，又是对民族工商业的一个致命打击。 上海的铅笔工业"大展宏图"美梦从此破灭。解放前夕，上海的三家铅笔厂不得不停工了。	151

（三）对比

文章	格式	辑数
叶恭绰《清末赎回京汉铁路的经过》	在一切大跃进的今天，铁道的新建和扩建随之一日千里，解放前是无可比拟的。而且以前留下的包袱也是不少，即如京汉铁路这一条线，当初借款合同定得很坏，其后费了无数气力赎了回来，在当时可说是一件破天荒的事，但坏影响仍受了若干年，就是一例；而且在当时的环境下，这一件事也只是由少数人努力去做的。这就证明，政治不良，无法产生任何佳果。	1

续表

文章	格式	辑数
李国伟《荣家经营纺织和制粉企业六十年概述》	追溯以前荣宗敬、德生先生开始创业，以迄荣家资本集团的形成，其间盛衰变化虽年有不同，而一息脱离不了这三大敌人的魔影跟踪。设使没有全国解放，我们的企业早晚必落入他们魔掌之中而无可幸免。…… 战事结束后，各国对机器的需要增多，供不应求，英美帝国主义厂家一贯地移花接木，将造成现货另自高价售出，而对于订货合约延不履行……使我们……受到严重的损失。…… 恶性通货膨胀后期，物价升腾，一日千倍，国民党政权倒行逆施，横征暴敛，不顾一切，各企业无不陷入崩溃的境地，无计求存。要不是全国解放，挽救了这个万劫难回的局面，中国民族工业是不会有昭苏之望的。	7
吴晋航《民生公司概述》	工人弟兄政治觉悟日益提高，罢工浪潮不断兴起。 民生的初期，是采取资本主义经营方式，应当承认比当时的封建买办资本是要高明一点。但是到了全国解放以后，社会性质改变了，旧的生产关系已经成为新的生产力发展的障碍。民生因机构庞大，财务混乱，特务从中破坏，海损事故多，在未公私合营前，负债达到旧人民币一千三百多亿，每日亏折到一亿四千万元，可以说已濒于破产的地步。 民生走上公私合营的道路后，生产关系有了改变。在党的正确领导下，经过民主改革，技术革新，全体职工发挥他们的积极性，克服了过去所不能克服的困难，创造了许多前所未有的奇迹。	12
陈子谦、平襟亚《英美烟草公司史话》	当一九五二年工人们提议改为国营公司的时候，曾有个别职员对此有所顾虑。但是，目光远大、懂得个人利益应当服从集体利益的工人弟兄们，立即毅然决然，去信给香港的外国负责人，一致要求改为中国国营。……【外国人】又见中国人民政治觉悟普遍提高，经济侵略今已此路不通，不同意也办不到，所以只能够回信表示同意。…… 从此，帝国主义在我国进行经济侵略的这支别动队——由英美烟公司蜕化的颐中烟公司就被彻底消灭了。	17

续表

文章	格式	辑数
荣宝澧《帝国主义与中国的对外电信交通》	在中国的电信交通事业尚在胎中还没有呱呱坠地的时候，对外咽喉早已被帝国主义外商们牢牢地控制住了。在此后五六十年的年代里，中国的对外电信事业完全操纵在外商们的手中，威胁利诱地迫使中国政府签订了一系列的不平等、不合理的契约，束缚了我国电信事业的发展。…… 随着一九四九年全国的解放，一切牛鬼蛇神，帝国主义的残余势力，在中国大陆上被一扫而空，再不留一点痕迹。帝国主义在任何方面剥削中国的局面，都一去不复返了。中国人民站起来了。中国取得了真正独立自主的地位。国内电信事业和国际电信事业也跟着全国大跃进的形势，一日千里地在向前飞跃发展着。在短短的十年来，我国在电信交通方面的建设，无论在设备方面、线路方面、技术方面、服务质量方面，都在向着追赶国际水平的目标迈进。辉煌的成绩，有口皆碑，有目共睹，毋庸赘述。我们深信在最短时期内，我国的电信交通事业，是一定能够赶上国际先进水平，并且进一步超过国际先进水平的。	19
邹秉文《永利硫酸铔厂建厂经过》	（一）解放前，像永利公司能得到银行的资助而办成一个资金达一千二百万元的化学工业工厂，是绝无仅有的。就永利公司方面来看，若比之解放后在党的领导下兴办起来的化学工业工厂，当然渺乎其小；不过在为国家培养技术人才方面，也起了一定的作用。 （二）帝国主义对半殖民地的所谓“经济援助、技术合作”完全是变相的欺骗掠夺与压榨，真要想借帝国主义之力来发展自己的经济，实不啻与虎谋皮，实业部同英、德两公司商谈合办硫酸铔厂，为时达两年半之久，而结果是一无成就，就是一个明证。…… （四）记得在解放前，我曾两次到过卸甲甸硫酸铔厂，都是和范旭东同去的。一次是在一九三六年六月二十一日，那时厂房正在兴建；一次是在一九三七年二月……当时我曾深叹范旭东不幸已于解放前逝世，否则在今天他能看到过去他和他的同事们创办的工厂在党的领导下有了今天这么巨大的发展，他将是怎样的欢欣鼓舞啊！	19

续表

文章	格式	辑数
李景文《桐油买办商义瑞行的经营始末》	义瑞行是帝国主义在蒋介石背叛革命之后，对中国进一步进行经济掠夺的产物之一。它成立于一九二八年初，是依附帝国主义美商施美洋行而发展起来的买办资本企业，并且比一般买办资本企业所具有的买办性质，更为浓厚。它的业务主要是替施美洋行深入川、湘、鄂等主要集散地点收购桐油出口，以后随着本身业务的发展，在国外也成立了义瑞洋行，中转桐油输美，十余年如一日地效忠于施美洋行，成为帝国主义在中国进行经济掠夺的一个有力工具。……胜利之后，官僚资本在国内控制了整个国民经济。义瑞重整旗鼓，既恢复了与帝国主义施美洋行的业务联系，又依附了官僚资本，受到中国银行大量借款的支持，业务曾一度恢复繁荣，获得了一定程度的发展。解放后，逐步接受了党的和平改造政策，终于走向了社会主义的康庄大道。…… 解放以后，党正确地执行了对民族工商业和平改造的政策，在这一政策的贯彻下，不仅我们的企业逐步地得到改造，并在全行业公私合营时走上了社会主义的道路。而且我个人也得到了党和政府的照顾与关怀，安排了很高的工作职位。从此我结束了长期为帝国主义服务和发展资本主义的旧时代，并开始树立了为社会主义服务的新的里程碑。 上面只是“义瑞”这一个买办企业的情况，但也可以看出帝国主义通过买办企业对我国人民的掠夺和剥削。在党和毛主席的英明领导下，广大的劳动人民得到了解放，不再受三大敌人的掠夺和剥削了。十二年来国家的建设日新月异，国际地位也空前提高，国家从根本上起了翻天覆地的变化。我作为新中国的一个公民，充满着对前途无限的信心和骄傲。生活在毛泽东时代，感到无比的兴奋和愉快，也才真正体会到没有共产党，就没有新中国。	25
邵宝元《记北京饭店》	北京饭店职工的封建关系很浓重，很多是祖孙三辈全在北京饭店供洋人们使唤。外国经理认为这样可以笼络人心，好支配中国职工。而中国职工屈辱求全，不外是为了时局动乱，吃北京饭店这口洋饭还比较保险，其实平日受的洋气洋拳也不少。如今的北京饭店内不少人是我的师弟兄，他们在解放后才在党的教育下提高了觉悟和地位。我这七十六岁的人只有羡慕他们，因此才想起把北京饭店的旧史重提，以庆祝这个曾经标志着国家耻辱的洋饭店终于回到了人民手里。没有八国联军侵华就不会有它，没有中国共产党北京饭店及其职工也永远翻不了身。我虽老耄，与有荣焉。	31

续表

文章	格式	辑数
黄瑾莹《从法商聚福洋行到强华公司的回忆》	这二十多年当中，经历了三个阶段：（一）依附帝国主义，轮船悬挂法国旗，改组聚福洋行为“中法合资”公司；（二）缔结内部“密约”，摆脱帝国主义的枷锁；（三）投靠官僚资本。…… 加以内部贪污腐化，公司又受恶性通货膨胀，物价飞腾和高利贷的影响，经济状况愈形恶劣，负债累累，业务上就随时处于困难的境地。当时我们仍寄托希望于反动官僚的援助，但终于白费心机，毫无补益，几年光景，强华公司就已经处于风雨飘摇、朝不保夕的状态之中。如果不是解放了，强华公司的悲惨结局将不堪设想。…… 后来得到政府的扶持和照顾，以房产移债作股，使我们得到挽救，强华得以新生。强华走上公私合营的道路，生产关系有了改变，川江轮船公司在党的正确领导下，职工发挥了积极性，经过民主改革、技术革新，使企业出现了蓬蓬勃勃的新气象。1956 年全行业公私合营高潮以后，公私合营川江轮船公司并入了长江航务局。近几年来，企业和我们在长航局统一领导下，接受了进一步的社会主义改造。	33
鲜伯良《我经营重庆复兴面粉厂的回忆》	复兴在抗日战争期中虽然一度出现过繁荣景象，但是遭受反动政府的所谓限价和加工管制的摧残，到了抗日战争胜利时期，原来比较充裕的原料存底已销蚀一空，流动资金亦亏赔殆尽。所以在这一阶段是复兴面粉厂由盛而衰的时期。…… 以后的事实清楚地给我指明，把希望寄托在同官僚、军阀和封建势力的勾结上面，是既靠不住又极端危险的。复华银行就被我请来的军阀董事长范绍增所夺去，复兴随后也终于在反动政权的摧残下奄奄一息。在黑暗腐朽的旧社会里，尽管自己吃了“小鱼”，谁能担保自己不再会被别的“大鱼”吃掉呢？我万分庆幸重庆解放的及早来临，否则不但复兴厂难保，我个人的生活也将不堪设想。…… 解放后的复兴，在党的正确领导下，通过贷款和加工订货的扶持，加上全厂职工的劳动热情不断提高，很快就恢复和发展了生产。公私合营以后，更迅速出现了崭新的面貌：新建了一千二百平方公尺、三楼一底的钢筋混凝土车间和面积达三百二十平方公尺的仓房，从嘉陵江边到厂房建成了起卸原料的电动缆车，从车间到厂房装设了梭槽运输道，还添置了磨粉机两部和平筛四部，学习推广了苏联的前路出粉法与中路刷清法等先进经验。	33

续表

文章	格式	辑数
朱继圣、凌其峻《四十年来的仁立公司》	1948年"八一九"发行金圆券，蒋介石、蒋经国父子疯狂已极地对全国人民进行最无耻的公开掠夺。仁立公司除商品损失外，凡是在国内存放的美钞黄金都被国民党搜刮干净，但是存于国外的外汇，坚持隐匿未报，幸免于难；直到解放初期，响应人民政府的号召，才由国外调回，得到人民银行的表扬。…… 这些产品，在解放前，百分之九十仰赖进口，可是在解放后不久，就在党和政府的鼓励扶植、工人同志们的热情钻研下，逐步由国内生产供应了。政府为了鼓励工业用呢生产，不但核减税率，而且由海关控制进口，对民族工业给予保护和扶植。…… 解放后不久，政府号召全国人民把存有的美钞、外汇向国家银行进行登记兑换。仁立当时在美国的存款约有四十一万美元。这笔外汇是解放前为了逃避国民党反动派的掠夺而隐匿在国外的。在蒋介石、蒋经国父子刺刀的威胁下，我们始终没有交出来。初听到人民政府的号召时，也不是没有思想斗争，但是迅速认识到从国外调回外汇，投资于生产，既是积极表现，又有利可图，于是全部向政府报告陆续调回，受到政府的表扬。…… 不久，出现了社会主义改造高潮，举国腾欢地庆祝了全行业公私合营。天津一些较小的企业并入了仁立毛呢纺织厂，全厂职工人数突增到一千八百人左右。国家增加了投资……这些新的职工和新的设备，同原有职工和设备一起，为后来的生产大跃进准备了条件。 自从党中央提出社会主义建设总路线以来，全厂职工在马克思主义、列宁主义、毛泽东思想的光辉指引下，投入了技术革新、技术革命以及机械化、半机械化运动，科室职能部门也开展"五满意运动"，私方人员小组同职工同志们一道，不眠不休地搞技术革新，全厂精神面貌和生产面貌都发生了翻天覆地的变化。生产发展的速度使我们这些与企业有三四十年历史关系的人们难于置信。……这种发展的情况，有力地说明了私营企业进行社会主义改造的必要性，反映了党的政策的伟大胜利。在回顾这些胜利时，我们禁不住想起解放前二十七年和解放后十三年的苦乐对比，不能不由衷地高呼："中国共产党万岁！毛主席万岁！"	38

续表

文章	格式	辑数
毛啸岑《旧上海的大赌窟之一——回力球场》	在抗战以前，唐海安曾做过旧上海海关监督，跟四大家族之一的宋子文有渊源。帝国主义分子沙逊每次来中国时，宋子文常派唐海安去联系。唐虽系国民党的官僚、四大家族的走狗，不知怎样后来穷得只剩一个空架子，自从做了“中华运动场”董事长以后，马上阔绰起来，洋房汽车，颐指气使。可见回力球场确是一块肥肉，倒霉的还是那些在球场里被榨骗得倾家荡产的赌客。…… 上海解放以后，这个毒害中国人民的大赌窟——回力球场被连根拔除了，才名副其实地成为一个运动场——上海市体育馆。在这里曾经举行过无数次篮球、排球、乒乓球、羽毛球、拳击、武术、举重、体操等等各种友谊比赛或表演。到这里来的人，不再是从前那样的赌客，而是成千上万的体育爱好者。那些帝国主义分子，已被站起来的中国人民彻底驱逐出了伟大祖国的大地，人们将永远过着幸福美好的生活。	38
严逸文《四十年买办生活回忆》	我进入买办社会正是帝国主义经济侵略势力扩大与播散时期……洋行买办由开始获得社会地位逐渐为人所艳羡，逐步发展到最后与反动的官僚合流。…… 回津后，我初步认识到社会主义经济的优越性，改变了旧日资本主义的经营作风，将丰镇、大同、天津三个蛋厂首先代中国蛋品公司加工。永兴洋行业务则以代销国营公司畜产、食品、土产丝绸等为主。如此延至 1955 年底，我看到外国经济侵略资本已无存在的余地，再度辞职。…… 到 1960 年，上海永兴洋行结束，其存余的财产就是照天津的方式无偿移交政府的。这才完全结束了法兰西经济侵略者从资本主义时代通过帝国主义时代一百多年吸血吮吸中国人民膏血的罪恶史。	42
董权甫、刘申之《曹锟家族与天津恒源纺织有限公司》	恒源成立至今已逾四十年，在旧社会度过三十年，所走的道路同其他民族工业一样，是坎坷不平的。…… 1949 年，天津欢庆解放。在党和人民政府的扶植和全厂职工的共同努力下，恒源迅速恢复了正常生产，并且遵循着党所指引的道路，比较顺利地纳入初级和高级形式的国家资本主义轨道。在工人阶级的领导下，经历了伟大的“五反”和历次社会改革运动，恒源是天津市成立劳资协商会议的第一家，并为旧企业改造作出示范，成为获得“模范厂”光荣称号的私营企业。1954 年 10 月 1 日更在改造的道路上向前跃进一步，实行了公私合营。……1956 年并入中型布厂五家，企业的生产关系发生了根本的变化。到了大跃进的 1958 年，全年生产棉纱三万六千九百二十五包，棉布五十五万三千八百六十九匹，又比合营那年分别增长了百分之三十五和百分之四十。	44

续表

文章	格式	辑数
刘寿生、刘梅生《震寰纱厂遭受帝国主义掠夺记》	蒋介石反动集团统治中国以后，为了筹措庞大的军事费用，对民族工商业敲诈勒索，予取予求，仅在1929年一年内，武汉市政府及公安局等向震寰名为借用、实系勒索的白银就有六万余两之多，而反动政府当时所发行的各项债券还不在内。至于苛捐杂税更是形形色色，年年增加。…… 胜利后，国民党反动派投靠美帝国主义，美帝的政治侵略和经济侵略，不仅代替了日本帝国主义，而且变本加厉。当时美货泛滥中国市场，给中国民族工业以沉重的打击。……当时有人沉痛地说："美帝国主义对中国这样的救济，就要把中国的工厂都救济光了。"…… 抗战胜利不及半年，蒋介石反动派勾结美帝，背信弃义，掀起内战，庞大军费全赖发钞票维持，致币值狂跌、物价狂涨，工厂企业售出成品，就补不进再生产的原料。在国民党反动派最后的罪恶统治下，震寰存底越盘越空，负债越加越高。到1949年解放前夕，震寰已无法苟延残喘，处在奄奄一息的状态下。…… 1949年5月武汉解放，党和人民政府积极扶植有利于国计民生的民族纺织工业。震寰在党的春风化雨之下，由垂死待毙的危境中逐渐苏醒过来。……但震寰由于沉疴太深，负债太重，在1950年7月以前，仍然是月月亏损，若不进行根本改造，实难纳入正常生产的轨道。经震寰纺织厂资方积极申请，蒙党和政府批准，于1950年8月1日正式改为公私合营，成为武汉市较早的公私合营企业。从此公私合营震寰纺织厂在党和政府的直接领导下，真正走上了新生的道路，月月有盈余，设备年年增加。…… 在旧中国一再停工的震寰，解放前奄奄待毙的震寰，合营前负债累累的震寰，在党和人民政府英明伟大正确的领导下，一年胜似一年，一片欣欣向荣的景象，前途更是无限光明。	44

续表

文章	格式	辑数
胡西园《中国亚浦耳厂受帝国主义和反动派摧残摘记》	帝国主义的欺软怕硬，不仅在军事斗争和政治斗争是如此，就是在经济斗争方面也并不例外。中国亚浦耳厂与帝国主义灯泡厂斗争，经过各式各样的交锋，不但没有倒下去，且并不后退而反前进。…… 胜利后亚浦耳厂计划制造日光灯，又为官僚资本企业所阻挠，对亚浦耳厂进口制造日光灯的器材原料，多方留难。其主要原因是为扬子公司(孔祥熙的儿子孔令侃主持)进口的几百万支美国日光灯，独占中国市场的目的而出发的。 当日寇占领上海时，亚浦耳辽阳路总厂被日本帝国主义芝浦电灯泡厂所占用。日寇临走时，把厂内机器设备全部拆走。胜利后亚浦耳在上海正式复工，克服了许多困难，扫除了不少障碍，终于增设了日光灯制造厂，1950 年在私营的灯泡厂中，制出了第一批日光灯，这对当时美帝封锁政策起着反封锁的意义。上海《解放日报》特派记者到厂摄影，并发刊消息与照片以示表扬和鼓励。…… 党和毛主席的英明领导，解放了全中国，捩转乾坤，河山一新。亚浦耳厂幸运地得在这样伟大的时代中，于 1956 年改为公私合营。在党的灯塔指示下，以及社会主义的优越性，经过内部改革，亚浦耳厂各方面的力量，更得到充分发挥，企业面貌大大改变，生产突飞猛进，新产品也层出不穷。过去数十年私营时期所不敢梦想的奇迹，合营后都一一实现。由于党的光辉照耀，这个企业今天才真正得到发扬它无穷的光明灿烂的成绩。……1959 年 10 月，我们将亚浦耳三字改为“亚明”，中国亚浦耳电灯泡厂就改为亚明灯泡厂。在党的领导下，亚明灯泡厂仍然继续向前发展，努力生产，制造各种更多更好的电灯泡，为人民大众服务。	44
王冠东《英帝统治下的开滦煤矿》	八个帝国主义国家所组成的八国联军侵入华北，帝俄军队由关外进占了唐山矿区，矿局在天津的产业被英、德等国军队占据。六月二十二日，张燕谋也被英军逮捕。被捕的原因非常离奇，说他养有大量鸽子，因而断定他是利用鸽子作工具，和“乱徒”(污蔑义和团的称呼)暗通消息。…… 直到一九四八年底，伟大的中国共产党和人民解放军解放了唐山地区，开滦才脱离了帝国主义的统治，回到人民的怀抱，为社会主义建设服务。	63

续表

文章	格式	辑数
王性尧《参加“提倡国货”工作二十二年的回忆》	一九三二年，上海又爆发“一二八”战事。上海各界人民懔于国亡无日，奋起开展抗日救国运动，彻底抵制日货。但国民党政权则坚持不抵抗的媚敌政策，严厉压制“排日”。加以部分商人唯利是图，竟将日货改头换面冒充国货以欺骗群众。…… 一九四九年全国解放了，我们的祖国在中国共产党和毛主席的英明领导下独立自主了。整个社会一切事物起着根本的变化。增加生产，繁荣经济，全国各地大小商店无一不变成为国货公司。“提倡国货”这四个字从此成为历史名词。各地中国国货公司，先后并入中国百货公司为人民服务。……党的关怀照顾使国货联营事业，走上了新的广阔光明的前途。……香港中国国货公司营业蒸蒸日上。在世界各国商品剧烈竞销的香港市场上，已经头角峥嵘，门市营业首屈一指。不但我国同胞踊跃地到中国国货公司购买祖国的新产品，各国侨民及过境旅客也都要到中国国货公司选购各种物品，他们看到国货品质的精美，莫不称赞新中国在解放以后的巨大进步。业务发展情况是过去所不敢想象的。香港天气很热，中国国货公司没有冷气设备，而顾客经常拥挤不嫌其热。比之有冷气设备的其他百货公司反而更为热闹。该公司的一位负责人到上海来曾经对我说：“我们是热气压倒冷气”。我说：“这正是东风压倒西风”。香港中国国货公司成立至今已二十余年，过去从未出现过这种场面，只有在解放之后，祖国的国际地位不断增高，才有这样的发展。这个道理不是十分明显的吗？	76
陈调甫《范旭东与黄海化学工业研究社》	在四十年前的旧中国，一般人们均不认识科学研究的重要性，政府为点缀门面，偶尔号召一下，大都内容空虚，挂一牌子了事。……总之，三十余年来，黄海在艰难困苦的环境中奋斗挣扎，是有一些成绩的。 解放以来，黄海绝大多数的工作人员，得到党的正确英明的领导，都继续在北京、天津、上海、沈阳等处化工研究机关或工厂服务。他们虽大都白发苍苍，但雄心壮志胜过昔日，我相信他们必能继续发挥潜力，在党的领导之下，攀登化工新高峰。	80
胡镜水《上海中药材出口简史》	在国民党政府全面发动内战后，产地经济遭到严重破坏，药材产量亦因受到摧残而大为减少；加上交通阻隔，到处敲诈勒索，法币贬值严重，物价飞涨，而当时统治阶级却粉饰太平，暴力颁行所谓“冻结物价法令”，限制物价上涨，因此产地药农药商只能在药材加工分档中降低规格，变相涨价，以保血本。…… 在党和政府的正确领导和大力支持下，上海帮中药材出口同业，冲破困难，扩大经营。	92

续表

文章	格式	辑数
曹循之等《上海鉴臣香料厂及其创办人——李润田》	在旧社会中，我国的民族工业莫不受三座大山的压迫，虽有个别企业经过艰苦奋斗，或许还能获得一些成就，但毕竟规模比较狭小，基础比较薄弱，经不起大风大浪的打击，一旦遇到外货大量倾销，就感到无法抵御，甚至被迫倒闭歇业。……解放后，在中国共产党和人民政府的全盘规划和大力扶植下，对香料行业进行整顿，根据各厂的生产方式和产品性质，有计划、有步骤地采取了一系列裁、并、改、合的措施……使整个香料工业的体系逐步完备，不断发展，除满足国内外需要外，每年都有相当数量的香精和香原料运销出口，为国家创造宝贵的外汇，为"四化"建设提供物质条件。……这有力地说明了党和国家的正确领导，也充分体现了社会主义制度的无比优越性。	92
李庸宣《回忆联合征信所》	解放前的联合征信所是官僚资本控制掠夺民族工商业的工具，解放以后，联合征信所转变为政府发展民族工商业的有力助手。特别是上海解放初期，该所在党的领导下，遵照华东财委指示，在稳定市场物价、反封锁反禁运和调整公私营关系、调整工商业方面，卓有成效地起到宣传和促进作用。	117
许良灏、戴学熹《解放前外商在津的保险事业》	解放后，我们得到新的教育和学习的机会，才彻底晓得了帝国主义对华侵略的真面貌。数十年间，它们在华经营的保险事业也是经济侵略的得意手法之一。现在我们的保险事业已经完全掌握在中国人民自己的手里，上面所谈的一切，早已一去不复返了。	126
李镜天《五代经营的云南永茂和商号》	永茂和企业的经营史，先后百余年，历五世之久，这在腾冲华侨中是少有的。过去腾越流传着明朝邓子龙描绘当地人民情景的几句话："好个腾越州，十山九无头，财主无三代，清官不到头。"这几句话充分描述了当时封建社会里的一幅悲惨情景，统治者只管压榨剥削人民，不顾人民死活，即使侥幸发财的人也不能保守到三代人，做清官的最后也逃不脱不幸的命运。其实，这种情景在国民党统治时代也是一样。今天我们能从经历了五代人的资本主义企业中成为社会主义的劳动者，是值得自豪和骄傲的。社会主义制度的无比优越性，是解放以后党给我们的思想上从不认识到认识的深刻教育，也是我们从自己亲身经历的生活中和工作中所深切体验到的伟大现实。	151

（四）部分肯定

文章	格式	辑数
杨桂和《金融企业家陈光甫》	陈光甫在旧中国民族资本主义的发展方面出过一些力量，有过一些贡献。他有他的理想，也有他的办法。但由于他一心向往资本主义，对社会主义难以接受，因而他虽然对国民党不满，但还是想帮助它免于崩溃。一九三五年他代表国民党去美出卖白银，就是明证。一九四八年蒋介石实行金圆券，派蒋经国到上海坐镇时，陈当时认为银行要完了，惶惶不可终日。但当李宗仁任命他为和谈代表时，他不肯北上参加国共谈判，而在上海解放前夕悄然去了香港。	80

七、社会方面的惯用性描述格式

（一）光明

文章	格式	辑数
林珠光《我参加陈嘉庚率领的南洋华侨回国慰劳团的回忆》	一九四〇年我国抗日战争时期，南洋（即东南亚）各属华侨筹赈团体，在陈嘉庚先生的倡议下，组织了“南洋华侨回国慰劳团”。由滇缅公路回国，历时四逾月，行踪十余省。向中国共产党领导下的抗日军民进行了亲切的慰问。这次慰劳团的活动虽然还不够深入、不够普遍，但对当时祖国抗日军民起了一定的鼓舞作用。尤其当陈嘉庚先生访问了延安回到南洋广泛传达以后，广大侨胞对祖国抗战更加坚定了信心，对蒋介石集团的真反共、假抗日的卖国行为也有了初步的了解与认识。	75
李玉琴《我的宫中生活（下）》	我被扔在大栗子沟，后来解放军把我收留下来，送我回家。在中国共产党的教育下，我获得了解放，回到了劳动人民的队伍中，开始了新的生活。	78

（二）黑暗

文章	格式	辑数
马德清等《清宫太监回忆录》	在这“帝王之家”过久了，我们的思想也自然而然地变坏了；怎样过好寄生生活成了我们的中心思想，把依靠别人过日子当作天经地义。身体毁了，精神也毁了。	47
孙修身等《河南滑县红枪会的发展与覆灭》	河南的红枪会是在北洋军阀混战时期中发生的。……最初是为了防御土匪及驻军的勒索，带有一定的积极作用。由于它的首领多半是地主富农或流氓出身，窃取了红枪会的大权，作为升官发财、称王称霸的工具，这就使红枪会日益腐化，逐渐变质。参加红枪会的农民被其首领出卖，终于溃败覆灭。滑县红枪会就是一个典型。	47

续表

文章	格式	辑数
杨国治《西康雅属的袍哥》	袍哥给地方的灾难，实在不是可以历数得完的。在国民党反动统治的年代里，每个地主恶霸差不多都是一身而兼袍哥、土匪、国民党员的。……很多地方的知名人士往往都是由袍哥而土匪，由土匪而国民党员，而官而绅的。	47
叶迅《南非华侨情况忆述》	抗日战争爆发以后，华侨出于爱国热情，竞相捐献。……他们对蒋介石伪政权巧立名目剥取侨汇的伎俩，当时尚未认识清楚。结果是源源侨汇尽入四大家族的硕硕巨囊。…… 1943年广东大旱，国民党反动政权不顾民瘼，以致广东各地饿死不少人。华侨得悉此事，十分关心，更以乡梓情深，马上发起捐款救灾。……十日之内捐了七千镑，汇寄伪财政部，指定为救济梅县灾民用。这笔款汇出后却音讯全无，引起华侨莫大焦虑。……此项明显侵吞侨款事，也就如此不了了之。可见蒋帮是如何残民以自肥，非但见死不救，而且要抢夺救济饥民之口粮。言之确实令人齿冷！	87
双成《彩票史话》	旧社会的彩票，不仅使劳动人民受骗上当，更严重的是，还会使许多人丧失寻找光明的意志和信心。	103
孙耀廷《伪满皇宫见闻琐记》	辛亥革命推翻了清王朝，封建统治者虽然交出了政权，但仍然在皇宫里过着腐朽的生活，称孤道寡，一呼百诺，有许多王公遗老们，还在称臣……溥仪和王公遗老们，还朝夕妄想复辟。	125
吕仲勉《民国时期义赈奖券内幕》	北洋军阀政府统治时代，穷兵黩武，民不聊生。军阀们只迷梦以武力统一，不惜借外债或滥发公债与库券以充军费，尤其以变相赌博之彩票，改称奖券，假慈善之名欺骗人民，种种罪恶，笔难尽述。	135

(三) 对比

文章	格式	辑数
王凌云《豫西旧社会军匪横行的概况》	总起来说，豫西在旧时代里政治黑暗，军匪不分。山大王们今天为匪，明天就可为官。当官如不称心，又可拉杆为匪。军匪轮流搜刮，广大农村十室九空，因而迫得有些农民也随着去当匪。直到解放后，人民才得重见天日，过着安居乐业的生活。	38
瞿波平《湘西土匪瞿伯阶股内幕纪实》	我的族兄瞿伯阶，为国民党统治年代十几大股土匪中之一大股土匪。1949年病死以后，我接替了他的衣钵，继续为患，直到被迫起义。…… 党的政策光明伟大，使我获得了新生。	47

续表

文章	格式	辑数
于城《记“江相派”——旧时代里的一个迷信诈财的集团》	我十五岁那年，我父亲有个同门师弟，不晓得为什么会看上我，在他病危的时候，把师门的“法”和“术”匆匆地传给我。因此，我深知其中的黑幕，但过去我一直不敢把它揭露；我不是害怕它报复，而是担心会产生很坏的反效果——会给坏分子利用这些“法”和“术”来欺骗广大的善良人民。只有今天中国在共产党英明领导的情况下，被坏分子利用的可能性极少了，我才放心把它揭露出来。	47
李尧臣《保镖生活》	回想起来，我在旧社会尽管学会了一身本领，却是为那些有钱有势的大商人、大官僚、大汉奸们听雇用，像牛马鹰犬一样，被他们驱使。有许多同行弟兄送掉了性命。只有在解放后的新中国，我才能把我所会的本领，贡献给人民，为广大劳动人民服务，也得到劳动人民的尊敬。我曾经在伟大领袖毛主席面前，表演过武术，我感到光荣、感到幸福。 我在北京城里前后住了将近八十年。拿我亲眼看到的事来说，新社会的好处真是说也说不完。就拿生活来说吧，我住的这一带，邻近窑台、陶然亭，过去净是汪洋臭水，累累孤坟。一到夏天，苍蝇一打一堆，一扫一簸箕。白天累了一天，晚上蚊子咬得摸不着觉睡。现在除四害、讲卫生，蚊蝇绝迹，窑台、陶然亭成了美丽的公园，我们当年做梦也没有梦见过。	75
章元善《华洋义赈会的合作事业》	旧中国的合作事业，是以知识分子的宣传开始，以赈会的倡导而得到发展，以反动分子的阴谋篡夺而变质，以日本帝国主义的侵略而告陨灭的。整个过程历时三十二年，其中发展阶段占十八年。这一事业，直到全中国解放以后，在中国共产党的领导下，才得到真正的发展和壮大，为农业的社会主义改造作出了贡献。	80
刘良湛《抗战胜利后的新疆公路》	我当年从事过的公路工程，留给新中国的只是一段段烂摊子。解放后，康藏公路、新疆公路次第修成，冰川荒漠，都变通衢。两种不同的社会制度产生完全不同的成果，工程人员亦亲身体会了迥然不同的际遇，从这些边疆公路的新旧对比，亦可以提供最有力的历史见证。	83
田荆贵《确定与恢复土家族民族成分的前前后后》	【土家族】是一个历史悠久的少数民族。新中国成立以前，在历代统治阶级的民族压迫、民族歧视政策下，土家族的本来民族成分被抹煞了。新中国成立后，在中国共产党的民族平等、团结、友爱政策的光辉照耀下，土家族于 1957 年 1 月 3 日被中央正式确定为单一的少数民族，成为全国少数民族大家庭中的一员。	128

(四) 有限肯定

文章	格式	辑数
杨桂和《记中国旅行社》	【陈光甫对人说,北平】"为文化及名胜区域,外人前往游历者甚多,自此次战事后,来者更络绎不绝,而学校林立,学子尤多。就鄙人观察,该地分行宜注意于旅行与汇兑两事。……南行至郑,适值大雪,极目所视,冰天雪地,行旅维艰,触景生情,决拟返沪后对于郑、徐两旅行社妥筹办法,凡旅客所遭之困难,本社必就事实上所可能,尽量招待,为之解除。"在唯利是图的旧社会里,一个私人银行不专事作公债、搞投机,能够注意到这些方面,想到为三等旅客做一点事,应该说是难能可贵的了。	80

八、外交方面的惯用性描述格式

(一) 歌颂

文章	格式	辑数
张斯麟《中国参加第一次世界大战及中俄商洽邦交的经过》	不久,广州革命政府就和工农政府建立外交关系,接着孙中山先生提出以俄为师口号,发表联俄联共扶助工农三大政策,并聘越飞、鲍罗廷为顾问,建立黄埔军官学校,在此基础上,后来北伐才得成功。 列宁制定关于帝国主义时代的殖民地民族革命理论的战略,对于曾经长期处于殖民地附属国地位的中国人民来说,具有不可估量的意义。	137

(二) 批判

文章	格式	辑数
孟昭楹《蒋介石集团不承认爱沙尼亚、立陶宛和拉脱维亚是苏联加盟共和国》	蒋介石反动政权依附美帝,实行反苏反共活动。在1945年8月,日本投降后,蒋介石窃取人民抗战胜利的果实,回到南京,便高唱其反苏反共的老调。在1946年6月,国民党外交部曾以快邮代电,分别向外交部平津特派员季泽晋、北平市市长熊斌发出指示,大意是:"苏联是赤色帝国主义,又把西北欧的爱沙尼亚、立陶宛和拉脱维亚三个小国侵吞,作为加盟共和国,并入苏联的统治范围。这种侵略行为,是和德、意、日法西斯没有什么两样的,中国坚决不予承认。如发现有以上三个国家的侨民持有苏联护照的,我们概不予以签验入境。如有已经侨居在我国领土以内的以上三国的外侨,应通知他们赶快向其本国政府换取他们自己国家的护照。"当时侨居在北平的立陶宛人大概有三人,拉脱维亚仅有一人。北平市政府警察局执行了这一命令,通知他们向其本国政府换取自己国家的护照。以后苏联驻北平总领事馆烈达福总领事,曾提出口头抗议。	137

续表

文章	格式	辑数
尹祖荫《中东路纠纷及其结局》	督办一职，例由中国政府特任。吕荣寰得膺此任，本杨宇霆推荐之力，杨死后，恐靠山一失，地位动摇，不惜制造纠纷，炫其才能，以保持个人权利，借词收回中东路路权，实则别有用意。……南京政府本持反共政策，对苏联严重抗议，苏联概予拒绝，致时局益趋恶化。…… 苏联战事虽胜，并无分外要求，只恢复 7 月以前中东路原有状态……若非以平等待我之国家，焉能望其若此？…… 此次不幸事件，本来不应发生，两次协定一经签订之后，对双方均有拘束力，此固当然之理。吕荣寰执行自己未曾有之职权，恣意任免，以致酿成纠纷，既已误之于前；而中央、地方两当局，一意反共，轻启衅端，又复误之于后。至江防陆军各员对于苏联国际政策毫无认识，误入当局之歧途而不自知，追怀往事，犹令人惋惜不已。	137
张国忱《1929 年中东路事件内幕》	东铁督办吕荣寰是跨在杨（宇霆）张（作相）两派之间的政客，对张阳奉阴违，亦不肯把督办位置让于新派。是以 1929 年事件与其说是一个外交问题，不如说是一个内部问题；与其说是一个为国争权问题，不如说是新、旧派暗斗问题；直截了当地说，就是打着为国争权的旗帜，暗在争权夺利，作了个不负责的冒险试图。	137
谢晋生《回忆片马、江心坡的抗战岁月》	英国“盟军”就是以这种卑污手段，来对待与之并肩作战的“战友”的！而最令人痛心的是“中国最高统帅”蒋介石，对于自己的部队被英国“盟军”一面之词的污蔑，既不调查研究，而且连“抗议”二字也不敢提，不禁令人扼腕长叹。	137
万亦吾《国民党外交二三事》	抗日战争爆发后，紧接着中苏互不侵犯条约的签订，立法院长孙科就到莫斯科与苏联对外贸易部长米高扬签订了一个中苏通商贸易条约。这个条约，国民党一直保守秘密，从不示人。 于是有那些反动而“神经过敏”的人就作了种种揣测，而且向外散布谣言，说苏联援助中国附有“苛刻条件”。…… 那么蒋介石为什么要把它秘密起来？理由很简单，就在制造反苏空气！…… 据他【胡秋原】说，赫尔利听他提出雅尔塔协定，做贼心虚，也不知他（胡）是否真已见到，但雅尔塔密件确有其事，赫尔利也就不再拍桌子，就谈了“中美亲善”一大套鬼话。	143

(三) 对比

文章	格式	辑数
李铁铮《几桩有关外交的史实》	尽管在国内外一片大好形势下回到已别15年的祖国，深幸此生竟能看到我们百年积弱备受屈辱的国家能够在国际间站起来说硬话，尤幸我能在这欣欣向荣日见长足进步的新社会参加学习，乐享余年；但一回忆过去外交的失败与无能，仍不免有余痛。这痛苦之感，应为身受帝国主义压迫剥削的中国人民所共有；而我之特感深切者，则因为我过去在旧外交界曾于役20年；虽蒋朝外交的失败主要由于它的本质，即自1927年就已背叛了革命，向帝国主义妥协，终且依其生存，当然免不了随其没落；然其无能，则凡备员旧外交部及其所属使领馆者，无论职位高低，总是多少负有责任，抚今思昔，当觉愧疚！	144

九、文化方面的惯用性描述格式

（一）赞颂

文章	格式	辑数
李维汉《回忆新民学会》	新民学会从不自我标榜，但由于它的乾乾不息的前进运动，在实际上，成为我国在俄国十月革命以后成立的影响最大的革命社团之一。它的主要发起人是毛泽东和蔡和森。…… 当时，在我们同辈中有这样一句话："和森是理论家，润之是实际家。"这种评价，现在看来并不恰切，只看到毛主席当时重视革命的实践，没有看到毛主席同时重视革命的理论。现在回忆起来，毛主席从五四运动起，就表现出他是一个注意认识和实践相一致的先进战士，在五四运动时期的历次斗争中，越来越显示出旗帜鲜明、理直气壮、坚决果敢、势不可当的气概。对于革命理论（当时我们称为"主义"）的意义，毛主席是非常重视的。…… 毛主席在注重理论研究的同时，很重视对中国实际的调查研究，重视参加当前的实际斗争。在共产党成立以前，他凭借和依靠新民学会这个组织中的积极分子，参加和领导了一系列的社会政治活动，如五四运动、勤工俭学运动、驱张运动以及省自治运动等，都取得一定的成绩。…… 毛主席的深入社会、深入实际、埋头实干的好作风，对学会很有影响。在会员间形成了"言必及义"不标榜不浮夸的好风气。毛主席亲自编订的《新民学会会员通信集》和《新民学会会务报告》，对于团结会员，探求真理，活跃会务起了极好的作用。 毛主席非常重视舆论的作用，注意抓舆论工具，湖南学生联合会一成立，毛主席负责主编学联刊物《湘江评论》《湘江评论》被封后，又主编第七期以后的湘雅医学专门学校的《新湖南》周刊，并通过学会会员在长沙掌握湖南《通俗报》和"通俗讲演所"。驱张运动时，在北京、上海、衡阳办刊物，办通讯社，并且重视利用如湖南《大公报》这样的社会舆论工具。以后又办了"文化书社"。毛主席通过这些阵地，揭露旧制度，传播新思想，聚集革命力量，打击反动势力，对于湖南地区的革命运动起了很大的作用。 毛主席对于一切事物都主张采取分析态度，深恶那些"拿感情来论事"、"以部分概全体"、"以一时概永久"、"以主观概客观"的"论理的错误"。他在五四时期写的评论文章，都层次鲜明，有说服力。他给我们在法诸会友关于讨论共产主义的信，就是一篇有分析的说理文章，道理说得十分浅明、中肯、透彻。…… 新民学会成立以后，投入了一个又一个斗争。这些斗争之所以取得不同程度的成绩，固然是多数会员努力工作的结果，而上述毛主席的正确思想的指导和影响，也是一个重要的原因。在经历了半个多世纪艰难曲折的路程以后，来回忆毛主席当年的活动和思想，倍加感到亲切，更加体会到毛主席所一贯倡导的实事求是、理论和实际相统一的原则和作风，源远流长，放之四海而皆准。 新民学会虽然还不是马克思主义的团体，但在它存在的三年中，在中国革命动荡转变的年代里，逐渐由民主主义接近了马克思主义，在思想上和组织上为建立中国共产党作出了它应有的贡献。	59

续表

文章	格式	辑数
张楚琨《陈嘉庚与〈南侨日报〉》	新加坡《南侨日报》是由爱同华侨领袖陈嘉庚和华侨的民主派、爱国者，在解放战争的胜利前夜创办的。…… 它是国共谈判破裂、内战开始时期华侨社会出现的一面民主旗帜，为建立独立、和平、民主的新中国大声疾呼，直到迎接新中国到来之后，终为英帝国主义所扼杀。…… 三年又十个月的寿命并不长，但是南侨报社对于团结广大华侨群众，特别是团结各帮派，从坚持民主、反对独裁到“打倒蒋介石、解放全中国”的历史发展中起了巨大的舆论作用。很显然，南侨报社同国民党统治区广大人民群众的民主爱国运动相呼应，开辟了反对美蒋反动统治的第三条战线，即海外华侨保卫祖国民主和平运动的战线。…… 朝鲜战争爆发，《南侨日报》不理睬英国是所谓“联合国军”的成员国，谴责美帝国主义的侵略，要求侵略者从朝鲜滚出去；抨击新颁布的《出版物发行售卖统制条例》和《出版物进口统制条例》，即一九五〇年七月二十一日社论《言论自由受到束缚》，最后两句是这样写的：“全世界都知道英国政府这种举措是什么性质的，都看清楚英国所标榜的民主是什么样的东西。”…… 《南侨日报》来不及同读者告别就这样停刊了。它以拥护祖国民主和平开始，以推动世界和平签名运动告终。没有一家华侨报纸像它在这么短的期间内经过这么激烈的斗争，起过这么显著的作用。因为陈嘉庚要求民主的声音，就是千千万万侨民的声音！	78
钱俊瑞《中国农村经济研究会成立前后》	中国农村经济研究会始终是在中国共产党的领导下成立和开展工作的。……由于在国民党反动统治下农村经济研究工作受到了种种阻难，并为了扩大调查研究力量，有必要建立群众性的学术团体。…… 抗战胜利，农研会回到上海，吴觉农、孙晓村、王寅生、张锡昌、秦柳方、冯和法等还是经常在一起，曾参加上海人民团体联合会，进行反内战、反饥饿等民主运动；批判了中国农民党董时进的关于反对土地改革的谬论；并宣传党的政策，驳斥敌人谣言，为迎接解放而共同努力。	84

续表

文章	格式	辑数
薛暮桥《回忆〈中国农村〉》	“八一三”淞沪战争爆发以后，上海各进步刊物被封锁在上海租界之中，不能够同全国人民见面。《中国农村》首先搬到内地出版《中国农村战时特刊》，在一个时期内成为全国青年所渴望的向导。在一九三八年夏国民党召开临时全国代表大会的时候，《中国农村》公开提出三项要求：“第一，请大会正式决定，把抗日民族统一战线作为党的基本政策。……第二，请大会通令全国党员积极地去领导群众，不要消极地去防范民众。……第三，请大会提高农民的政治地位和经济地位。鼓励农民武装起来保家保国……”以此来和反动派继续展开斗争。与此同时，《中国农村》号召集合在汉口、长沙等地的两万流亡青年到战区去组织农民协助抗战，武装农民进行游击战争。一九三八年十月武汉沦陷以后，《中国农村》迁往桂林等地继续出版，一直坚持到抗战胜利，全国解放。	84
孙晓村《中国农村经济研究会与农村复兴委员会——回忆土地革命时期农村问题两条道路的斗争》	中国农村经济研究会和它的机关刊物《中国农村》，是在地下党的领导下，采取公开的、合法的斗争方式，反对农村的封建土地制度，支持党的土地革命。尽管各派改良主义者、乡村建设运动派等用各种方法孤立我们，妄图打倒我们，托派分子和一些御用文人对我们造谣诬蔑，但我们在地下党的领导和支持下，对他们进行了不屈不挠的斗争。我们根据各个时期的不同形势，遵照党的政策方针，所采取的斗争方式方法，是坚持原则，灵活运用。“九一八”事件以后，日本帝国主义的侵略步步加紧，民族危亡迫在眉睫。因此，我们贯彻党的统一战线的方针，号召乡村工作者团结起来，制止内战，一致抗日救亡。 抗日战争爆发后，《中国农村》改为战时特刊，进一步团结一切可以团结的力量，刊登各方面乡村工作者的文章，包括我们曾批判过的改良主义运动的作者，进一步发挥了党的统一战线的作用。…… 自三十年代初到“七七”事变，这五六年中，中国农村经济研究会同国民党政府主持和支持的各种改良主义、乡村建设运动所进行的这场斗争，起初没有受到多少人的注意，但随着斗争的发展，终于受到越来越多的人的关注。关键所在是所谓乡村建设、技术改良、举办合作社等，都无法挽救当时农村经济崩溃，只有走上土地革命的道路，才能解决中国农村问题。中国农村经济研究会的工作是在党的领导下与苏区土地革命相呼应的。通过这场斗争，蒋管区人们对中国农村应走什么道路的问题逐步有了认识，特别是乡村工作的青年大大地提高了斗争的觉悟。	84

续表

文章	格式	辑数
冯和法《中国农村经济研究会漫忆》	在国民党反动派高压下，许多进步刊物受到摧残，农研会出版《中国农村》是煞费苦心的。刊物的出版除了要取得国民党内政部的登记证。然后向邮局备案，才能当作印刷品邮寄外，最可恶的是稿件还要受到所谓"上海市图书审查委员会"的审查。农研会利用了几个人的公开身份，钻了国民党反动派的空子。…… 《中国农村》在群众中影响越来越大，不仅做乡村工作的青年视作良师益友，就是城市一般要求抗战救亡的进步青年也把它看作是了解形势、指导前进的重要读物。…… 农研会在黑暗的岁月里艰苦奋斗，结合《中国农村》的工作，团结了一批进步人士，在反动派营垒中争取了一批乡村工作青年。在中国共产党宣布抗日统一战线的战斗号召后，农研会不仅在抗日救亡的舆论工作上作出了贡献，而且坚决地投入了实际斗争的行列，为宣传、贯彻党的统一战线政策方针，尽了最大的努力，收到了显著的成就。…… 在党的领导下，农研会或以组织名义，或以个人名义，参加了反内战、反饥饿等一系列的群众革命运动，配合解放军，为解放上海作了不少工作。在解放前夕，上海人心惶惶，农研会的同志对于宣传党的政策，分析军事形势，驳斥反动谣言，发挥了有益的作用。	84
田翠竹《记〈太平洋鼓吹集〉献给美国总统罗斯福的始末》	诗集总的倾向性是异常鲜明的：反对德、意、日法西斯侵略战争，坚定中国人民和全世界人民反法西斯侵略战争必胜的信念，赞美罗斯福总统在维护世界和平事业中的功勋，增进中美两国人民之间的友谊。所有这些，都为后来的历史事实证明是完全正确的。…… 《太平洋鼓吹集》的印成，调动这么多的作者，不能认为是陈孝威个人的影响，而应该看到绝大多数作者是出于爱国热情，出于增进中美两国人民的友谊而挥笔的。这也就是我们至今仍然珍惜的一点。	96
张凤鸣《在西南联大的日子里》	当时，国际国内反动阴云密布，联大广大师生……敢于顶住逆风，高举爱国旗帜，坚持抗日，坚持教学，故这所学府被毛主席誉为国民党统治区的"民主的摇篮"。对这一赞誉，联大是当之无愧的。	112

续表

文章	格式	辑数
赵燕南、徐景星《西安〈秦风·工商日报联合版〉始末》	抗日战争后期，日本投降前后，在我国西北新闻战线上，曾吹起一只响亮的民主号角——西安《秦风·工商日报联合版》……它在国民党统治的西北地区，冲破反动当局的新闻封锁，真实地报道时局和社会情况，反映人民大众的民主呼声，团结各阶层群众，紧紧跟随着中国共产党。它在创办的两年零九个月期间，经受住了国民党反动派的残酷迫害，得到了广大群众的热情支持。	135
王佐良《中国天主教反帝爱国运动忆略》	1950年，在轰轰烈烈的抗美援朝、保家卫国的伟大运动中，中国基督教吴耀宗先生发起了支持抗美援朝的倡议。我受他的启发，心情激动，以极大的勇气和决心，毅然同广元县五百多教友一起发表反帝爱国宣言。主张中国天主教实行“三自”方针，反对外国势力对中国天主教神职人员和广大教友的奴役和控制。10月30日，我们广元天主教反帝爱国宣言发表了！中共广元县委统战部、剑阁地委统战部和以后的川北区党委统战部先后在《川北日报》和《人民日报》发表文章，表示祝贺。1951年1月4日以后，《川北日报》连续发表社论，刊登了广元岳池各地天主教开展“三自”革新运动的消息。紧接着川北区党委统战部召集川北地区的宗教界人士开了座谈会。当时任川北区行署主任兼书记的胡耀邦出席了会议并讲了话，高度赞扬广元天主教发起的反帝爱国运动，他说：“天主教倡议的‘三自’革新，在全国打响了第一炮，要高举这面旗帜，让这块金字招牌闪闪发光。” 1951年元月，《人民日报》以“欢迎天主教人士的爱国运动”为题，发表了社论。接着有绥远、重庆、南昌、武汉响应了这一运动。毫无疑问，各地天主教人士的反帝爱国运动，是受到全国人民的热烈欢迎和支持的。 1951年1月21日，在中央文教委员会的一次座谈会上，周总理作了重要讲话：“宗教界提出的‘三自’革新运动，是应该提出的，人民政府应加以支持和赞助，这是宗教界的爱国运动，爱自己的祖国，人人有责，包括天主教徒在内。”	148

（二）谴责

文章	格式	辑数
咎道徒《一贯道的罪恶内幕》	一贯道是我国最大的反动会道门之一，最初发生于山东济宁，1930年后，一贯道头子张天然（又名张光璧）在华北各大都市扩大活动。一贯道的头子大多是一些特务、流氓、恶霸、地主；他们设立“坛”“班”，通过焚香、拜神、扶乩、念咒、讲道、说经等封建迷信形式，诈骗钱财，诱奸妇女，扰乱社会，毒害人民。远在抗日战争期间，一贯道即被日本帝国主义利用作为侵略我国的工具。抗日胜利后，国民党反动派控制利用一贯道，改称“中华道德慈善会”。他们到处散布谣言，破坏人民解放战争，破坏土地改革；全国解放后他们不甘死亡，到处流窜，大肆活动，继续与人民为敌。…… 解放以后，人民政府取缔了反动一贯道，并对一贯道头子分别进行了管制或依法惩办。但反动的一贯道头子是不甘心死亡的，他们在政府取缔一贯道当中又潜伏地下，转入秘密活动。…… 虽然他们进行了垂死挣扎的猖狂活动，但他们的阴谋妄想是不会实现的，他们随着蒋匪帮的覆灭一起灭亡。反动的封建统治时期是一去不复返了。	47
顾树森《抗战时期国民党的反共教育》	一九三七年七七事变后，国民党反动集团迫于形势，不得不同中共联合，对日作战。他们认为国共彼此的军事冲突虽然暂时告一段落，但政治思想的矛盾依旧存在而且更加突出，必须紧紧抓住机会，采取措施，不容丝毫放松。于是中统特务头子陈立夫亲自出任教育部部长，以便在文教战线上进行防共、反共的思想教育。…… 国民教育制度既然是根据《新县制组织纲要》而产生的，那么，“新县制”的实质究竟是什么呢？……换句话说，这个“新县制”的实质，就是要在乡镇保的基层组织中贯彻统制民众的政策。国民教育制度的推行，名义上似乎是为了普及教育，实质上都是防共、反共的根本措施。…… “特种教育”是蒋介石在江西“剿共”时南昌行营进行的一种反共措施，内容是在湘、鄂、赣、皖各省被国民党军队占领的红色地区设立许多中山中学、中山小学和中山民校等等，以收容被国民党军焚烧残杀之余的少数儿童，施以反共教育。	17

续表

文章	格式	辑数
陶菊隐《〈新闻报〉发家史》	福开森……他是美国政府派到中国来为文化侵略服务的一个"多面手"。…… 他的办报方针，可以用"不偏不党"四个字来概括。所谓"不偏不党"，就是在言论上力求不痛不痒，不着边际，像淡而无味的白开水一样，目的在于既要迎合读者的心理，又要不开罪于有权有势的各方面。…… 一九二七年，国民党在上海建立了检查报纸的制度。……一九二九年福开森退出后，该报才与各报同受检查，从此只能歌国民党之"功"，颂蒋介石之"德"，甚至还提心吊胆地害怕雍正朝的文字狱将重见于今日。	4
南桂馨《山西大学纪略》	在山西的外国教会，分天主、耶稣两派，天主教把这项赔款应得的部分，完全作为教会基金和赔偿教民损失之用；耶稣教则以英人李提摩太的建议，在它应得的赔款部分内，拨出六十万两（一说五十万两），在山西兴办一座"中西大学堂"，表面上美其名曰兴学，实际上是进行文化侵略，培养一批为他们服务的知识分子。这种用意，山西的官绅也是很明白的。	8
聂崇岐《简述"哈佛燕京学社"》	哈佛燕京学社（Harvard-Yenching Institute）是哈佛大学和燕京大学的联合组织，简称"哈燕社"。它的目的本为研究"汉学"，但不久，扩大为"东方学"，嗣改为"亚洲学"。这种名词的一再改变，正说明了美帝国主义侵略野心的不断发展。…… 众所周知，燕京大学是美帝国主义对华文化侵略的重要堡垒，哈佛燕京学社由其性质而言，自然是这个堡垒中最重要的一角。美帝国主义在中国大陆的势力已被驱逐出去十二年了，但狼子野心，以祸害世界人民为职志的帝国主义终究不会回心转意，放弃它的侵略企图的。据闻哈佛燕京学社已在香港张其旗鼓，其目的如何，不问可知。不过帝国主义已濒末日，而中国人民早经站立起来，美帝国主义卷土重来的打算，只是一场幻梦而已。	25
费孝通《留英记》	帝国主义拿钱出来收买中国的青年，为了要培养为它服务的工具。但是它不能太明目张胆地这样做，必须找一些好名好义来掩盖这个阴谋，所以这条路子的花样多，走得也比较曲折。其中最重要的是美帝利用"退回庚子赔款"的名义建立起来的"清华学校"。…… 美国这样的资本主义社会里，资本家常常要假冒为善地捐些钱做做"功德"。帮助清寒学生上学和奖励成绩优秀的学生是其中之一。	31

续表

文章	格式	辑数
潘光旦《清华初期的学生生活》	资产阶级民主政治讲所谓三权鼎立，明月三分，同学们勉力效颦，到此算是已得共二，就是立法与行政，司法则一直归学校掌握，直接的主管部门是"斋务处"。但1920年后，同学通过学生会提出要求，一度成立了所谓"学生法庭"，选出了审判官与检察官。学校还居然拨了一笔钱，为法官们缝制了"法服"。我就曾当过第一任也是最后一任的检察官之一，峨冠博袖、大摇大摆地在同学们面前炫耀过一番。但似乎连一桩民事案子都没有处理结束，就收场大吉了。当时因何收场，如何收场，我已经记不清了，可能是因为碰上又一度的学生运动的浪潮，大家无暇于这一类粉饰太平的把戏了。当时盛传美国有几个大中学校搞"学生共和国"的试验，十分新鲜，清华师生中颇有人想如法炮制，也曾鼓吹过一番，当然更是空口说白话了。如今回想，即使这一整套都学会了，学像了，又将怎样？如果一个人认为猴戏值得一看，那就要看真的，要看大的，美国的政治舞台就一直在开台上演，并且愈演愈烈，也愈空虚。当年的清华也曾极小规模地"沐猴而冠"过一番，但实际上始终受着北洋政府外交部所指派的包括美国使馆的一个参事的三人董事会和这会所任命的校长的统治，师生们何尝真正有过提供改进意见的机会？学校行政对待学生的官僚主义和同时的其他学校没有丝毫分别，所不同的是，更多了些从太平洋彼岸直接输送而来的花招而已。	31
林砺儒《北京师范大学校史拾穗》	师大学生自治会是值得一提的，它组成于五四运动后半年，是全国头一个学生自治会。这点五四精神一直连绵不绝。至1932年，国民党下令整理北平师范大学时，曾指责"学校的一切都是学生自治会把持着"，可见反动政府对师大的学生自治会是十分厌恶的。 1937年，抗日战争爆发，国民党把北平师大和北平大学迁往西安，组成西北联合大学。不久，又令师大单独西移，成为西北师范学院，最后安置于兰州。这显然是要把师大孤立于西北，以便驯服。国民党这番策略是相对地成功了，抗战八年间，西北师院始终是无声无臭，与国内一切学生运动绝缘，学风之"纯洁"，得到陈立夫嘉奖，而为当时关心师大的人士所叹息。	31

续表

文章	格式	辑数
胡海秋《对〈留法勤工俭学小史〉的补充》	著名国际间谍天主教神甫雷鸣远那时正因教内派别的争斗，被教皇指定暂在西欧工作，不许他到中国来传教。雷鸣远就利用李石曾等对勤工俭学生撒手不管的机会，大肆拉拢中国学生。他利用为中国学生介绍工作、介绍学校和向西欧富翁为中国学生募捐等方法，来吸引落后的中国学生，接受他的救济来皈依天主教。……这个帝国主义分子要利用些勤工俭学生达到他反革命反共的目的。他同我们见面的那次就说过："俄罗斯已经进入地狱了，求求天主使中国幸免于共产主义的灾难吧。"……接受他接济的学生不一定都信仰了天主教，不信教的也可以参加"公教家庭"。当中有的是死心塌地听从雷鸣远指挥的，这些人都当上了"公教家庭"的骨干。大部分人是为生活所逼无可奈何接受接济的，他们的爱国天良并未泯灭。所以在"公教家庭"中分成两派，在政治问题上时常发生争吵。主要的分歧是后者认为政治信仰是个人的自由，不必互相干涉，前者则视共产主义为洪水猛兽必须扑灭。他们把持着"公教家庭"的刊物不许后者发表政见。后者有时分发些油印宣传品，发表自己的政治见解，气得雷鸣远大发雷霆，以停止接济来威吓。又在爱国正义方面发生过几次冲突。……但不少人回国后投入了国民党反动集团，充当了大小官僚，搞祸国殃民、升官发财的勾当去了。	34
杨浪明、沈其益《中华自然科学社简史》	抗日战争胜利后，全国人民都希望成立民主团结的政府，进行和平建设，使破坏的经济能够得到复苏，人民能够得到休养生息。本社亦整理社务，重建各收复地区的分社，同时继续普及科学，并筹办新的事业，以期有利于国家的复兴和繁荣。但蒋介石冒天下之大不韪，接连发动罪恶的内战，使国民经济更濒于破产，本社的许多事业计划也无由实现。…… 本社所进行的事业，约如上述，虽经多年的艰苦奋斗，成就还是很小的。根据本社人力的增长和历年所订的计划，要做的事还很多，可恨在反动政府重重压迫之下，许多计划没有实现。……由此可见，在反动政府统治之下，举办科学事业是何等困难！	34
米庆云《同善社见闻》	国民党反动派曾千方百计地对代表正义和进步的共产党地下组织加以破坏打击，对革命人士凶狠地屠杀，但对这个极端反动落后、抗战期间且曾有汉奸活动的同善社，却仅仅表面取缔，实际上让其继续存在，不加干涉。……可见这个反动道门虽因它自身违背时代潮流，为广大人民所唾弃，但它却始终为国民党所包容掩护，它的风烛残年，一直保持到1949年全国解放才正式"寿终"。国民党的反动本质，在这件事上也得到一个明确的例证。	34

续表

文章	格式	辑数
东畅《我所知道的抗战前山东乡村建设派的活动》	1926年第一次国内革命战争爆发了，在北伐军到达湖南一带时，梁和熊十力、王平叔、黄艮庸等热烈地讨论了形势问题。他们为正在发展的革命形势所震动，害怕这种革命势力破坏了封建的传统。他们选上了国民党将领陈铭枢，作为他们"卫道"的对象。……那时梁和熊主要是想说服陈铭枢听从他们的主张，当时梁的"乡建学说"还未形成，什么样的具体主张拿不出来，但要陈注意维护封建道德的传统，则是很明显的。…… 从这个时候起，便在山东有了所谓"乡村建设运动"，并且逐渐加以扩大，还进一步与定县、无锡以及广西等地的各种各样昀"农村运动"有了联系，在规模上也真像是一个"运动"了，而山东乡村建设派的活动，便越来越显得露骨地反动了。…… 1935年后，梁漱溟等所抓的中心问题，据梁自己说是两项，一是"地方行政改革"，一是"民众自卫训练"。……虽然他们自己说，这是采定的"国防政策"，好像是为了对付日本的侵略，但是从梁等的整个行动来看，以及从韩复榘的逃跑政策来看，哪里有一点的国防意味，而是道道地地帮助韩复榘搜刮人枪，扩大实力。研究院的若干重要人物或作专员，或作县长，一个个爬上反动的政治舞台。梁漱溟呢，则仍然可以装作学者，各处讲他的乡村建设，这岂不是一举数得吗？从这种情况看来，研究院还能说是什么单纯的研究或训练机关吗？邹平的群众曾把研究院看成是"第二省政府"，这是完全有根据的。…… 菏泽等十县约计训练地主武装有五万人左右。抗战后，除孙则让逃跑时带走一个旅到河南因为韩复榘被蒋枪决乃改送给蒋介石外，其余均投降日寇，或成了土顽，或逃跑溃散。总之，绝大多数干了反共反人民的勾当。	37

续表

文章	格式	辑数
江文汉《广学会是怎样一个机构》	当义和团运动被镇压以后，李提摩太就提出利用“罚款”设立山西大学并由他控制十年的恶毒主张，这是帝国主义分子利用我国人民的血汗来搞文化侵略的“创举”。…… 李提摩太对于从思想上奴化中国人民的企图是很狂妄的。他经常挂在嘴上的一句话是“以百万计地进行感化”(conversion by the million)。就因为这个主张，他被帝国主义看中，指派他来担任广学会的总干事。后来他出版过一部英文书，也是以这句话为书名的。我们知道帝国主义传教士所说的“感化”，实际上是“奴化”、“毒化”和“殖民地化”中国人民。…… 辛亥革命前后，广学会的帝国主义分子大肆反对革命。他们认为中国采取共和制还不够条件，不走“革新”而走“革命”的道路是忽视广学会的劝告而产生的“不幸”。他们在年会中公然咒骂辛亥革命，说什么革命派人“无知”，辛亥革命是犯了严重的错误。……曾经统治过埃及的克罗麦爵士(Lord Cromer)以及统治过印度的莫理爵士(Lord Morley)和赖亚尔爵士(Sir Alfred Lyall)等指示李提摩太编译一套有关西方“政治家”的传记。他们认为中国当时正处在一个“过渡”时期，有必要向中央及各省政府官员大量介绍英美“政治家”的生平事迹，以便从中吸取“谋求进步”的道路。于是广学会陆续出版了一套所谓“英雄”传记，包括英国的格兰斯顿、毕查但、毕维廉，美国的华盛顿、翟斐生、哈密登、林肯、李统帅等，企图消灭在中国人思想上正在形成的民族主义情绪。…… 广学会一直是一个洋人的机构，总干事和各部门负责的干事都是外国传教士。一直到抗战开始以后，由于形势所迫，才开始聘请中国人担任总干事，但也是一个傀儡，没有实权。一切会议、计划、函件、年报都用英文。来往信件绝大部分用英文，因为向国外汇报请款要用英文，即使在国内推销书刊也主要是和各地外国传教士打交道。中国职工当中懂得英文的，地位和工资就高一些。凡中国职工有所请求，也最好是用英语。只有每星期一次的宗教聚会是用中国话，因为目的是在“感化”那些未信教的中国职工。这种宗教聚会中国职工必须参加。可是洋人用中国话“讲道”收效并不大。	43

续表

文章	格式	辑数
蔡文浩《回忆“重整道德运动”》	布克门率领的“先锋队”“工作组”，在非洲一些殖民地国家以及北欧一些小国中大肆宣传，还到瑞士日内瓦向国联中的一些小国代表劝说，要求代表们自己先从个人改造着手，来谋求世界和平。他们以殖民地国家以及欧洲小国领袖作为主要对象来宣传放弃政治斗争、重视个人改造的做法，马上就得到了英、美帝国主义一些政客们和大资本家们的赞赏和资助。因此，他们的衣食住是第一流的，一切活动都以最豪华阔绰的排场出现。显然，布克门的“重整道德运动”，已经把“牛津团契”的“改变个人”这个口号变成了一个露骨的反动政治口号，而且是一个陈旧不堪、违反现实的反动口号，因而它一下子就变成了帝国主义政客们和财阀们的御用工具。…… 当时，上海租界的英、法统治者采取了放任态度，让这个运动为所欲为，这是因为他们需要这个运动来使当时困守在上海孤岛上的中国人民忘记抗战、忘记反帝，把它充作当时削弱上海救亡运动、软化人民革命斗志的一服麻醉剂。…… 上海“重整道德运动”的迅速衰败是注定的。由于它本身在政治上的反动性和宗教上的虚伪性，它不仅没有被广大社会群众所接受，连教会群众也对它冷淡无情。	43
赵冕《晏阳初和抗日战争时期的平教会》	晏阳初兜售平民教育的对象，主要是美国人（包括美国在华的教会组织）和蒋介石与蒋的心腹如张群、熊式辉之流，以及各省市的官员。……至于在教育界和知识分子中，晏阳初并没有什么威信。他的一套所谓“理论”，说来说去，几乎数十年如一日，叫人听了作呕。他自己也知道，这样下去，再没有什么花样可翻。恰在此时，一个反动的所谓乡村建设运动在河南、山东兴起，顿时引起南北各地的注意。晏阳初眼快脚快，马上参加了这个运动。…… 哥白尼逝世四百周年纪念会原意是推选当代世界的“革命家”，但除晏阳初一个人外，共余九人全部是美国人（爱因斯坦此时已入美国籍）。晏阳初却居然是美国人以外的唯一外国“革命家”，他之得宠于美国帝国主义，在此得到证明。…… 根据这个轮廓，“人民大学”桃李遍天下，影响遍全国。蒋介石反动派是一个政治的躯壳，“人民大学”则是社会的现实。晏阳初之志可谓不小！“人民大学”晏是校长；大学之上有平教会，晏是干事长。为晏阳初计，算盘打得似乎都对！但再上去呢？美中平民教育运动委员会！钱归它发，报告向它寄。问题非常清楚：晏阳初计划得逞，控制全中国的将不是晏阳初，而是纽约华尔街的老板们！	43

续表

文章	格式	辑数
吴范寰《成舍我与〈北京世界日报〉》	执迷不悟，走上了反人民的绝路：成舍我离津后，不久平津相继解放，报社遵照他的指示伪装进步，希图幸存。南北通邮以后，他不断通函策划，一面刊登新华社消息，一面又刊载南京中央社广播，支持国民党反动政府的假和谈等等。到1949年2月25日，这个挂着民营幌子实是反动宣传机关的报纸，才被北平市军管会通知停刊接管。成舍我听到报纸被封的消息，在南京广播他的答辩，并于3月1日在上海报纸上发表声明。在解放大军渡江后，他坚持与人民为敌，逃往香港。…… 由于后期已投身反动阵营，立场和态度已较鲜明，但为维持他的民营幌子，故作第三条道路的姿态，对反动政府的评论有时也带点讽刺味。南京方面曾为此对他提出指责，他声述苦衷并说这样才可以掩人耳目，可以收到更大的效果。最后一个时期，成因为决心凭借反动势力搞中国新闻公司，正式倒向反动的一边，一切言论方针都通过陶希圣或陈训畬向陈布雷请示，有时就和反动派驻在北京的张佛泉协商。言论主张已和伪《中央日报》相差不远。…… 成舍我办报目的在做官发财，用民营的幌子，戴上无党派的假面具，认为可以欺骗人民大众。……成舍我从狭隘的爱国主义思想出发，也曾提出抗日救国的主张。但同时他因在政治上经济上已有了相当基础，妥协保全的心理使他和反动统治头子走上了一条路。因此在对日抗战的问题上，《北平世界日报》的言论主要是主张忍辱持重。……直到卢沟桥事变发生，日寇炮轰北平，当时世界日报迫于形势，主张以实力自卫，但在几次评论中，只偏于激励军人出死力保卫国土，对全面抗战仍存幸免心理。 世界日报对中国共产党领导的人民解放事业，态度始终是仇视的，立场一贯是反动的。…… 世界日报对外的言论方针，除在日本侵略问题上和蒋介石的投降卖国方针相呼应外，在对日抗战结束后，对当时的苏联则诋为赤色帝国主义，故意歪曲说日本投降并不是由于苏联对日宣战的原因。对于企图奴化中国的美帝国主义，则因反动统治政府正倚靠美国进行内战，世界日报不惜认贼作父，以媚美为能事。……仅就上述几点，已不难看出世界日报的言论方针的一贯反动性了。	43

续表

文章	格式	辑数
霍锡祥《回忆国民党时期的邮政》	在旧社会里，书业中人除极少数对文化教育事业有所贡献而外，绝大多数书贾都是唯利是图的，他们大量出版毒害青年的黄色书刊，在邮件寄运中同样享受优待，而宣扬马克思主义的进步书刊，则被反动政府严加取缔，这更是极不合理的现象。…… 邮局与报纸除寄运外无直接关系，但是反动政府派人在邮局检查邮件扣留报纸，却是新闻界所最不满的一件事情。据闻洪宪帝制时期，袁世凯派人检查各地邮件，对于一切有反对帝制言论的函件，不但予以扣留，而且追踪发信人，加以迫害。袁世凯同时派人检查报纸，但是上海报纸设在租界区，而且某些报纸又有帝国主义的背景，袁政府鞭长莫及，只好听之任之。直系军阀孙传芳任五省联军总司令时期，对于设在租界内的报纸，虽不敢派人检查，但如发现有不利于他的言论和记载，即停止其邮寄权，所以这些报纸只能销行于租界区内，而不能越雷池一步。蒋介石政权建立后，进一步勾结帝国主义，以取缔宣传共产主义为名，公然派人在租界内检查邮件和书报，做到了以前历届反动政府所做不到的事情。因此有人说，关于检查邮件的问题，孙传芳比袁世凯凶，蒋介石比孙传芳更凶。由此可见，蒋介石甘为帝国主义的走狗，比之北洋军阀是走得更远了。	65
韦晓萍《国民党中央文化运动委员会内幕》	日本投降后，龟缩在重庆的国民党大员纷纷飞回南京，进行“劫收”。张道藩以国民党中央文化大员的身份一到南京，就把“中日文化协会”会址抓到手，换块招牌，堂而皇之，这里就成了国民党推行其反动的文化政策、策划文化“围剿”的大本营。…… 1947 年 2 月，中央文化运动委员会策划组织一次“二・二二运动”的纪念活动。在它直接掌握的《文化先锋》半月刊上编印了“二・二二专刊”，同时通知和要求所能控制的各报刊，也参加这次的宣传活动。宣传要点：发扬“二・二二精神”，把“运动”的历史作用宣传得远远超出“一・二九”运动之上，以至与五四运动媲美。其目的是，配合反革命内战，在文化舆论上再掀起反共高潮。 “二・二二运动”究竟指的是什么？ 这是在 1946 年 2 月 22 日于重庆发生的一次特务捣乱事件。是国民党预谋已久、有计划、有组织的反苏、反共、反人民、反革命的一次暴行。…… 国民党特务正是借此乱局，虚张声势。他们在人群中高喊反苏、反共的口号，随即冲入设在这条路上的《新华日报》营业部和民主同盟的《民主报》门市部，并把它们全部捣毁。国民党就把这次事件叫作“二・二二运动”。…… 事隔一年，中央文化运动委员会在南京又企图借纪念这一暴行事件，再煽动反共情绪，进行反共宣传，这不过又是一次阴谋。	140

续表

文章	格式	辑数
张常人《上海〈晨报〉四年史》	上海《晨报》是国民党反动派CC系的机关报……由于这张报纸有政治背景和政治目的，又被当作企业来经营，加上主持人大都是在上海报界混过一段时间的所谓"老手"，所以在创刊不到一年的时间，就大露头角，办得相当"有声有色"，被认为是一张"异军突起"的报纸，成为蒋介石法西斯独裁统治得力的宣传工具，是陈果夫、陈立夫兄弟集团的代言人。	140
房宇园、严芝芳《〈东南日报〉始末》	《东南日报》，作为在特定历史条件下产生和发展起来的国民党CC派喉舌，虽然曾喧嚣一时，但随着历史的发展，终于不可避免地走上覆灭的道路。这是历史的必然！	143
谌小岑《抗日战争时期"美援"三事》	【派遣留美学生】结果派出去的完全是那些高级官吏的儿女或亲戚。其目的在于专门培养一批忠于美帝国主义的青年，属于美帝文化侵略的性质；而不是真正为了为落后的中国培植现代科学技术人才。	144
阆中县政协《解放前天主教在阆中概况》	自1886年至1949年六十余年间，阆中天主教会先后有法国神甫3人、中国神甫3人主持教务，都是一脉相承，遵照成都主教区意旨办事，不敢有丝毫变动。他们办学校，半养老院、孤儿院，用启蒙扫盲、恤老抚幼的"义举"粉饰着不平等条约的奴化政策；用"优惠佃农"、悲天悯人的姿态遮掩着殖民主义的掠夺本质，这一切都是发人深思的。	148

（三）对比

文章	格式	辑数
任鸿隽《中国科学社社史简述》	在党和政府的指导帮助下……中国科学社……认识到人民政府对于科学事业的重视，此后的科学工作，已经成为国家的事业，前途无限光明，无须私人组织来越俎代庖。…… 综观中国科学社四十余年的历史，在组织初期，确曾推动了一些研究科学的风气。此后所办各事，虽然对于推进科学训练人才，均起了相当作用，但不免陷入资本主义国家发展科学的旧窠臼，以致未能作出更巨大的贡献，是我们所极端悚愧的。我们高兴的是，在目下社会主义建设的新时代下，全党全民正以无比的雄心大志向科学进军，全国的科学家，正在各人的岗位上，为发展科学尽其一分的力量与责任。我们满怀十二分信心，瞻望着无限光明的远景。	15

续表

文章	格式	辑数
关瑞梧《解放前的北京香山慈幼院》	香山慈幼院的规模和对儿童的教养，都是和一般的儿童教养机关不同的。当时帝国主义在中国横行霸道，设立育婴堂、孤儿院来残杀无数的儿童。少数中国人自己办的儿童机关，也无非是慈善家沽名钓誉的场所，真正关心儿童的很少。因此，孩子入了教养院，往往是早夭、残弱、没有教育。慈幼院则不只供给孩子吃的、穿的，而且越是幼小的孩子，越注意营养卫生，更重要的是要把孩子教育成自食其力的人。办理慈幼院的所谓的慈善家，认为劳动人民之所以贫困，是因为没有谋生的能力，因此要教育儿童有一技之长。…… 在旧中国，帝国主义千方百计，扼杀我民族工业。慈幼院的工厂，原料来源有困难，产品出路更成问题，后来各工厂赔本，将近倒垮，因而就采用了与商人合办的方法，由商人出资购原料，负责推销成品。慈幼院将原有各厂的机器设备供承包各厂的商人使用，并且与他们订下合同，由他们负责收容慈幼院的毕业生作徒工，按照慈幼院的规定来供给徒工们伙食和一些零用。徒工学习期满后正式作工厂的工人，按当时的工人工资标准，领取工资，当然工资是和一般的工人一样，仅能使他们饥饿地挣扎工作而已。…… 在反动统治时代，失业现象极为普遍，慈幼院与工厂合作的职业训练，似乎是为贫苦儿童谋了出路。但另一方面，慈幼院又为一些私营企业的资本家们供给了廉价的劳动力。比如燕京地毯工厂，出口地毯获利很大，其中主要是剥削换取慈幼院供给的徒工的贱价劳力而来。可见，慈幼院的一套职业训练，最终也逃不脱资本家的手心，仅能为资本家服务。 幸而，解放之后，在党的公私合营政策的正确领导下，上述各工厂都走上了正轨……它们都成了人民的事业。在各工厂的慈幼院毕业的工徒，也正式成了工人，成为光荣的工人阶级了。 慈幼院在解放前几十年来，确曾培养了几千名儿童，目前毕业生们经过党的教育，大多数都在各种不同岗位上工作。还有一点值得提起的，就是慈幼院没有和帝国主义有直接联系，也不受帝国主义的津贴。在当时帝国主义疯狂地、无孔不入地侵蚀中国的时代，慈幼院能做到完全由中国人主持经营，而且有相当规模，确是不易。它所采取的措施中，尤其对婴幼儿童的保育办法，对现在我们办托儿所，还可以有参考的价值。但是这样的儿童教养院，在反动统治的旧中国，不只是所谓慈善家们用来作沽名钓誉的场所，而且只能为统治阶级服务。只有在解放后的中国，有党的领导，它才能真正起着为人民服务的作用。…… 解放后，香山慈幼院一直在党和政府的关怀下，有了很大的发展。它的校址已迁到北京阜成门外，离市区很近。最近我特到该院参观，整个校舍是新建的，非常整齐。它现在是一所收费的私立寄宿制学校，不再是所谓儿童教养院了。它服务的对象也随着社会的改变而改变。在过去，它收的是孤儿贫儿，人们因为无法生活养不起儿女，供不起孩子读书，才送入慈幼院教养。今天人人都能找工作，父母有能力抚养子女，国家设立了学校供孩子受教育，慈幼院服务的对象是那些父母都参加工作的孩子，为他们教养子女，使他们安心工作，积极参加社会主义建设。	31

续表

文章	格式	辑数
张仲鲁《焦作工学院始末》	在从1909到1951年四十余年中，该院收录各级学生（包括路矿、矿专、大学及预科、附中）统共不足一千人，毕业学生（预科附中除外）不过三四百人，而且是经过了许许多多的困难和斗争，才取得了在今日看来是这样微不足道的结果。在漫长的四十多年中，全国以矿业命名的高等学府，包括公私在内，亦只有该校一处（独立工学院和大学设有矿业科系者除外）。解放后，该院改组扩充为中甲矿业学院（现改称北京矿业学院），学生达到数千名，而且以后又在该院焦作原址成立了规模亦较该院为大的焦作矿业学院。此外，如北京钢铁学院、冶金学院、石油学院、地质学院等等以及其他各地先后成立的矿业学院，矿业技校等等为发展矿业，传授技术及与有关的各种学院和学校，有如雨后春笋，遍地开花。今昔一经对比，才感到该院当年是那样的渺小，那样的贫乏，比之今日，真有天地之差。这种突飞猛进一日千里的蓬勃发展，真是我们梦想不到的。没有党的英明领导和广大群众的积极努力，这样的发展是根本不可想象的。	34
屠思聪《回忆世界舆地学社》	我为了维持生活，不得不经常依靠高利贷来勉强维持业务。在此艰难的日子中，世界舆地学社真是祸不单行，还受到国民党反动派残酷打击。……从此，我认识到国民党反动派是不要文化事业，它是摧残文化事业的罪魁祸首。在这个黑暗的岁月里，我社已奄奄一息，处于停顿状态，虽有几种新的地图稿，也因经济十分困难，得不到出版的机会。…… 解放后，世界舆地学社才得到了新生。在党和政府的帮助和照顾下，又继续进行了出版工作。在解放初期，因缺乏资金，曾得到三联书店的照顾，给我社垫款预订，使我社能出版了《新世界地图集》以及其他地图。到1951年，遵照全国出版会议的精神，集中人力物力，更好地发展地图出版事业，我社与同业共十五家，在上海组成了“地图出版社”。1954年，在全国工商业公私合营的高潮尚未到来时，在党的领导下，我们又提前跨进了公私合营的光明大道。	34

续表

文章	格式	辑数
赵紫宸《燕京大学的宗教学院》	学院成了一个正在烂下去的帝国主义的缩影。学院已经不是燕京大学的一部分,“大学”二字已从它的名称上取消,它已叫作“燕京宗教学院”;大学正在上高坡,而宗教学院则每况愈下,成了众秽所集的污水池。 “污水池”三个字是名副其实的称号,是有事实为证的:(一)学院的师生是反共的,以上的事实已经说明了这一点。(二)当时所招的学生,人数比解放前多,大部分是来躲避现实的。有两个学生后来发现是被管制的分子,有一个女学生据说是国民党新妇女运动的骨干。宗教学院当时已经开始检查学生的政治背景,但是全无警惕,容易被虔敬的面貌、宗教的外衣所蒙蔽。物以类聚,一点也不假。……(四)学院里的学生与反动学生相呼应,用信仰来抵抗政治活动。燕京大学原有的属灵派、福音派学生反对抗美援朝,反对捐钱支援志愿军,反对在宁德楼礼拜堂悬挂国旗。他们一齐借用宁德楼作为他们活动聚会的场所。(五)学院招待耶稣家庭,耶稣家庭捐钱给学院,利用学院来掩蔽耶稣家庭的头子敬奠瀛等的罪行。从前学院是一个以现代派著名的、反对属灵派、反对文化程度低劣的小宗派的“学术”机构。解放之后,它变了面目,想与“属灵”耶稣家庭打交道,也属起灵来。讲道理,设圣餐,大学毕过业的宗教学院学生中,有人竟倒在地上发抖乱叫,“受了圣灵”。	43
金宝善《旧中国的西医派别与卫生事业的演变》	将解放前后卫生事业里中西医的处境情况作一对比,深深感到如果没有社会制度的彻底改变和正确的政治领导,光靠一点科学知识是丝毫解决不了任何社会问题的。以卫生事业里的医学教育为例,解放后不久在院系调整时,上海原有的圣约翰、震旦、同德三个医学院合并成为上海第二医学院,将英、美、法、德等三派西医熔于一炉而成为一家人,这在解放以前是不可想象的。中西医间的对立问题也彻底地解决了。新中国的社会里,无处不出现着历史的奇迹。	101
姚雪垠《我的前半生》	今天,执政的共产党和其所领导的各文艺团体,鼓励和帮助青年作者到工厂、矿山、部队、农村中去,深入群众,深入生活。但在30年代,一般具有进步思想的有志于文学创作的知识分子,总是受到当时执政党各级党政机关即军、警、宪、特的监视和迫害,不允许你接近劳动群众,可以随便说你是图谋不轨,将你逮捕。…… 如今党中央给全国作家以创作自由,不允许负文艺领导责任的同志们对创作横加干涉。这是中国当代文学史上的划时代的变化,影响最深远的变革,大大地解放了作家们的“生产力”。	125

续表

文章	格式	辑数
范明《护送十世班禅大师返藏纪实》	从九世班禅被迫离藏避居内地到十世班禅坐床，20 多年来，班禅集团为了维护祖国的统一，捍卫祖国领土主权的完整，曾进行了艰苦卓绝的斗争。但由于北洋政府和国民党政府腐败无能，西藏问题悬而未决，班禅返藏宿愿多年未能实现。只有当中国共产党领导全国各族人民推翻了三座大山，解放了全国大陆之后，在党的领导下，中央人民政府与西藏地方政府签订了十七条《协议》，使西藏获得和平解放，国内各族人民团结起来，西藏内部团结起来的时候，班禅返藏才成为现实。一句话，班禅大师荣返西藏，是西藏反帝爱国统一战线的伟大胜利，是毛泽东思想解决民族问题的伟大胜利，是党的民族政策所结的丰硕成果。	129
秦柳方《回忆黄巷民众教育实验区》	30 年代，旧中国是处在半殖民地半封建的社会情况下，不改变社会制度，仅以教育力量改进农村社会，改善农民生活，以期达到唤起民众、拯救民族的目的。黄巷实验区虽然提供了一些经验和教材教法，但毕竟收效是不大的。 新中国成立，人民翻了身，40 年来，中国农村向社会主义现代化的道路前进，黄巷乡的面貌也已发生了翻天覆地的新的变化。展望将来，前途无限光明。	133

（四）有限肯定

文章	格式	辑数
宋云彬《开明旧事——我所知道的开明书店》	我一开头就说开明书店在当时是一家比较进步的书店，请读者注意“比较”这两个字。我是拿开明跟其他五家所谓大书店来作比较的。真正讲到进步，开明远不及生活书店，也比不上北新书局，因为北新书局出版了鲁迅先生的著作。并且开明所具有的进步性也有限得很。它出版的书刊，是以中学生为对象，也就是以青年为对象的，但它对当时的青年究竟起了多么大的教育作用呢？最近有位同志告诉我，他记得《中学生》曾经用《青年的出路问题》这个题目征文，可没有得出正确的结论。这是一定的。因为开明的创办人章锡琛先生在反封建旧道德方面作出过一些贡献，但他后来专心致志于按照资本主义经营方式办书店了。负编辑方面总责任的夏丏尊先生，是一位具有慈悲心肠而缺少斗争精神的好先生。他热爱祖国，痛恨帝国主义，痛恨国民党反动派，可是他对中国革命的前途是看得不怎么清楚的，对人民的力量也往往估计过低。……他自己没有找到出路，当然不会替青年们找出路。所以《中学生》登的文章和开明出版的供青年们阅读的书，大都偏重于各科知识的补充，至于对提高青年思想认识和政治水平方面，究竟作出了多么大的贡献，那就很难说了。……然而，我们如果能够根据时间、地点、条件来作分析，那么，开明不像当时的商务、中华那样不敢违背反动统治者的意旨，它出版了一些为反动统治者所痛恨而为进步青年所喜爱的书，《中学生》上也多少登载过一些指导青年朝正确方向走的文章，这就是它比较进步的地方。它之所以能够跟青年出版社合并，也因为它具有比较进步的条件的缘故。	31
吴研因《旧中国的小学语文教材》	所谓“文学化”就在教科书里正式突出地抬头。内容虽然受五四运动的提倡白话文、反对旧教条、提倡科学和民主的影响，有爱国、反封建、反军阀内战等的一面；但是另一方面受崇美思潮影响，因为当时正处于第一次世界大战之后，美帝国主义想称霸世界的所谓“世界主义”时期，同时亲美崇美的留美学生回国带来了杜威的实用主义，我是莫名其妙地跟着留美回国学生瞎走，一点也没有觉悟到五四运动的意义。这部教科书的类型也是美国式的所谓“儿童文学”，其实也是杜威教育的“唯趣味主义”，以玩乐投儿童之所好。	140

十、人物方面的惯用性描述格式

（一）“正面人物”

文章	格式	辑数
王康《闻一多殉难记》	闻一多和其他进步人士一样，在党的领导下，迅速清醒过来，立刻投入反对内战、争取和平的群众运动。…… 我们光荣的战士，尊敬的老师，为了自己热爱的人民和自己日夜向往的新中国，流尽了自己最后的一滴血！…… 敬爱的周恩来同志，真是同国统区的人民、爱国民主人士心连心呵，他说出了许多人想说而不敢说的话。在闻一多被害的十一天后，长期遭受国民党反动派打击的陶行知先生，也不幸在上海逝世。周恩来同志听到这个消息，悲痛地说道：“大革命失败的时候，许多同志接踵牺牲，我悲愤填胸，怒火燃烧！现在看来，中国革命的成功，是不会很久的。毛主席的英明领导，使革命的成功，得到保证。总希望多几个朋友来参加新中国的建国。这段时间连续失去这么多朋友，实在使人不能不悲痛！”在这二十多天里，周恩来同志连续为三位民主战士的牺牲而悲愤！这不是为了私交，而是为了中国的革命事业！为了抗议国民党反动派卑劣的罪行，周恩来同志特别指示要大张旗鼓、举行大规模的公祭和告别集会，在静安寺举行的李、闻、陶三人的公祭，参加的人很多，大家含着愤怒的泪珠，痛恨特务，痛恨国民党的法西斯统治。	59
傅学文《邵力子生平简史》	一九四九年全国解放时，邵力子已是六十七岁的老人，但他有机会亲承毛泽东主席的教益，目击解放了的广大人民群众为建设自己的新国家新生活而忘我奋斗的生动情景，促使他的思想迅速地跟上时代前进的步伐。他以老当益壮淬砺奋发的精神，在共产党的领导下，为社会主义革命和社会主义建设努力工作，担负了许多重要职务。…… 邵力子参加中华人民共和国政权工作以后，不但和原国民党及其政权组织，和它内部的人事关系划清界限，而且还运用特殊的形式进行斗争，对窃据台湾的蒋政权及由大陆逃往台湾的军政人员做了一系列的说服、瓦解工作。	67

续表

文章	格式	辑数
孙耀华《陶铸同志战斗在鄂中》	抗日战争初期，陶铸同志受党的委托战斗在鄂中时，我曾在他的领导下工作过。他那对党无限忠诚，对人民无限热爱，无私无畏，为共产主义奋斗的高贵品质；他那襟怀坦白，光明磊落，坚持真理，英勇斗争的革命情操；他那密切联系群众，充分发扬民主，敢于独立思考，多谋善断，勇于负责的优良作风；他那艰苦朴素，忘我工作，严以律己，宽以待人，对党和人民高度负责的革命精神，给予我的教育和鼓舞是极为深刻和巨大的。…… 抗日战争初期，鄂中在周恩来和董老的领导和关怀下，在陶铸同志直接领导和指挥下，恢复和建立了党的组织；坚决贯彻执行党中央、毛主席抗日战争的路线、方针和政策，发展抗日民族统一战线活动；坚决与国民党顽固派和王明右倾机会主义路线作斗争，培训了大批党的骨干力量，把革命的火种播到湖北省各地区。在短短的两年中，克服了种种艰难险阻，创建了鄂中抗日战争武装力量和游击根据地，沉重地打击了日寇在鄂中的侵略军，为我新四军五师南下打下了基础，作出了卓越的贡献。 陶铸同志在鄂中的战斗业绩，仅是他一生战斗史册中光辉的一页，他为中国革命立下的丰功伟绩，将永远铭记在中国人民的心中。	70
林珠光《我参加陈嘉庚率领的南洋华侨回国慰劳团的回忆》	陈嘉庚先生离开重庆拟往东南各省进行慰问考察时，反动派唯恐陈氏到处为共产党作宣传，初拟派王泉笙及郑善政两人名为沿途陪伴照料，实欲从中监视。事被陈闻知，专函蒋介石表示拒绝。反动政府即密电各省、市暗中注意陈之言论行动，因而更加引起陈对国民党反动统治的深刻不满。他曾对人讲：“我以第三者——华侨身份，将回国慰问及考察所见所闻据实发表，绝无个人成见。不料遭受国民党之非议，封锁新闻，监视行动。对我尚且如此，何况他人？足见国内全无自由。”言下不胜愤慨之至！陈氏回到了福建，亲眼见到故乡父老兄弟姊妹备受陈仪的种种压迫与层层剥削，民不聊生，哀鸿遍野，激起他的义愤。故南返之后，他即发动组织闽侨，展开倒陈仪运动。并充分揭露国民党反动派假抗日真投降、消极抗战积极反共、制造摩擦破坏团结的真实情况，使广大华侨了解反动派的丑恶面目。同时还详细报告陕甘宁边区的施政新气象。蒋介石集团急派吴铁城赶赴南洋，企图组织一些国民党分子，向陈嘉庚先生进行反扑，阴谋篡夺南侨筹赈总会领导权。可是广大爱国侨胞，对国民党反动派的种种罪恶，早有所知，现得陈氏公开宣传，益加洞悉无遗。对陈先生热爱祖国，无私无畏的精神，万分敬重与爱戴。	75

续表

文章	格式	辑数
庄明理、洪丝丝《陈嘉庚与蒋介石决裂经过》	陈嘉庚回到南洋，向侨胞如实报告他在国内视察的见闻及观感，使广大侨胞了解到国民党统治区的黑暗，也看到解放区的光明，把华侨的爱国运动向前推进了一大步。…… 【陈嘉庚】早就看出蒋介石的五脏六腑，认定蒋要消灭共产党的阴谋不会打消，也决不会甘心让出独裁的政权。陈老听说毛主席要到重庆同蒋介石谈判，很担心毛主席的安全，曾打电报劝毛主席不要到重庆去。“蜀道崎岖，忧心如捣”，正是表达了他当时内心的焦虑。	78
须恺《忆杰出的水利专家李仪祉先生》	综观李仪祉先生一生，爱国爱民，忠心耿耿，献身于水利事业，二十余年如一日；但由于处在反动统治时期，终其生亲眼得见的水利建设成就，仅陕西一隅的几个灌溉渠道，距先生所期望者甚远，壮志未酬，遗憾无穷！	84
何稚芬《和志让同志生活在一起的日子》	志让同志对毛主席很崇敬。记得我们婚后不久，他特地找出毛主席为复旦大学写校名时候亲笔写的信封给我看，深情地讲述他请毛主席为复旦大学写校名的经过。他说毛主席很关心教育事业，很快就把为复旦写的校名大字给送来了。 “四人帮”横行时期，志让同志十分关心国家的命运，对“四人帮”的倒行逆施深恶痛绝。他常与一些老同志交流忧国忧民的思想。他厌恶那些阿谀奉承、唯唯诺诺的“风派”人物；他反对“揪军内一小撮”，认为这是毁我长城。他对江青总以“三点水”相称。对“四人帮”迫害和诬陷老一辈革命家十分愤慨，常常激动不已，时而以诗抒怀。一九七六年周总理逝世，他以《惊悉周总理逝世》为题写诗，表达人民的悲痛心情：“坚随马列一完人，迫害十年构病因。惊讯传来一门哭，遍传通国哭全民。”一九七七年一月，他又写了《天安门前之群众悲愤》诗：“连逝元勋黑手摧，广场碑下众心悲。行看两度年年集，英烈碑成堕泪碑。”我去看悼念周总理的纪录片，带了两块手帕，怕感情激动时一块不够用。志让同志为我题诗《稚芬同志外出观周总理永垂不朽纪录片》：“欲出感神伤，手携素绢双。一巾易沾湿，泪恐落千行。”当他获悉邓小平同志重新出来工作的消息，欣喜万分，作《邓小平同志恢复职务》诗：“一月广场大字纷，东山再起慰群心。政情反映大民主，各界人群任益增。”	85

续表

文章	格式	辑数
方仲伯《忆李公朴》	他【李公朴】看到敌后广大根据地的新生景象,也看到国民党统治区的腐败统治。他当时深有感慨地说:“战争的洪流,既卷来了人民不可言状的灾难,也冲刷了反动政府的一切污泥浊水。”他意识到我们抗战胜利的伟大前途,很大程度上是取决于广大敌后方。他曾断言:“华北敌后这一模范抗日根据地,其所以能够战胜重重困难,取得各方面如此辉煌成果,就是‘坚持抗战,坚持团结,坚持民主’。”…… 他热爱华北敌后的一草一木,热爱这些中华民族优秀儿女的伟大创造,一直想把它这里的 切告诉全国人民,特别是国民党统治区的人民,以振奋人心。于是他写出了《华北敌后——晋察冀》。他一语概括说:“这是今天民主的模范抗日根据地,也是将来新中国的雏形。” 他把新中国的希望,完全寄托在共产党所领导的广大敌后解放区。…… 【李公朴被刺】全国人民发出一致的怒吼:“我们都准备好了,跨出门就不准备再跨进门!”“烈士的血,不会白流!” 在上海追悼李、闻二烈士的大会上,我们敬爱的周恩来同志曾亲写书面悼词……这是代表全国人民对国民党反动派进行讨伐的战斗檄文,革命胜利的预言,三年多就成了现实。 为民主革命而牺牲的烈士们永垂不朽!	86
孙越崎《回忆邵力子先生和我的关系》	邵先生德高望重,素性刚毅正直,一生生活朴素,平易待人,交游很广。他具有高度的爱国心和民族革命精神。早年他追随中山先生参加同盟会,从事民族民主革命运动。在上海复旦公学任教时,对学生灌输革命思想,播下了革命种子,桃李满天下。他主持上海《民国日报》时,更是大声疾呼,抨击封建军阀,宣传革命思想,鼓舞国民斗志。他对蒋介石在政治上独裁,在军事上“攘外必先安内”,发动内战,始终坚决反对并作种种抵制。解放前夕,他两次亲率代表团北上商谈和平,人民称他为“和平老人”,为国民党中民主和进步人士的表率。一九四九年国共和谈破裂以后,他就留在北平与中国共产党忠诚合作,参加新中国的社会主义建设事业,在民革中央也起到模范积极的作用。他的一生事迹值得我们永远怀念和很好地学习。	88

续表

文章	格式	辑数
杨乔《回忆重庆社会大学》	陶校长在中国共产党的影响下，由一个带有改良主色彩的爱国知识分子，逐渐锻炼成为一名坚强不屈的民主斗士，为了人民的民主和解放事业，和国民党反动派进行了不屈不挠的斗争，直到生命的最后一刻。…… 在国民党统治区，他碰了无数钉子，被血腥的屠杀所惊醒，昂首阔步，有时也迂回曲折，在痛苦中磨炼，在长夜中摸索，终于在共产党的影响和引导下，走上了一条为人民的教育之路，也就是联合工农知识分子等阶层的人民大众翻身求解放的路。	90
桂灿《忆张冲同志》	罗炳辉赠了一本《共产党宣言》给张冲，张冲孜孜不倦地学习。从此他心窍更开，对马列主义有了进一步的认识，对共产党更加热爱。他认为从此走上了光明道路，对革命前途，充满了信心。…… "文革"刚开始，张冲坚持安定团结，反对派性斗争。林彪、江青两个反党集团在云南的帮派骨干要他写当时省委一些人的材料，并要他加入他们的帮派组织。他义正词严地说："我经常工作在外，我没有掌握任何人的材料，不能白肉生疔乱写。我当过国民党的军官，加入你们的组织，会影响你们的声誉，请原谅。"那帮家伙恼羞成怒，给他戴上了"国民党的残余分子""资产阶级权威""投机分子""走修正主义路线的反党分子""走资本主义道路的当权派"等等大帽子，进行批斗，陷害打击。在脱离了工作岗位的那段时间里，他就在家钻研水利建设。一直到邓小平副主席主持中央日常工作后，他才又走上工作岗位。	91
吴宗兰、吴宗素《追忆父亲吴耀宗》	他耳闻目睹蒋介石在日寇侵略面前节节退让，推行消极抗日、积极反共政策，使他当时对蒋介石还抱有的一线希望也化为乌有，对蒋介石的高压政策更感愤慨。在这阶段中，对父亲的政治思想发展起决定作用的是和周恩来同志的几次晤谈。…… 一九四九年到一九五九年，参加国际会议十四次，为反对帝国主义保卫世界和平而努力。一九五〇年父亲和其他基督教人士发表"三自革新宣言"，宣布中国基督教在行政、经济、传教方面不受帝国主义任何控制，建立一个由中国人自己管理的教会。"宣言"号召中国基督教人士拥护共产党领导的新中国，为建设富强的社会主义祖国而贡献一切才智。《人民日报》全文刊登这个宣言，并陆续以很大篇幅刊登签名者。这个运动得到广大基督教人士热烈响应，并为毛主席和周总理所肯定。一九五一年国庆节，毛主席在天安门城楼上对父亲说："你的工作做得好。"…… 父亲……在中国共产党的影响和帮助下，不断探索真理，并随着社会发展不断进步。	92

续表

文章	格式	辑数
王季深《从唯爱主义者转变为革命的人道主义者》	一九四九年十月，吴耀宗在上海基督教青年会传达全国政协会议的精神时，结合自己的思想实际说："我从《圣经》和若干画像中领悟到耶稣基督的伟大形象，上下求索数十年，终于在中国共产党人坚毅而朴实的脸上亲眼看到了。……"这段简单、坦率的话，在一定意义上，也表达了吴耀宗的思想转变过程。…… 他对"唯爱主义"从怀疑、动摇以至幻灭，逐渐认识到，对反革命暴力讲"唯爱"是与虎谋皮。一九四八年七月，吴耀宗已经摆脱了"唯爱主义"思想，他说："唯爱主义者以非战争来提倡世界和平，如果这只是个人为他的信仰作见证，倒无可厚非。但如果他认为世界和平可以完全用爱的方法来获致，那实在是一个空想。"一九五一年，他更进一步表示："……我知道唯爱主义只是帝国主义用来麻醉被侵略、被压迫人民的一种宣传。我知道只有把爱国主义和国际主义联系起来，才能了解怎样去'爱仇敌'。"这是吴耀宗经过长期的探索和挫折后，在认识和行动上的飞跃。…… 从解放到一九五九年，他前后十五次作为中国代表出席世界和平大会。……尽管吴耀宗在文章中，或在口头上，还提到要"尊重人的价值、尊严和权利"，但他已经领悟到，泛谈人道主义，非但无济于事，而且是虚伪的，甚至是有害的；只有使用革命的力量，才能实现真正的人道主义。至于全人类的爱，也只有在确实消灭了阶级、阶级斗争的共产主义社会才能实现，那是全人类的奋斗目标。	92
杨效平《喜饶嘉措大师生平事略》	一九五九年西藏叛乱发生，喜饶嘉措大师旗帜鲜明地站在中国共产党和各族人民的立场上，义正词严地驳斥了帝国主义和国内外反动派的种种谬论，表明自己坚定的立场和鲜明的态度。他向新闻界发表谈话说："西藏地方政府和上层反动集团，勾结帝国主义，纠集叛匪进行武装叛乱，是一件可悲的事情。他们违反了西藏人民的意愿，背叛了祖国，背叛了佛教教规。"	92
张宗衡《回忆张自忠将军》	天津市有英、法、美、日等帝国主义的租界地和势力范围。他们相互勾结而又互有矛盾。日本军国主义，早欲独吞中国，肆意挑衅闹事，扩大事态，制造侵略我国之口实。蒋介石奴颜婢膝，汉奸活动猖獗，情况确实复杂。张自忠在这种情况下，既不唯唯诺诺屈服于帝国主义的压力，又不意气鲁莽从事，而是不卑不亢、有理有度、从容不迫，维护了国家之尊严。	94

续表

文章	格式	辑数
胡子婴《回忆宋庆龄在救国会时期二三事》	在全国人民对蒋介石痛恨入骨、千刀万剐不足解恨的时候，只有中国共产党高瞻远瞩，提出释放蒋介石，一致团结抗战的英明主张，避免了内战，导致了抗日统一战线的形成，为中国人民，也是为世界人民的革命事业开辟了新的局面。孙夫人当时的主张和中国共产党完全一致，这不能说是偶合，而是因为她从第一次革命时期起就同党站在一起，并有密切联系，所以能够正确地提出和党的政策方针一致的卓识高见。…… 半个世纪以来，孙夫人长期追随中国共产党，为中国人民的革命事业作出了卓越的光辉贡献。她在全国人民心目中，是翱翔太空中的苍鹰，挺立高峰上的青松。缅怀同她一起战斗的经历，想到过去同她在一起的峥嵘岁月，也感到荣幸和骄傲。	95
田翠竹《记〈太平洋鼓吹集〉献给美国总统罗斯福的始末》	冯【玉祥】将军从北洋政府到抗日战争时期，在中国军事界是一位叱咤风云的人物，他的政治态度是拥护中国共产党，反对蒋介石，而且一直是坚定的。…… 冯将军在谴责法西斯暴力的言辞中，不单指德、意、日三国，对于中国当时的政治形势，也有所揭露。“民意屠刀下”一句，真是语意双关，不仅揭露了外国的法西斯，也抨击了中国的法西斯。	96
林南园、孙代兴《卢汉传》	卢汉指挥的云南抗日军队，和其他抗日部队一起共同肩负着中华民族伟大的抗战使命，为中华民族的生死存亡而英勇战斗。在保卫台儿庄的著名战役中，坚定顽强地打击了疯狂进攻的日本侵略军，“表示了中华民族的英雄气概”（毛泽东：《为动员一切力量争取抗战胜利而斗争》）；在保卫武汉、坚守湘赣战线的长期抗战中，都作了重要的贡献。…… 蒋介石剥夺云南地方实力派的军事力量，是企图消灭云南民主革命力量，以解除他发动全国内战的后顾之忧。但云南的民主革命力量不是夺取了龙云政权就能消灭的。	98

续表

文章	格式	辑数
彭静中《“和平老人”邵从恩》	被誉为“和平老人”的邵从恩先生，一生支持和参加进步的革命运动。在中国旧民主主义革命中，他参加了推翻清朝、反对袁世凯窃国称帝的活动；在新民主主义革命中，他热情支持民族抗日战争。抗战胜利后，他呕心沥血多方从事民主和平运动，晚年在国民参政会和旧政协会议中，结识了周恩来、董必武、叶剑英、邓颖超、林伯渠和吴玉章等老一辈无产阶级革命家，对共产党的方针政策认识逐步提高，积极拥护中国共产党，热爱毛主席，敬重周恩来等同志。在争取祖国的民主和平、团结统一的斗争中，他坚决站在党和人民一边。最后，他在同蒋介石进行面对面的斗争时，被极大的忧愤所刺激，当场昏厥，虽经缓解，终致不起。在新中国诞生时，即一九四九年十月一日他与世长辞了。	101
韩希愈《爱国老人马相伯先生》	他对祖国无限热爱，对帝国主义和反动派无比痛恨。……在晚年积极组织和领导救国工作，团结爱国人民，响应中国共产党的号召，掀起抗日救亡的高潮。	107
章念驰《先祖母汤国梨夫人传略》	雄鸡一声天下白。……解放军攻入上海，战斗虽然没有完全结束，枪声仍零零落落地响着，六十七岁的先祖母却兴奋地拉着我的小手，走上街头和广大工农一起欢迎解放军。她望着躺在潮湿街道上的人民子弟兵，看到秋毫无犯的革命军队，她的眼睛湿润了，连说中国有希望了。新中国的一切变化，使她由衷感到高兴，这正是先祖父和她梦寐以求的愿望，今天终于实现了，她兴奋得不能自抑。她变得年轻了，有时竟跟我们一起唱起：“解放区的天明朗的天，解放区的人民好喜欢。”…… 粉碎“四人帮”后，先祖母看到党勇于纠正自身的失误，目睹各条战线取得的伟大成就，欢欣鼓舞，虽年事已高，甚至在体弱卧病的情况下，仍然关心国内外大事……表示要以有生之年，为四化贡献力量。	107
寿墨卿《爱国民主老人陈叔通》	三年困难时期，有人动摇不安，丧失信心。他认为，社会主义事业的成就是主要的，缺点和错误是第二位的。只要全国人民紧紧地团结在中国共产党的周围，困难是一定可以很快克服的。他有一副名联：“一心记住六亿人民，两眼看清九个指头”，在工商界中广泛传诵。…… 有一次毛主席在谈话中赞扬他说，在旧中国反动统治时代，能够保持清白，这是难能可贵的。他谦逊地回答说：“这正是我的缺点。我没有像许多革命志士那样和反动派进行斗争，单是保持清白是不足为训的。”	108

续表

文章	格式	辑数
王云凡《记谢无量先生》	当时蒋介石正发动内战，开始其所谓第五次“围剿”，骚乱于华中区。先生痛恨至切，即书联赠笔者云：“沧海横流何日定？古人复起欲谁归！”其谴责南京政府者深矣。…… 赴京后，毛主席礼遇至厚。他与主席合影在画报刊布后，举世崇仰，叹为不世之荣。	108
王抡楦《林森在重庆》	林森在重庆住了5年又8个多月，对巴山蜀水处处关情，给人们留下亲切的回忆。…… 林森在抗战期中，坚持国共合作，团结御侮；清廉严正，生活简朴；处处能以身作则，受到各方的尊敬。	115
李泰玉《忆阿不杜克力木·阿巴索夫》	阿不杜克力木·阿巴索夫同志，是为人们所熟悉的一位新疆三区革命的领导人。他的一生虽然是短暂的，但在新疆的革命史上，却留下了不可磨灭的一页。三区革命发生在抗日战争胜利前的1944年秋，一直坚持到新疆解放。最先是由被压迫的少数民族因不堪忍受当时国民党反动政权在新疆实行的民族压迫政策而掀起的以争取民族自决为主要目的的民族解放斗争。由于历史上长期存在的大汉族主义造成的汉族同少数民族之间的积怨太深，以致在革命斗争初期出现了把汉族作为直接攻击目标的错误倾向。但阿巴索夫作为革命的领导人却始终坚持应当把斗争的矛头直接指向代表帝国主义利益的国民党反动派，而不应该笼统地把一切汉族人都当作敌人打击。为此，在革命爆发后的最初阶段，他就一面纠正运动中出现的错误倾向，一面竭尽全力营救无辜的汉族群众，并派出武装值勤人员到汉族比较集中的地区，保护他们的生命财产不受侵犯。以致因此而受到少数有狭隘地方民族主义思想的领导人的打击。但他并不放弃自己的正确主张，表现出了一个马克思主义革命家的气质和品德。三区革命的发展过程，正是在阿巴索夫等领导人的积极影响下，逐步转变成为以反对国民党反动派为目标的，联合起包括汉族在内的新疆境内一切民族的民族民主革命运动，最后同中共领导的人民民主革命结合起来，推翻了国民党在新疆的反动统治，取得了革命的彻底胜利。	115
黄慧珠《曹孟君传略》	半个多世纪来，孟君同志就是这样，对革命事业坚定不移，全力以赴！她的足迹，也正是这一代革命知识妇女为民族解放、社会解放和妇女解放所走的奋斗道路。 曹孟君同志离开我们已将近20年了，但她的革命精神和业绩，永远值得学习与纪念！	117

续表

文章	格式	辑数
施宪章《爱国老人刘国钧》	【刘国钧】是我国现代杰出的实业家，著名爱国民族工商业家。他在旧中国半封建、半殖民地和帝国主义列强经济掠夺的缝隙中，白手起家，惨淡经营、艰苦创业，最后成为全国民族工商业界有名望的巨子。 刘国钧先生从一名主张“实业救国”的爱国实业家，到与中国共产党真诚合作，走上社会主义道路，“肝胆相照，荣辱与共”，在我国社会主义革命和社会主义建设事业中，作出了重要贡献。	149
焦实斋《杜聿明与东北中正大学》	杜聿明一生，注重事业，目光远大，苦心经营，建树颇多。与其他国民党高级将领迥然有别的是，他把事业的目标扩大到军队以外。一面治军，一面作有政治目的之设施，如设立军人子弟学校，军人眷属工厂，修造医院、创办报刊，规模均甚宏大，计划更称周详，一军之中，俨同社会组织之缩影。而杜聿明在东北保安司令长官任内创建的东北中正大学，则使他实现了事业方面的一个重大宿愿。…… 解放以后，“中大”学生，在党的培养和教育下，有的担任大学教授，有的成了名医，有的担任机关的领导干部。杜聿明在世时，每谈及此，总感无限的安慰。	150

（二）局部否定的“正面人物”

文章	格式	辑数
严仁赓《我所了解的马寅初先生》	一九五九至一九六〇年对马老的围攻，从北大开始，扩大到社会，扩大到全国，声势浩大，但他一点也不肯屈服。他表示，“我虽年近八十，明知寡不敌众，自当单身匹马出来应战，直至战死为止”。然而，他受到的，不仅是批判，当然就很难继续担任北大校长了。随后，他的许多其他公职和政治待遇，包括人大常委也被撤销。经过这样的屈辱，可是，在我此后同他接触中，却从未听到过他对党有一句怨言，或表示过任何不满，尽管他对批判是那样的不服气。……虽然马老没有真正弄通马列主义的哲学和经济学，但主观上还是企图使自己的理论探讨和对实际事物的分析，能够符合马列主义的原则。	73
许汉三《我所知道的章乃器》	章乃器也是个富有爱国思想的实干家。他有很强的工作能力，文章也写得很有说服力，但他的思想一直没有逾越民主革命的范围。他相信进化论，他认为社会总是在不断地进化之中，所以在政治上他赞成改良主义。他非常不赞成大规模的群众运动，认为群众运动容易发生偏差，导致重大损失，甚至可以导致革命失败。	73

续表

文章	格式	辑数
马子华《我所知道的卢汉》	卢汉在数十年间，对帝国主义欺凌中国人有切身的体会。他说，有一次他途经法帝国主义占领的越南，亲身受到检查员的苛刻搜查和辱骂，当时他真恨不得把他们杀死。法国人对待越南人民，更不像对待人；侵略和压迫云南人也是令人不寒而栗的。他率领六十军参加台儿庄抗日战役时，面对敌人矶谷、坂垣两个师团，眼见敌人的凶狠残忍，使他败北突围，几至完全溃散。他对日本帝国主义也是深为仇恨的。但是，他对美帝国主义却另眼相看。他认为："美国人有钱有势，他要中国这块地方干什么？人家政治民主，生活自由，民富国强，正是我们富国强兵的好榜样。"他对美国是十分信服的，对资产阶级的生活方式，也是十分醉心神往的。…… 就在这种矛盾、混乱的思想活动中，卢汉于一九四六年登上了云南省府主席的宝座。在未到云南就职以前，卢看到国民党统治摇摇欲坠，革命形势向前发展，云南的民主运动汹涌澎湃，他说："我心灰意冷，什么事也不想干了。光光头何必找乱刺棵钻？"于是逗留在北平，听听相声大鼓，结交了几个京戏名演员，倒也逍遥自在。	86

（三）"反面人物"

文章	格式	辑数
杜聿明《蒋介石解决龙云的经过》	蒋介石是这样的一个人：当他需要你的时候，卑躬屈节，好话说尽，同时也埋伏杀机，准备吃掉你；至于别人对他有一点不好的话，则是视如仇敌，咒骂不休，甚至置之死地。如在抗日战争中，他自己虽然经常摆出投降的架子，可是他对于大汉奸汪精卫及其有关的人则极端敌视。……蒋介石就对龙云恨之入骨。可是蒋介石为了给他自己留有余地，并未将这件事表面化，相反地，蒋倒是对龙云优礼有加，并给龙以云南行营主任。当第五军开入云南时，蒋介石曾面示过说，对龙云要绝对服从，要如同服从他蒋介石一样地服从龙云；就是龙云有不对的地方，"你们为了前途，为了整个计划，也要委曲求全，不要发生摩擦，影响国家大事，这点你们懂么？"其实，蒋介石是正在暗中密布特务，准备实力，如当时滇缅公路局、滇缅运输处及昆明防守司令部等机关、部队中都有"调查室"（军统的特务组织），滇黔及滇康边境均驻有重兵，随时准备入滇吃掉龙云。…… 蒋介石历来惯用这种权术来处理他的所谓"国家大计"，也正是用这种狡诈手段来对付龙云的。由此可以推断，以后蒋家军在昆明屠杀联大学生及李公朴、闻一多等民主人士，也一定是依据蒋介石的命令来干的，及至事后舆论沸腾，蒋介石就让关麟征、霍揆彰为他背过，先而把关、霍二人撤职，继而则又加以重用。	5

续表

文章	格式	辑数
陶菊隐《记谭延闿》	前人写谭延闿，大都把他说成是一个“文武兼资、倾向革命”的政治家和军事家。其实，他虽历任军职，却不懂军事，他在政治舞台上所扮演的不过是一个投机取巧、善于玩弄阴谋诡计的典型角色。…… 综观谭的一生，由一个文人成为地方军阀，由君主立宪派变为国民党元老，忽“左”忽右，忽汪忽蒋，堪称极尽翻云覆雨之能事。在半封建半殖民地的旧中国，在极端腐朽的蒋王朝的下面，他是一个代表官僚、地主阶级的典型人物。	5
谌志笃《袁祖铭“定黔”始末》	袁祖铭在全国来说，不算一个大军阀。而在西南来说，他确是一个数一数二、野心勃勃的大军阀。他不仅“图霸西南”，还妄想“问鼎中原”。他控制过贵州政局（不仅他自己做过省长，还保委过彭汉章、周西成做省长），操纵过四川内战（先后曾任川黔边防督办和川、黔、鄂、陕、甘五省联军总司令），而且后来又做过国民革命军左翼军总指挥，顿兵湘西，虎视大局。从一九二一年开始，在短短五六年中，他曾经是一个反动政治舞台上的风云人物。	10
叶笃义《我和司徒雷登》	办了多年奴化教育的司徒雷登，对知识分子的问题自然是十分注意的。他屡次不顾“干涉内政”的嫌疑，以他的大使兼教育工作者的身份号召知识分子同蒋介石政府合作，用他的话说，就是“同政府合作来监督政府的革新”。但随着人民战争的发展，蒋管区广大学生认清了应当走的正确道路，反饥饿、反内战、反迫害的民主爱国运动从一九四六年底开始，逐步扩大，逐步高涨。蒋介石对待学生采取了极端野蛮的镇压手段，最后造成一九四七年五月廿日的“五二〇血案”。当时我正在南京。司徒雷登同我谈到这件事情，他怪蒋介石不应当用高压办法对待学生运动。他说“学生是社会阶层中最敏感的一部分人，他们往往代表着整个社会的动向而为其先声。对待学生运动只能采取因势利导而不能用镇压的方法。学生在社会上的作用相等于测量气温的温度计，蒋介石对待学生运动的这种办法，等于一个人不愿意见到气温改变而打碎温度表一样”。我听了这一番话，真是佩服，认为他不愧是一个“教育家”。 学生运动并没有被蒋介石镇压下去，而且继续发展和提高，由“反饥饿、反内战、反迫害”的运动逐步发展为“反美扶日”“美军撤出中国去”的反美斗争。到了一九四八年五月间，上海学生运动发展到同整个文化界和工人运动结合起来。这时候司徒雷登急了，以他个人名义在报上发表了一篇极端无耻、极端狂妄的威胁声明，恐吓中国学生“准备自食恶果”。事后据上海美国领事齐艾斯(Chase)对我说，这篇东西是美国国务院拟好了的稿子，用司徒雷登个人的名字发表，企图利用司徒雷登在中国办了四十年教育的这点“声望”，把学生运动压制下去。结果适得其反，司徒雷登这个声明引起了全国人民极大的愤怒，揭掉了他的“教育家”的假面皮，暴露出帝国主义者的本相。	13

续表

文章	格式	辑数
许念晖《虞洽卿的一生》	在封建社会里，升官和发财是不可分的。虞洽卿既已上升为买办阶级，又想弄个官职，于是纳粟捐了道员，分发江苏。从此用官吏和商人的双重身份在洋场上广结声援，颇受社会重视。…… 虞洽卿善于玩弄两面手法，一面忠心耿耿地为帝国主义服务，另一面却又口口声声说他是“为中国人民撑腰”“替地方上办事”，借以欺骗上海市民。…… 革命爆发时期，虞见清政府大势已去，暗中又与同盟会会员陈英士勾结，以便进行新的政治投机。…… 虞洽卿大发国难财后，仍然是一个一毛不拔的悭吝鬼，宁波同乡对他的印象非常恶劣。…… 虞待手下人也极刻薄，使大家都有吃不饱、饿不死之感。三民公司结束时，虞将未售出的货物压低结价，解雇了一批职员，大家都骂他“有事有人，无事无人，损人利己，丧尽良心”。…… 一九四四年，七十八岁死在重庆的虞洽卿，他的一生，极尽翻云覆雨、投机取巧、假公济私、损人利己之能事。…… 有人认为虞洽卿是英帝国主义的走狗，是皖系军阀的走狗，最后做了蒋介石的走狗。但是说得更确切点，虞洽卿不是一个帝国主义的走狗，而是一切帝国主义的走狗，也不是一个派别军阀的走狗，而是一切军阀的走狗。…… 他的一生，根据不同的时期，不同的利害关系来决定他的政治倾向。大体上，一九一二以前，他主要是为租界政权服务，借以打通帝国主义的路线。如大闹会审公堂案发生，他出面调解，劝告商店开市，果然以此得到了西方帝国主义的赏识。北洋军阀执政时期，他与亲日派安福系勾搭上，做了淞沪市政会办。五卅运动时期，他丧心病狂地为帝国主义及军阀政府服务，企图分化中国人民的反帝统一战线，十足地反映了帝国主义、封建主义、买办资产阶级的三位一体。 上海总商会在虞洽卿以前，历任会长多属于民族资产阶级。自从掌握在买办资产阶级之手以来，这个“法团”就完全站在中外反动派一面，而完全与人民为敌了。如奉军南下时期，邢士廉任戒严司令，秉承帝国主义意旨，封闭总工会、解散工商学联合会、洋务职员公会和海员公会，大捕进步人士，这一切都与虞洽卿的心意相合，因此，他与邢士廉、常之英靠得极紧。一九二七年以后，虞洽卿一直跟着蒋介石走，从勾结法西斯轴心转而投入西方帝国主义的怀抱。他的一生，不论政治投机或经济投机，他自己觉得算盘打得极精。但是生前怨声载道，死后臭名远扬，盖棺论定，富贵浮云，看来他的算盘打得并不高明。	15

续表

文章	格式	辑数
孟丙南《"西北王"胡宗南》	胡宗南是国民党反动派的一个重要头子,胡军是反革命武装的主力之一。…… 第二次国内革命战争时期,胡宗南……曾参与堵击北上抗日的红军,被红军打得落花流水。……胡军撤到陕西,盘踞西安,名为扼守河防,拒阻河东、山西日寇;实际上是屯兵西北,执行国民党蒋介石消极抗日、积极反共的反动方针,对陕北构成数道"碉堡线",严密封锁陕甘宁边区。…… 在蒋管区,盛传胡宗南为青年将领,而最为掩饰欺人的是所谓"廉洁可风",以及标榜他和他的部属都"不贪污","不要钱"。国民党军队,特别是胡的系统中,大小军官更以此自炫,拿胡作例子。事实是不是这样呢?且看胡宗南对其左右亲信的讲话:"要钱干什么?我平生不爱钱,身上从不带钱,箱子里也从不放钱,在我的驻区内,不管走到那里,不管是那家银行,只要我写个条子签个字,就可拿到钱。"再看胡对其部下的"政策":在胡领导的部队、学校及所有单位中,都有秘密规定,准许各级主官(即指挥官)吃"空名",例如连长每月留三个士兵的空名,营长五名,团长十五名,师长三十名等等,以此类推,官儿越大越多;副职及幕僚人员照此等级补贴空名,还每月送若干袋面粉。有骡马的部队主官,还可留空名(骡马册子上每匹都有它的名字)吃"马干"(马的饲料)。这些美其名统称为"补贴办公费"和"特别费",其实是公开的合法的贪污。……其他贪污还有各种方式、手法。例如平时在河防线上走私放渡,贩毒;战时多报"耗损",倒卖武器、骡马、被服、装具,以及在后方城市经营投机商业等等。一九四七年冬,胡宗南见西北形势危急,乃命其心腹秘书徐先麟秘密到上海去经营一家规模宏大的贸易公司,借此收罗美金,准备后路。这种巧取豪夺,不知要比吃空名多到多少倍。这就是胡军"不要钱"和胡宗南伪君子的真面目。	18
江文汉《基督教青年会在中国》	从穆德的一生,我们可以看出他并不是什么奉了上帝的名,将福音传遍全世界,而是奉了美帝的指示,在煤油大王洛克菲勒、钢铁大王卡内基(Andrew Carnegie)、汽车大王道奇(C. H.Dodge)、百货公司大王华纳麦卡(John Wanamaker)等垄断资本集团的直接扶持下,来对全世界进行所谓"精神扩张"。	19

续表

文章	格式	辑数
陈士章《黄百韬的起家和败亡》	黄百韬兵团是第三次国内革命战争中蒋军在华东战场上的主力部队之一。从战争开始，黄即率部在苏鲁豫皖地区与人民解放军为敌，给华东人民以很大危害，直至淮海战役始被歼于碾庄，黄亦作了蒋家王朝的殉葬人。在反人民战争期间，蒋家宣传机器曾不断对黄百韬反人民的战绩大肆吹嘘，黄自杀后又把他吹嘘成为一个了不起的人物。…… 自蒋介石挑起内战以来，在华东战场上，无论在卖命上，或战斗成果上，黄都是首屈一指的打手。…… 黄百韬刚愎自恃，坚持力很强，故每战能督饬部属效死。虽在处境异常困苦时，不灰心、不屈服……其赋性残酷，常达无人性地步，如随时随地杀害战俘。……至于原在碾庄的老百姓，看着他们饿死，也不放出去，说是怕走漏消息。草菅人命在黄心目中不算什么。	21
沈醉《我所知道的戴笠》	军统特务首脑戴笠，是蒋介石佩在身边的一把犀利的匕首，也是最善于窥伺主子意图最博得蒋介石欢心的一条忠实凶狠的走狗。他忠心耿耿地执行着蒋介石反共反人民的一贯政策：在为蒋介石排除异己、保卫反动政权，以及保护蒋介石的安全等方面，可以说用尽了他生平所有的力量。无怪他生前能得到蒋介石的格外垂青，宠爱备至；死后使蒋介石特别感到伤心，亲自一再为他选择墓地。主仆之间，关系之深，实非一般可比。…… 由于蒋介石反动集团对日本帝国主义的侵略，一贯采用妥协投降的方针，戴笠的特务系统也主要以破坏人民的革命斗争为主，未有建立对付日本的情报工作，直到卢沟桥事变爆发后，戴笠才手忙脚乱地布置对日的情报活动。…… 在这一阶段中，戴笠主要的活动是反共和为蒋介石排除异己。他利用一些叛徒……替他进行反共活动和训练特务学生。而最为蒋介石所欣赏的是他那一套暗杀和绑票的工作。…… 戴笠一生坚决反共、反人民，却对共产党人非常害怕。…… 【戴笠】对中共的污蔑是无所不用其极的。我记得连全国人民和全世界公认的平型关大捷，他都企图进行诽谤并颠倒是非。……他最怕学生在思想上有任何对中国共产党的好印象。	22

续表

文章	格式	辑数
赵瑞《阎锡山通敌叛国罪行纪要》	阎锡山对美帝国主义这种自我宣扬的目的，是针对国民党蒋介石军队的不断惨败逐渐失去了美国主子的信任，而他则妄想标榜自己对共产党有独特有效的所谓“戡乱办法”，借以博得美国政府的宠信而分得更多的“美援”，充实他反共反人民的资本。 阎锡山还向美帝国主义大声疾呼地说他要做“世界反共急先锋”，并建议成立什么“太平洋反共大联盟”和“国际援华志愿军”，并派其省参议会议长王怀明到处奔走呼吁，以期引起美帝国主义的注意，而采纳他的主张。 阎锡山还积极拉拢美帝国主义的流氓特务分子陈纳德，帮助他进行反共反人民的内战。…… 阎锡山……还将他的“兵农合一”和“对共产党的批判”等反动书籍译成英文，向美国人宣传(阎早在 1936 年 3 月间即和美国出路报社社长费克来通信，宣传他那“物产证券与按劳分配”的反动主张)，企图博得美帝国主义对他的重视与支持。…… 1959 年 12 月间，他于临死前，还在台北阳明山(阎公馆)，曾对香港“真报”记者发表所谓“回大陆问题”。他狂妄地说：“别看阎锡山老态了，真个一旦反攻号响，看吧！我这把老骨头仍将活着回太原去。”当然，这不过是阎锡山临死前的一种呓语罢了。 1960 年 5 月 23 日，这个一贯通敌叛国、罪大恶极的国民党首要战犯山西人民之敌阎锡山，终于在台北因患糖尿病、冠状动脉硬化、心脏病和肺炎等不治之症而结束了他那卑鄙可耻的生命。	29
天津宗教界编史委员会《关于国际间谍雷鸣远和雷震远史实的几点补正》	雷鸣远打着抗日旗帜，实际上是配合蒋匪军进行反共间谍活动，渐渐引起了蒋介石的重视。…… 根据上述事实，雷鸣远并不是为了抗日“在中条山战役中阵亡”的，是为协助蒋介石进行反共反人民的罪恶勾当而丧命。…… 由于雷鸣远打着“抗日救国”的招牌蒙蔽了一些人，加上反动当局的宣传，在教徒和人民当中窃取了一些“声誉”。……雷震远在抗日战争胜利后赤裸裸地协助蒋匪帮进行反共活动，他的罪行正好印证出来雷鸣远平生“事业”根本没有抗日救国的气味，为此雷震远也就只能继承他的反共衣钵了。……他的这些罪恶活动都是在特务头子戴笠的直接指挥下进行的。雷鸣远和雷震远在披着宗教外衣进行反共反人民的罪恶活动这一点上，却堪称“难兄难弟”。	30

续表

文章	格式	辑数
宋云彬《开明旧事——我所知道的开明书店》	可笑那个林语堂，他得到许多版税，做了开明的大股东（我记得他投资一万元），到 1936 年，开明要增资，锡琛请他再认一点股，他对锡琛说："对不起，我近来特别对钞票感兴趣，我想积十万现钞，对投资这桩事情不感兴趣。"林语堂就是这么一类人物。而事实上，那时候他的反动面目已经暴露，自封为"幽默大师"，反对革命，反对共产党，鲁迅先生也在写文章呵斥他了。	31
胡次威《蒋介石做总统的一个片断》	抗战胜利后，蒋介石处心积虑要做总统，因而不顾一切，一面发动内战，一面召开第一届国民代表大会制定宪法。…… 蒋介石想做总统铁了心了，可是想不到美国驻华大使司徒雷登会向他传达美国主子的命令，要他把总统让给另一美国奴才，自称"过河卒子"的胡适。 其实，在南京国民党官场里，大家早已知道事情有些不妙了。司徒雷登的前任是赫尔利，在他辞职回国的时候，蒋介石特意为他开了一个欢送会。赫尔利竟在欢送会上大骂国民党政府贪污无能，气得蒋介石脸红脖子粗。在座的国民党官员们，面面相觑，不知所措，连素有"大炮"之名的谷正纲也一言不发。当然，奴才失去了主子的欢心，应该是多么的难过啊！	32
文强《"中原王"汤恩伯》	【汤恩伯】成为蒋介石豢养的忠实走狗，深得蒋之宠信……其主要关键，在于他一贯顽固地充当蒋介石反共反人民的打手。…… 【汤恩伯】参加了江西的"清剿"，与赣东北苏区领导者方志敏、邵式平将军为敌。……残酷地破坏了苏区，恢复了反动的黑暗统治。……无数劳动人民惨遭杀害。……汤恩伯忠实地执行蒋介石的反动政策，使这一地区的革命事业受到了极大的损失。…… 【汤恩伯】于湖北黄陂一带进行"清剿"的罪恶活动。这一时期汤对豫鄂皖苏区危害最大，他曾对当时充其团长的陈大庆常常谈及在那一带用机枪扫射青年群众及共产党员达两三千人之事，认为得意之作。……由于红军北上抗日而转移了阵地，汤即迅速地进占瑞金，修建了"犁庭"公园，无耻地夸大战功。……竟以屠杀人民"有功"一跃而被擢升为十三军军长。…… 他对于近代的历史人物，特别推崇清代大汉奸曾国藩、胡林翼、左宗棠三人。他甚至认为曾、左之未能取清廷而代之，是一件值得惋惜的事。由汤恩伯的这样一些论调，即可测知其为人：在羽毛未丰之前，依附于人以待时机，一旦羽毛丰满，则取而代之。这是历史上无数封建人物称王称霸的规律。汤之阴谋其所以未能得逞，只是由于中原对日作战之一败涂地，以及受到陈诚当权派的宰割而使其小集团瓦解，特别是全国解放之速，根本粉碎了他那充当枭雄的迷梦。…… 尽管蒋鼎文和汤恩伯两人之间，狗咬狗，争吵不休，叶县与洛阳之间的对台戏越唱越不能下台，但他们两人反共反人民却是一致的。在 1942 年至 1944 年之间，蒋汤在这一地区采取了一系列的措施，矛头都是针对共产党。	32

续表

文章	格式	辑数
马葆珩《齐卢之战纪略》	至于齐卢谁是谁非，历史早有定论：都是争权夺利，祸国殃民的一丘之貉，没有什么好坏之分。有人说，卢永祥比较忠厚些，还没有什么大罪恶。但是，我们只要看看他准备好两颗氯气炮弹这件事，就足以说明卢的“忠厚、慈祥”背后，却暗藏着更残忍、更毒辣、更不人道的野兽心肠。总之，在军阀堆里去找好人，那就等于在臭粪坑里去找香花一样。	35
李仲公《我所知道的何应钦》	【何应钦】最痛心疾首引为奇耻大辱的是1931年的第二次“围剿”被红军打得落花流水的一次战役，使他终于不得不承认人民革命军队的优越性，动摇了用武力铲除中国共产党的信心。…… 总之，何应钦的一生，完全是中国封建王朝时代奸柔取巧、因人成事的一个“贰臣”“福将”的典型。	36
冯若飞《我所知道的张群》	张虽未将政学系组成一个正式政党，而自身在政治上造恶实多。……张附蒋二十余年，作恶多端，难于枚举，且为人深沉老练，稍涉关系之事，绝不漏言，最忌属员探问职权以外之事，因而不能具述其所有活动，但即此已足说明其罪孽深重矣。	42
程藩斌《蒋介石利用陈纳德航空队参加内战片断》	陈纳德是蒋介石所豢养的美国流氓，在抗日战争期间曾以援助抗战为名，组织过所谓飞虎队参加作战，实际上是利用空中交通，大做生意，包庇走私，无所不为，援华其名，侵华其实。后来他又进一步骗得了美空军驻华十四航空队司令的名义。日本投降后，十四航空队撤销，陈纳德又购得美空军剩余的一批C46型运输机，组织了陈纳德航空队（简称CAT），成为美帝在华掠夺我国人民财富的“合法”工具。在反共、反人民战事爆发后，陈纳德就积极地参加内战，每役必与。1949年间，陈纳德曾向蒋介石请求恢复他的飞虎队，屠杀中国人民。据当时空军司令部参谋长刘国运告诉我，蒋介石初有意应允，交周至柔、王叔铭研究。周、王因本身利害关系，表示不愿意，同时空军内部反对的人也不少，因此陈纳德野心未能得逞。	50

续表

文章	格式	辑数
杨伯涛《陈诚军事集团发展史纪要》	【陈诚】他一贯狂妄顽固，对蒋介石反共反人民政策，起着推波助澜的作用。…… 为人的几个基本特点 一、热衷权势，不甘寂寞：陈性极好动，很少一事不作。……他之所以如此，主要是因为热衷权势，不甘寂寞，充满“大丈夫不可一日无权”的想法。……陈在政治上即使失败，还拼命挣扎，死不肯下台，不像一般失势军阀一样，安心作海上寓公。 二、独断专行，坚持成见：陈在政治上有他自己的一套作法，而在军事上则独断独行，完全是法西斯作风。……由于陈固执成见，不愿根据情况的变化而改变原来计划，以此往往把事情弄得很糟。……他在任参谋总长时指挥反人民战争，多凭主观想象决定军队行动，前后如出一辙，始终不改。 三、唯我独尊，耻居人下：陈一向“唯我独尊”，领袖欲极强，不愿居何应钦、刘峙、顾祝同、蒋鼎文诸人之下，常在很多场合肆无忌惮地指摘他们。……陈所捧的只是蒋介石一个人。每逢作总理纪念周及在群众集会上演讲，总是满口“领袖”如何如何。他也确实认真执行蒋介石的一切命令，似乎比黄埔学生还要表现得“忠诚”。……就陈一贯的狂妄野心来看，他和蒋完全是彼此互相利用的利害结合。蒋重用陈是借陈执行他一切反动政策，而陈则需依靠蒋的扶掖，才能飞黄腾达。可以断言，陈、蒋未必具有真正的生死交情，陈对蒋的“忠诚”也未必是始终不渝的。 四、沽名钓誉，矫揉造作……陈最大的野心是盗窃名器，僭越国柄，所以他不甚留意阿堵物。何况陈的生活享受俱取给于公帑，并且有左右亲信代为筹谋，陈何乐而不为。…… 【胡琏】为人狂妄，以英雄人物自命。在一九四八年反动集团形势危殆时，他还梦想作一个“挽狂澜于既倒”的“中流砥柱”。……在政治上胡认为历史上治乱因人而异，崇拜历代权臣术士，拥护法西斯独裁，极端仇视社会主义制度和共产党。	57
沈尹默《我和北大》	胡适这个人，因缘时会，盗窃虚名，实际他是一个热衷利禄的政客，并非潜心学术的文士。当年，陈仲恕震于胡适之声名，曾到北大来听过一次胡适讲演，一听之下，他听出问题来了。他越听越觉得熟悉，原来所讲的是从颜习斋书上搬来，并且不加说明，据为己有。钱玄同也知道胡适这个秘密。有一次，胡适被邀作学术讲演，此公既已成为时下忙人，自无工夫作什么准备，玄同曾亲眼看见胡适在讲演之前，匆匆赴琉璃厂旧书铺找了一本不知什么书，大约就是一般人不大看的颜习斋著作之类吧，在洋车上翻阅一过，他这点鬼聪明是有的，裁裁剪剪，上讲台发挥一通。此公行事，大率类此。	61

续表

文章	格式	辑数
胡愈之《回忆商务印书馆》	原来商务固然也是私人经营的，但是到底像个文化事业；原来的资本固然也是有剥削的，但是却还有一定的进步性。而王云五却完全以一种营利的目的来办商务了，订出了许多荒唐的制度。…… 他更毒辣的是把商务分化成许多小工厂，都是商务投资，不挂商务的招牌。一方面收买一些工贼，一方面借此分散工人的力量，破坏工会组织，不让工人组织起来。有人算了一笔账，尽管东方图书馆和部分厂房被毁，但是这项损失比起他从职工身上赖掉的那笔退职金和福利待遇来讲，还是后面的数字大得多了。 商务印书馆从创办开始，标榜改良，虽然不是最前进，但还不是很落后。商务的资方尽量想不卷入政治浪潮，但是还没有企图把商务印书馆作为一个反革命的堡垒。王云五进入商务以后，就拿商务作为资本，投靠汪精卫。…… 我认为，从历史上看来，王云五是商务印书馆走向衰落和反动的主要罪人。	61
张明镐《蒋介石在溪口》	蒋纬国生于一九一六年，宋美龄与蒋介石结婚时期远在蒋纬国出世后十二年，蒋氏新谱内竟说蒋纬国为宋氏所出。由此一事，可见旧时统治阶级如蒋介石之类欲掩其丑，伪造虚构历史，手段恶劣到了什么程度。…… 蒋介石王朝以蒋、宋、孔、陈四大家族扼制着中国人民的命脉，搜刮人民的脂膏，实行血腥残酷的统治。而在溪口的本族与同乡中，蒋介石利用权势，多方提拔，也扶植了不少帮凶，为其效劳。	73
包尔汉《盛世才在新疆》	盛世才伪装进步，口头上叫喊反对日本帝国主义，但在他攫取政权时期的种种事实证明，他是想与日本帝国主义拉关系的。…… 盛伪装进步时期，时常高叫“清廉”，但他在篡夺政权的初期已大发横财了。…… 盛世才几次制造“阴谋暴动案”的目的都是为了打击共产党和消除党的影响。但是他怕被人识破，每次打击共产党的同时，也要逮捕和屠杀一些与盛无关的封建王公和富翁（巴依），既乘机发洋财，又掩饰了他“不是反共”的伪装。盛的手段诡诈还表现在，他打击共产党员时，是诬陷他们是托派，是反革命，并且在打下这批共产党员之后，立即又起用另一批共产党员。这是他的伪装较长时期未被人们识破的一个重要原因。…… 盛世才在伪装进步的初期，提出了许多进步口号，迷惑了不少人。但这些进步口号并不是他自己的主张，而是许多共产党员和进步人士帮他提出的。…… 盛世才在公开投靠蒋介石后，时常以他提出过“保障新疆永久为中国领土”的口号而自我吹嘘。实际上这个口号根本不是他提出的。相反，他那时为了要骗取苏联的援助，巩固他个人的地位，曾两次要求将新疆划为苏联领土。…… 一九四二年，盛世才摘下了伪装进步的面具，不折不扣地执行国民党的反动政策，公开进行反苏、反共、反人民的罪恶活动。	79

续表

文章	格式	辑数
陆志韦《司徒雷登与燕京大学》	表面上看来，他【司徒雷登】在燕大校园住着的时候，偶尔讲讲道，有时骑骑马，主持一些不痛不痒的会议，如是而已，似乎没有干过什么了不起的事。……然而现在回忆起来，我们所做所说的，总的说来，一定是符合他的脾胃的，帮助他完成了文化侵略使命的，否则我也不会在燕大待得那么久了。……我们教职员是用优异稳定的生活作为保证而被买来的，在这个意义上，也可以说是一种买办。要承认这一点，得经过多少夜晚的思想斗争啊！从前，我常常这么想：燕大也是我的燕大，因为，离开了燕大，我就活不下去了嘛。哪知这一类幻想正是司徒有意要在我们中国人中间造成的。中国人民要想了解燕大是怎样一个美国文化侵略的工具，倒也不需要燕大的旧人给大家讲解司徒雷登是怎样的一个人。…… 他【司徒雷登】在美国也学会了时行的种种手法去弄钱，有的事他连在回忆录里也不好意思说起。例如有一次回国，费了好几个晚上去拜访一位老寡妇，跟她抹骨牌，希望她在遗嘱上给燕大写上一笔，结果是一场空。…… 这一批一批形形色色的学生，除了极少数以外，绝大多数都还没有爬进美国人所念念不忘的“民主个人主义者”的圈子里。司徒的意向是恶毒的，手段是五花八门的，但是成效还是没有能充分发展，只能让他抱恨终身。	83
袁熙鉴《陈光甫的一生与上海银行》	陈光甫是美国培养出来的知识分子，因此他崇美、亲美的思想十分浓厚。…… 陈光甫打算更加紧密地向美国靠拢，以便对抗国民党官僚垄断集团对上海银行的觊觎，因而在政治上也就更加投靠了美国。不久全国解放，陈光甫依靠美国发展资本主义的幻想，便完全破灭了。	88
郑朝强《我所知道的上海圣约翰大学》	卜舫济的办学精神自有其可贵之处，但是，也应看到，他毕竟是美国的一个传教士，因此在触及美帝国主义和教会利益时，就暴露出他的侵略本质。一九二五年五卅运动爆发后，为悼念被杀害的工人，学生罢课，并在校内下半旗志哀，以示对帝国主义的抗议。卜竟蛮横无理地把国旗（当时的）拉下，踩在地上。……他对于校内所有教师和学生，表面上看来似乎一视同广，在一般情况下不歧视不信教的人。但在特殊情况下，他对于传教的人却有点另眼相看。例如，在教师出国深造方面，信教的人就能得到优先照顾，占了便宜。他对于校友表面上虽不分轩轾，实际上却对于在政治上或经济上有地位的人另眼相看。美国教会开办圣约翰的本意在于为帝国主义利益服务，无怪乎卜舫济对于他在几十年中所培养出来的亲美派官僚和买办阶级倍感满意和亲切。	91

续表

文章	格式	辑数
陶峙岳《三十年戎马春秋述要》	自上海抗战以后，七八年间，寄托胡宗南篱下，替他装点门面，东迁西调，无所作为。胡固不能容我，我也敬而远之。胡不学无术，作为军队统帅，更缺乏指挥才能。平常结党营私，好弄权术。在生活上有时故作艰苦朴素，待人接物俨然平易近人。其实都是矫揉造作，轻浮浅薄，徒以乡谊得宠于蒋介石而煊赫一时罢了。	96
张增智《龙云在解放战争时期》	陈纳德在抗日期间以援华为名组织“飞虎队”参加作战，后来又取得美军驻华十四航空队司令的名义。日本投降后，十四航空队撤销，他又购买一批美国空军剩余的运输机，组织了陈纳德民航队(即陈纳德民航公司)，掠夺我国人民的财富，并为蒋介石反共内战服务。	96
丘健军《“九一八”后陈炯明勾结段祺瑞联日倒蒋的秘密》	及至一九三一年九月十八日，日军侵我东北，蒋介石坚持不抵抗主义，媚敌辱国，激起全国人民的愤怒，高呼抗日倒蒋的口号，陈炯明以为重登政治舞台的时机已至，亦跃跃欲试，旋即亲自出马赴天津谒段祺瑞，企图联日倒蒋。	99
郑一民《张荫梧与河北民军》	在抗日战争初期的1937年至1939年间，河北平原上曾出现一支显赫一时的队伍——河北民军。这支队伍的总指挥是军阀政客张荫梧。河北民军曾号称10万之众，打着抗日的旗号……多次和共产党、八路军领导的抗日武装发生摩擦，残杀了数以百计的抗日干部和众多军民，犯下了危害民族和人民利益的罪行。毛泽东同志曾称张荫梧为“摩擦专家”。	111
韦晓萍《国民党中央文化运动委员会内幕》	任卓宣即是臭名昭著的托洛斯基派主要分子叶青。那时已和国民党沆瀣一气，是中央文化运动委员会的副主任委员(一说是国民党中央宣传部副部长)。任卓宣大概也自知向国民党讨碗饭吃并不光彩，平日从不以官衔称，一般人也只叫他“任先生”，写文章仍以“叶青”二字署名。他是一向以“反共理论专家”自命的。	140
罗历戎《胡宗南集团的兴起与覆灭》	胡宗南在国民党军中是个自命不凡的人物，好大喜功，飞扬跋扈。他在盘踞西安，威胁延安的时候，活像一个“独立王国”的暴君。民间送他一顶“西北王”的帽子，就是因此而起。“铁肩担主义，血手著文章”这是他自己拼凑起来的对联，从这副对联中可以看出他的狂妄幻想。的确，他是双手沾满了人民的鲜血。他还伪装斯文，在血字上大做文章，把“先烈之血，主义之花”续上“后死者之血，结主义之果”。 玩火者必自焚，嗜血成性，逆历史潮流而动的人，不管怎样梳洗打扮也难免被人民抛到历史垃圾堆。听说胡逃到台湾以后不久，还担任了一个空头的浙江省政府主席和一个光杆的大陆游击军总司令，跟着蒋介石大喊“反共复国，报仇雪耻”的反动口号。	141

续表

文章	格式	辑数
傅益光《张君劢的若干事》	国民党政府垮台，树倒猖狂猢狲散，张君劢晚年流落，依靠故人投奔外国，咎由自取，夫复何言。	145

（四）部分肯定的"反面人物"

文章	格式	辑数
张述孔《流氓军阀孙殿英》	孙殿英过去在热河抗战，虽然时间很短，抗战的动机也不纯，但在他的一生中，这一段历史毕竟还是光荣的。可是他现在却不顾惜这段抗战的光荣历史，而是在逐渐地转化到相反的方面。	7
杜聿明《辽沈战役概述》	陈诚在东北既抱有雄心，也做了一些别人做不到的有利于蒋介石王朝的事。他将东北蒋军正规军九个军扩充到十四个军后，就大加整肃军纪，惩办党政军贪污人员：如查办汽车兵团团长冯恺，逮捕前日本俘侨管理处处长李修业等；并到处取缔散兵游勇，将东北无聊军人田湘藩监禁法办，高立人驱逐出境。一时东北人心也有些振奋，认为陈诚是有办法的。	20
杨伯涛《陈诚军事集团发展史纪要》	一、用心：陈诚的记忆力相当强，凡是经他批阅过的公文、处理过的事和接见过的人，虽然隔了一段时间，他都能够记忆，旧事重提，大致没有什么遗漏和差错。其次，陈对于任何事物的看法，总有他自己一套逻辑，作出他自己的结论。尽管他站在反动阶级的立场上，看问题从主观唯心论出发，但是他对于各种复杂微妙的情况和针对这些情况作出几个不同处理办法的方案时，有相当分析比较和抉择的能力，决心亦敏捷坚决，一旦有所决定，很少中途更改。再次，陈处理事情，大体都经过考虑，安排得有一定的程序。他在指挥作战时，那些由他亲自出面，那些由幕僚处理，都有一定的范围，办事简单迅速。在向各方面通电话了解情况或下达命令时，他都亲自笔记，每次作战后积累成帙。 二、用力：陈诚为了追求权势，满足他的反动政治欲望，对于治军治事可以说是"不辞辛劳"的。他既不惯于安闲，也不过分讲求享受。……每逢前线战斗激烈时，陈常常数昼夜不休不眠，集中精力指挥部队，不现颓唐萎靡之态。一九三〇年蒋冯阎军阀大混战中，陈带的十一师行军力很强，常常一天走百多里，原因是他本人不怕劳苦，对部属检查督促也很严所致。 三、用人：陈在长期反动事业中，逐渐掌握用人的一套技术。如他在指挥军队作战时，遇到复杂的情况，便即刻召集重要幕僚人员共同研究，遍询众人意见，自己不先提出主张，待大家发表意见完毕后，他才最后作出抉择。其次是陈能用人不疑，只要是他赏识的和信任的干部，如果不触其所忌，就能一直信任到底，委以重任，很少中途遗弃。因此，许多国民党的军人都认为跟陈诚比跟何应钦强，因为陈用人能负责到底，而何则往往一幕终场后，就弃置不管，任其离散。最后，陈用人不拘资格，能破格录用。……但陈的用人具有强烈的私心和成见，除了属于他的集团内的或附和他的人之外，对于一般圈子外的人总是采取敌视和轻蔑的态度。至于那些触其所忌的干部，如果被他发现，则毫不宽容，断然予以开除，永远不再录用。	57

续表

文章	格式	辑数
包尔汉《我任阿山宣慰使的回忆》	一九三五年以后，盛世才本人以“李长春”署名发表的政论性文章也都以苏联的论据为根据，号召统一世界反帝反法西斯力量，与反动势力进行坚决斗争；对国民党的攘外必先安内的政策也比较含蓄地进行抨击。一九三五年夏开始出刊的《反帝战线》杂志也按照反帝、亲苏的路线组稿。 盛世才的这一套把戏，不但使他获得了“进步”的声誉，并在实际上，由于苏联的经济支援，巩固了他的政权。	79
杨玉清《我所知道的陈布雷》	陈布雷封建意识很深，是在反动思想体系熏陶下生长的旧文人。在大革命时代，他不仅反对共产党，也反对国民党内的左派。…… 陈布雷的自杀，说明他与蒋介石之间有矛盾。……特别是蒋政权最后濒于破灭时……回忆二十几年的境遇，留下的只有无限的悔恨、幻灭和悲哀。他意识到不能再跟蒋跑，但是旧文人的软弱和封建意识的羁縻，又使他无力自拔，结果只有一死了之。这对他来说无疑是一幕悲剧，而对程度不同地走过相同道路的人来说，大可以从中吸取深刻的教训。	81
陈中凡《我所知道的罗家伦》	罗家伦九月初到校，十月初开学上课。他在第一次全体集会中，要大家“效法普鲁士人那种从文化工创造独立民族精神的努力”，“养成新的学风”。又以中大原校址在首都市中心的大石桥，不适宜于发展，拟于市南郊石子岗圈地八千余亩，另辟新址。正征求工程师绘图承建，投标开工，适一九三七年七七事变猝起，竟无形停顿。八月后，又接连遭到敌机数次轰炸，遂决定迁校到重庆，把大学部安置在沙坪坝，预科在柏溪，医学院在成都，附设实验学校由长沙迁到贵阳。经这次大迁徙以后，不独将固有的文、理、法、工、农、医六个学院维持原状，还添了一所师范学院，及工学院的航空工程、水利工程两系，农学院的畜牧兽医专科，研究院增设了七个研究部，医学院增设医院及牙医门诊部，学生人数由一千零七十二人增加到三千八百五十四人，较在南京时约加了三倍半。表面上虽大加扩充，内容质量和设备却未能平衡发展。一九四〇年六、七两月，沙坪坝校址又被敌机三次炸毁，修好以后，仍然照常上课。罗家伦在中大任职十年，其办事的精神和能力是值得他自己吹嘘的。 罗家伦在清华两年，不能说没有贡献，徒以骄奢排场，狂妄无耻，加以阴谋借清党排斥异己，至于激动公愤，才落得这样的下场。	90
千家驹《我在北大》	蒋廷黻后来投靠蒋介石，做过蒋政府的驻苏联大使与驻美大使，思想非常反动。但他讲课认真，材料丰富。对近代中国外交的中外史料如数家珍，了如指掌。当然他的观点是很反动的，代表了典型的洋奴哲学。例如他讲鸦片战争时称赞琦善，对林则徐则时有微词。讲甲午战争与马关条约时，大事歌颂李鸿章；讲二十一条约时说袁世凯已尽办外交之能事。总之，凡是卖国贼他认为都是识时务的“俊杰”。这样反动的教授，我为什么要去听他的课呢？主要是听他所讲的史料，由于立场不同，他的结论往往可以当为反面教材看。	95

续表

文章	格式	辑数
阎锦文《营救张澜、罗隆基脱险》	在重庆谈判期间，军统特务头子戴笠指使他们的鹰犬对毛主席、周副主席的住宅进行严密监视，甚至企图暗杀他们。杨虎曾当面警告戴笠不许暗下毒手，否则唯戴笠是问。这一切都说明尽管杨虎是资产阶级政客，屠杀过革命人民，但是，杨虎后来确曾为人民做了一点好事。	107
罗子雯《何键在两广事变中玩弄两面手法》	1936年6月1日，西南新军阀李宗仁、白崇禧发动了长期酝酿的夺取蒋家天下的“六·一”事变，下令两广海陆空三军准备北上“抗日”。为了取得舆论的同情，李、白针对蒋介石的不抵抗主义，打起要求抗日的招牌……同时，策动两广各级国民党党部、民众团体为之响应；并在两广各地举行抗日宣传示威运动，以激起全国抗日怒潮，为他们的反蒋制造气氛。此外，还大肆拉拢各方抗日反蒋的党派团体及各界人士，欢迎他们到西南去共商抗日反蒋大计。	122

（五）中间人物

文章	格式	辑数
宋云彬《开明旧事——我所知道的开明书店》	开明的两位主要负责人章锡琛和夏丏尊，有个共同的特点，就是不关心时事。因为不关心，对时局就不能作出正确的分析和判断。丏尊不相信会出现长期抗战的局面。他不止一次地跟我说过：“中国从鸦片战争以来，没有认真跟帝国主义者打过一次仗，目前这个坏政府，更不会真正跟日本打起来。”（我觉得夏先生这句话只说对一半。他看透了蒋介石不会真正抗战，却没有看到在中国共产党领导之下，全国人民同仇敌忾，坚决要求对日抗战，蒋介石为形势所迫，不敢公开降敌，就有打起来的可能。）	31
沈尹默《我和北大》	蔡先生云，“夫大学者，囊括大典，网罗众家之学府也。”蔡先生的教育思想继承了中国封建教育的某些传统，又吸收了西方资产阶级自由主义的精神，这些教育思想今日当然已成陈迹，但在五四运动之前，对推动当时旧中国的教育事业，开社会风气，似有一定的作用。…… 综观蔡先生一生，也只有在北大的那几年留下了一点成绩，蔡先生曾云：“自今以后，须负极重大之责任，使大学为全国文化之中心，立千百年之大计。”然而，在已沦为半殖民地的旧中国，爱国的知识分子努力学习西方，企图以新学救国，终于成了一场幻梦。	61

续表

文章	格式	辑数
刘念智《从抗日胜利到全国解放的刘鸿生》	刘鸿生对毛主席领导下的中国共产党有一个认识的过程，即从怕、疑、信、服、到拥护。解放初期，他同大多数工商界人士一样，对党对私营工商业的利用、限制、改造政策，对工商业者的团结、批评、教育、改造政策，很不理解。…… 尽管他在解放初期曾产生过多次动摇、反复，有时还后悔不应从香港回上海，对我们发牢骚，但他毕竟是一个爱国的工商业者，当他听到抗美援朝的捷报频传，兴奋得不得了。在陈毅同志的谆谆教导下，他积极投入抗美援朝运动，在工商界中带头捐献飞机大炮。一九五三年抗美援朝胜利结束，他感动得流下眼泪，对我们说："共产党终于使我们中国人抬得起头来了，我现在才相信毛主席的话，帝国主义和一切反动派都是纸老虎。"从那时开始，他才认真学习毛主席著作和报刊文章，还介绍我阅读斯诺的《西行漫记》。他病重期间，勉励我们要争取第一批申请公私合营。……他对我说："老四，我最高的理想终于实现了。在毛主席、中国共产党的领导下，我们再也不必为刘氏企业操心了。有两件事我感到特别放心：一、我办的十几个企业决不会倒闭了，只会日益发展、兴旺、发达。二、你们十几个兄弟姐妹，决不会为了争夺遗产打官司了。"现在，刘鸿生逝世已经二十三年了，他的发展工业的心愿，终于在中国共产党领导下真正实现。	68
裘孟涵《王金发其人其事》	王金发是辛亥革命时期起过一定作用的风云人物，他短短的一生中，充满着传奇性的事迹，由于其阶级的局限性，以及在顽固的封建势力围攻下，终于以悲剧收场。	77
张景《安那其主义在中国的传播活动片断》	刘师复等从反封建专制，反军阀横暴，进而反对政府、国家政治、法律、权威等对人民之压迫束缚……他们这一时期的主张、思想，局限于个人主观主义，远远脱离阶级社会的现实。	90
陈正卿《两次"南北和议"中的唐绍仪》	这一时期，唐对桂系的斗争虽不够坚定，但他协助孙中山联段抗直倒桂的作用是应予肯定的。 虽然 1919 年至 1920 年南北和议没有解决任何问题，只是各派军阀、政客播弄其间，勾心斗角。但因唐绍仪尊重了孙中山的领导和意见，因而对维护护法救国运动作出了一定贡献。	113
觉澄《我所知道的虚云和尚》	他生活在旧中国，善于结交国民党一班资本官僚，而对共产党干部的思想感情则很淡薄。	148
雪嵩《我对太虚大师生平的回忆》	爱国爱教是太虚大师的长处，但他也有短处，对国家十年内战，谁是谁非，真相不明。但我相信，大师如能活到今天，亲眼看到在中国共产党领导下的新中国在各方面所取得的成就，进行新旧社会对比，一定能够弄清是非，同情革命，拥护革命。	148

后　　记

此书是《因献成文》下编“文本与格式”的最后一部分。现在抽出，单独成篇，实属无奈。好在相对完整，至少能展示出一个非常直观醒目的文史资料文本风格和话语模式。它表明，一方面，“《春秋》笔法”依然拥有不容置疑的绝对正统性和强大生命力；另一方面，文史资料作为“《春秋》笔法”的现代文本，某些实质性的方面已经后来居上。比如，从“三讳”发展出来的“为党讳”和“为苏联讳”就是一例。至于名目之繁多、花样之翻新、词语之严苛、手法之多变，①无不令人叹为观止。官修野史横空出世，中国史学命悬一线。面对愈加强横的空前大一统的“正史霸权”，认同还是抗衡，始终是一个具有中国意味的历史－学问题。而且，它变得越来越严重和急迫。

2014 年 8 月 12 日

---

① 肇其大略，约有五类。（一）褒贬。（1）国共双方人物称呼褒贬分明；（2）使用贬义词来否定合法性；（3）恶贬；（4）歪批；（5）褒苏贬美的拙劣对比；（6）颂扬苏联和为苏联隐讳；（7）滥用引号；（8）滥用“伪”字；（9）“进步人物”与“反动人物”对比。（二）尊共。（1）人物评价以中共态度为准；（2）功劳归党；（3）中共一贯正确；（4）历史事件均以中共命名为准；（5）亦步亦趋，紧跟中共；（6）虚虚实实的细节。（三）语言。（1）直接引用中共报纸；（2）模仿中共报纸语言；（3）学会使用新话语；（4）语气中时时注意立场；（5）所有普通用语都必须符合官方标准；（6）使用官方套话；（7）特有的官方语言；（8）不用好词；（9）语言的粗鄙化；（10）对话多宣传语。（四）叙事。（1）坚持政治立场；（2）着眼政治高度；（3）紧跟政治风向；（4）描写政治运动必须符合章法；（5）注意身份，说话得体；（6）自我点评式的手法；（7）削足适履，以今律古；（8）制造结论；（9）创作对话；（10）时刻不忘揭露；（11）上钩下联的描述手法；（12）嫁祸于人；（13）别有用心的一分为二；（14）寻找替罪羊；（15）自我谢罪；（16）以小见大；（17）颠倒是非，倒打一耙；（18）主观推测；（19）随心所欲的情绪描写和恶意推断；（20）现身说法的伪客观；（21）戏剧性的场面描写；（22）刻意回避“中华民国”国号。（五）反美。（1）处处不忘反美；（2）阴谋论的叙事手法；（3）渲染西方威胁。

图书在版编目(CIP)数据

文史资料话语表:《文史资料选辑》研究之二/雷戈编著.—郑州:河南大学出版社,2017.4

ISBN 978-7-5649-2819-3

Ⅰ.①文… Ⅱ.①雷… Ⅲ.①文史资料—研究—中国 Ⅳ.①K250.6

中国版本图书馆 CIP 数据核字(2017)第 086986 号

出版统筹 侯若愚
责任编辑 任湘蕊
责任校对 王 帅
封面设计 侯一言

出版发行 河南大学出版社
地址:郑州市郑东新区商务外环中华大厦 2401 号 邮编:450046
电话:0371-86059701(营销部) 网址:www.hupress.com
印　　刷 郑州市毛庄印刷厂
版　　次 2017 年 7 月第 1 版 **印　　次** 2017 年 7 月第 1 次印刷
开　　本 710mm×1000mm 1/16 **印　　张** 15.75
字　　数 300 千字 **定　　价** 36.00 元